- 原书 -
第10版

THE BUSINESS PLAN WORK BOOK

# 创业心法

商业计划完全指南

[英] 科林·巴罗 (Colin Barrow)
[英] 保罗·巴罗 (Paul Barrow)  著
[英] 罗伯特·布朗 (Robert Brown)

薛晓雯 译

中国科学技术出版社
·北 京·

© Colin Barrow, Paul Barrow, Robert Brown, 2018, 2021

This translation of The Business Plan Workbook 10th edition is published by arrangement with Kogan Page.

北京市版权局著作权合同登记　图字：01-2023-1602

**图书在版编目（CIP）数据**

创业心法：商业计划完全指南 /（英）科林·巴罗（Colin Barrow），（英）保罗·巴罗（Paul Barrow），（英）罗伯特·布朗（Robert Brown）著；薛晓雯译. — 北京：中国科学技术出版社，2023.6

书名原文：The Business Plan Workbook: A Step-By-Step Guide to Creating and Developing a Successful Business

ISBN 978-7-5236-0138-9

Ⅰ.①创… Ⅱ.①科… ②保… ③罗… ④薛… Ⅲ.①商业计划—指南 Ⅳ.① F712.1-62

中国国家版本馆 CIP 数据核字（2023）第 051763 号

| | |
|---|---|
| 策划编辑 | 杜凡如　任长玉 |
| 责任编辑 | 杜凡如 |
| 版式设计 | 蚂蚁设计 |
| 封面设计 | 仙境设计 |
| 责任校对 | 张晓莉 |
| 责任印制 | 李晓霖 |

| | |
|---|---|
| 出　　版 | 中国科学技术出版社 |
| 发　　行 | 中国科学技术出版社有限公司发行部 |
| 地　　址 | 北京市海淀区中关村南大街 16 号 |
| 邮　　编 | 100081 |
| 发行电话 | 010-62173865 |
| 传　　真 | 010-62173081 |
| 网　　址 | http://www.cspbooks.com.cn |

| | |
|---|---|
| 开　　本 | 710mm×1000mm　1/16 |
| 字　　数 | 297 千字 |
| 印　　张 | 21 |
| 版　　次 | 2023 年 6 月第 1 版 |
| 印　　次 | 2023 年 6 月第 1 次印刷 |
| 印　　刷 | 河北鹏润印刷有限公司 |
| 书　　号 | ISBN 978-7-5236-0138-9/F·1124 |
| 定　　价 | 99.00 元 |

（凡购买本社图书，如有缺页、倒页、脱页者，本社发行部负责调换）

# 序言

虽说创业和经商存在风险，但其风险却远没有人们想象中那么大。失败的可能性虽然相对较低，但只要失败就可能会带来灾难性的结局，你兴许会输得倾家荡产！而降低破产风险的方法就是养成良好的商业习惯，也就是制作商业计划。在最近的新冠疫情大流行中脱颖而出的军队拥有一条核心纪律：如果没有事先制订计划，绝不能执行任何任务。

在本书中，我们总结了英国克兰菲尔德管理学院（Cranfield School of Management）和其他世界知名商学院的教师在参与企业项目时的经验，集结了他们教授的数千名学生、企业高管、企业家、公共部门管理者以及经营慈善、非营利和社会企业管理人员的知识和经历。克兰菲尔德管理学院为卡兰-比利莫利亚勋爵[①]、尼克·詹金斯[②]、莎拉·路易斯·威廉厄姆[③]、马克·巴特勒[④]、

---

[①] 卡兰-比利莫利亚勋爵（Lord Bilimoria）为眼镜蛇啤酒（Cobra Beer）的创始人。——译者注
[②] 月亮猪（Moonpig）是一家基于互联网的企业，其总部位于伦敦和根西岛。该公司的商业模式主要是销售个性化贺卡、鲜花和礼品，由一位商品贸易商和英国电视节目明星尼克·詹金斯（Nick Jenkins）创办。——译者注
[③] 莎拉·路易斯·威廉厄姆（Sarah Louise Willingham）是英国企业家、投资者，拥有经营酒店业的丰富经验。2011年7月，莎拉与丈夫创办了在线公司"让我们省点钱"（Let's save some money），为客户提供减少花销的技巧和市场上最好的消费金融交易提示。——译者注
[④] 马克·巴特勒（Mark Butler）是PLC陶瓷有限公司的创始人。PCL陶瓷有限公司最初成立于1991年，是全球通用和技术陶瓷行业树脂模具、材料、搬运设备和高压铸造技术开发的市场领导者之一。——译者注

迪帕克·昆塔瓦拉[1]和肯尼思·怀特[2]等顾客制作了商业计划。这些大公司也在帮助克兰菲尔德管理学院积累商业计划撰写经验方面提供了助力。巴克莱银行（Barclays PLC）董事长约翰·麦克法兰（John McFarlane）和劳斯莱斯公司（Rolls Royce）首席执行官沃伦·伊斯特（Warren East）都是该校杰出的校友。

商业计划是组织战略和商业策略的核心，无论你是开始一项新业务、扩展一项现有业务、获得项目资金批准、获得拨款，还是开展同《龙穴》[3]一样的商业竞争，制订商业计划都是必不可少的先决条件。多年来，我们深耕该领域并对该方法进行测试，帮助客户调研并验证其想法，然后撰写商业计划。

每个项目结束时，我们都会邀请资深银行家、风险投资提供商和其他参与评估各种外部支持提案的人员成立一个专家小组，对每一份商业计划书进行审查和评价。他们的宝贵意见不仅促使项目参与者提高水平，也让克兰菲尔德管理学院的教师有幸深入了解新企业和成长型企业主要投资者的思维过程。

本书总结了新手撰写商业计划书所需的相关流程和程序、企业家的范例，以及大部分成功创业人士的商业计划。

此外，本书还展示了赞助者、投资者和新贵企业家在撰写和提交商业计划书时的评价、警示和经验。

我们从未将撰写商业计划书看作一项简单的任务，但我们也相信，我们已经将之变成一项易于理解的任务，且任何有决心获得成功的人都能掌握它的撰写方法。成千上万的学生学习了克兰菲尔德管理学院的商业规划课程后，在美国和世界各地的商业、慈善机构和公共部门都取得了骄人的成绩。

---

① DVK Deepak 是一家全球商品交易和金融精品公司，迪帕克·昆塔瓦拉（Deepak Kuntawala）为其创始人。——译者注
② 肯尼思·怀特（Kenneth White）是 Frosts Landscape 的创始人。Frosts Landscape 是一家提供园艺和商业景观服务的公司，被伦敦证券交易所集团列为带动英国经济的1000家公司之一。——译者注
③ 《龙穴》（*Dragons's Den*）是一档英国商业真人秀节目。——译者注

▶ 目录

如何使用本书　001
为什么要准备一个商业计划　007

## 第一阶段　策略和意图　011

简介　013

**任务1**　为你的商业计划构想一个有竞争力的点子　015

**任务2**　商业策略——着眼大局　024

**任务3**　你和你的团队　040

## 第二阶段　市场调研　059

简介　061

**任务4**　客户调研　063

**任务5**　竞争者调研　080

**任务6**　市场调研计划　092

## 第三阶段　有竞争力的营销策略　107

简介　109

**任务7**　产品和（或）服务　111

**任务8**　定价　129

**任务9**　广告和促销　138

`任务10` 地点和分销　151

`任务11` 工作人员、过程和有形展示　167

`任务12` 在线竞争　173

## 第四阶段　运营　187

简介　189

`任务13` 销售计划　190

`任务14` 制造、外包和供应　199

`任务15` 法律和监管因素　204

## 第五阶段　审查融资要求和方式　213

简介　215

`任务16` 销售预测　217

`任务17` 现金流量预测　225

`任务18` 损益表　229

`任务19` 资产负债表　234

`任务20` 盈亏平衡分析　242

`任务21` 估计融资需求　248

`任务22` 对业务预测进行压力测试　282

## 第六阶段　业务控制　287

简介　289

`任务23` 财务控制　290

**任务24** 销售和营销控制　300

**任务25** 其他业务控制　304

## 第七阶段　撰写并展示你的商业计划　307

简介　309

**任务26** 撰写和展示你的商业计划　310

## 如何使用本书

本书包含 26 项任务，你应确保在完成所有任务前，已拥有成功撰写和提交商业计划所需的全部信息。也就是说，这些任务有助于实现你的目标，无论是更深入地了解你要开办的企业及其可行性、筹集外部资金，还是获得高级管理层人员对该提议的支持。本书中，"企业家"一词将与"创新者""管理者""冠军"以及各种营利和非营利组织中使用的类似术语互换使用。企业家指的是将资源从低附加值转移到高附加值的人，这几乎是所有撰写商业计划书的人的特征，无论他们归属于现有组织还是预期组织。

本书并不是一本囊括金融、市场营销、法律等所有商业和管理学科的综合教材。本书赞同利用这些学科来制作商业计划书的行为。每项任务所涵盖的主题通常可归为不同"学科"。例如，一个任务中包含法律和营销内容，你就应描述某服务或某产品及其专业地位（如专利、版权、设计注册等）。

有一些任务需要你研究本指南未提供的信息，对现金流、市场调查问卷设计和盈亏平衡分析等主题的技术性解释也包括在内。

本书将这些任务分为 7 个阶段，我们不仅已按其实用程度将之排序，也将为你提供可管理的"模块"，以便你可以在任何时间执行任务，或将任务委托给合作伙伴和专业顾问执行。虽然在准备基础工作时尽可能多地利用他人的帮助很有用，但你需要自己组织信息并编写商业计划书。毕竟，这关系到你的未来。每一位潜在的金融家只会支持你，支持你将这个计划付诸实施的能力，而不会支持你的撰稿人。

### 第一阶段：策略和意图

在本阶段，你应当描述你迄今为止形成的组织思想、创新或商业理念。

尤其要说明你的商业目标、目的和最终抱负。

介绍你的管理团队（包括你自己在内）并展示你的技能和经验与本商业计划的相关度；描述你的产品或服务，其当前的开发状态或市场准备情况，以及你是否拥有任何专利，如专利、版权或注册设计。

## 第二阶段：市场调研

该阶段包括确认所需的数据，验证你提出建议的必要性，以及决定最佳的创业或发展战略。在此阶段，我们将鼓励你从尽可能多的渠道收集市场研究数据。将重点放在研究客户需求、细分市场和分析竞争对手的优势和劣势上。本阶段也介绍了一些合适的研究方法和数据来源。

## 第三阶段：有竞争力的营销策略

本阶段包括如何基于早期收集和分析的信息，规划运营商业计划的每个要素。根据选择的产品或服务、计划服务的细分市场和竞争形势，你将决定价格、促销方式、地点和分销渠道等环节。

## 第四阶段：运营

在本阶段需要详细说明实现商业计划的所有活动。它将包括制造、采购、销售、法律事务和保险等内容。你的商业计划必须证明你已经考虑到了与企业运营有关的所有主要问题。

## 第五阶段：审查融资要求和方式

根据迄今为止形成的战略，在这个阶段，你将完成的任务要使你能预测企业的预期结果。通过预测，你可以预估自己所提供的产品或服务的销售额和价值、预计损益、现金流和资产负债表以及盈亏平衡分析。

尽管前五个阶段在本指南中按一定顺序进行，但你可能会因为新信息的出现或对早期想法的更改，希望在每个阶段之间反复调整。

## 第六阶段：业务控制

在这一阶段，你必须展示自己将如何记录企业的发展，是将之作为一个整体还是各个单独的部分。除了簿记系统，你还需要记录销售和营销计划、保管客户记录、人员档案和生产控制信息。

## 第七阶段：撰写并展示你的商业计划

虽然完成了准备任务，但这还不是你的商业计划。完成各个任务旨在帮助你收集撰写商业计划所需的信息。该计划将需要多次更改和重写，如果你正在为自己的企业寻求外部支持，那么它的撰写方式无疑会影响你获得听证会的机会。

最后，你必须考虑如何处理你和银行、风险投资公司、其他支持者（老板或组织）的会议，你必须向他们"推销"你的想法。优秀的演讲技巧和完善的计划都将有助于打造一部好的作品，在为新想法争取支持方面，娱乐圈发挥了惊人的作用。

# 任务分配指南

以下是一些帮助你和同事完成商业计划任务的指南。

1. 每一任务将包括以下内容：

（1）对任务内容和目的的介绍或概述，通常分为两个或多个阶段。

（2）其他准备商业计划书的人如何回答或评论部分任务的示例。

（3）对需要立即理解的任何技术性主题的解释或阐述。

最后是一份任务小结，其中有一些具体的问题需要你回答。在该表后面，你还能看见就任务主题进行拓展阅读的建议。

2. 以下工作模式是已经证明的有助于完成任务的成功模式：

（1）阅读任务并思考自己的答案。

（2）与你的潜在商业伙伴、同事或其他一些拥有专业知识的个人（如顾问、银行经理或会计师）讨论你的答案，以及与任务有关的任何问题。如果你正在计划进行或打算继续一个商业培训项目，那么你的课程导师也会提供帮助。

（3）根据讨论修改你的答案，然后让同事和其他相关人员了解你对任务主题的最新看法［在完全满意之前，你可能需要反复重复（1）和（2）步骤］。

3. 一些任务的内容会建议在哪里能获取，以及如何获取完成任务所需的信息。但是，不要指望别人告诉你在哪里可以找到这些与你业务有关的所有信息。你需要自己做一些研究。

4. 从其他商业计划书中摘取的范例也将呈现在每次任务中。这些范例是为了让你对所讨论的主题有大致了解。根据你的个人情况，你对每一个步骤的总结还需要有详有略。

5. 这些示例取自真实的商业计划，但改变了部分名称和内容，或故意遗漏了某些信息。因此，无论是多么优秀的范例，都不要企图原样照搬。这些范例仅用于帮助你理解商业计划每一步骤的目的。

6.阅读到每一个步骤后,尽可能多地记录信息。如此一来,你就会清楚还有哪些地方需要研究(不要等到修改后再记录新信息)。

7.在完成任务时,尽量在定性陈述和定量陈述之间寻求平衡。也就是说,尽量用数字和有出处的信息为你的陈述背书。不要仅仅因为某些信息有数字证明就将它们写进计划中,你应确保这些数字真的有意义。

8.最后,在尝试撰写商业计划书之前,请确保所有任务的答案具有内部一致性。如果你有商业伙伴,请确保你在每个阶段都能达成最终结果的实质性一致。

## ▶ 为什么要准备一个商业计划

在创立新企业或扩大现有企业规模时，最重要的一步也许就是制订商业计划。商业计划必须包括你为企业预设的短期和长期目标、描述你将提供的产品或服务，以及预期的市场机会。最后，阐述在未来的商业竞争中，你将使用哪些资源和手段去实现你的目标。研究表明，书面商业计划书的缺失会导致很多初创企业和小型企业更容易失败，并阻止其增长态势和公司发展。

按照这些思路准备一份全面的商业计划将花费很多时间和精力。根据我们在克兰菲尔德管理学院的上课经验，需要200~400个小时，而具体时长取决于你的业务性质和你已经收集的数据。尽管如此，如果想明确并专注于你的商业构想，验证你开展或扩大业务或追求特定行动路线的决心，为此做些努力是必不可少的。一旦完成，你的商业计划将成为一个蓝图。该蓝图和任何地图的作用相同，能提高用户到达目的地的机会。

撰写商业计划书还可以带来许多其他好处：

- 系统的商业计划能帮助你通过仅仅犯纸面上错误，来避免在市场上犯错。一位未来的企业家在为他的商业计划收集数据时发现，他原认为当地的竞争对手是一家单干户，但实际上，那是一家试点运营的全国连锁专卖店。这对他的市场进入策略产生了巨大影响！另一位企业家发现，按照他制定的收费价格，他赚的钱将永远无法抵消日常开支或实现收支平衡。事实上，日常开支（overheads）和收支平衡（break even）在他开始准备商业计划之前，还只是个陌生的术语。像他这样对成本管控持有天真看法的人不少。

- 一旦完成，这份商业计划书还会让你对自己建立和运营企业的能力更有信心。它甚至可以弥补你资金和经验的缺乏，当然前提是你还拥有其他对自己有利的因素，比如：你的产品或服务有完整的商业构想和巨大的市场机会。

- 你的商业计划将显示你需要多少钱，用来做什么以及什么时间需要，需要多长时间。

资金不足和早期现金流问题是新商业活动失败的两个重要原因，因此，那些准备充分的商业计划可以降低商业失败的风险。它们还可以尝试一系列可行的替代策略，从而专注于能最经济地利用稀缺金融资源的策略。

如果说你的商业计划是资金来源的通行证那有些太夸张了。然而，它确实能帮助你充分展示自己的创业才华和管理才能，并以一种更容易让人理解的方式将你的想法传达给他人，让他们对你做出如上设想的推理过程表示赞赏。其余各方可能是银行家、潜在投资者、合作伙伴或咨询机构。他们只有知道你想做什么，才能更好地帮助你。

- 准备一份商业计划书会让你深入了解计划的过程。正是这个过程对企业的长期健康发展非常重要，而不仅仅是由此产生的计划。企业是动态机构，商业和竞争环境也是动态的。没有人期望商业计划书上记录的每一个事件都会如预期一般发生，但商业计划过程中产生的理解和知识将使企业为可能面临的任何变化做好准备，从而使其能够快速调整。

历史数据也有力地证实了商业计划的价值。研究表明，具有强烈计划精神的组织总是比那些忽视这一原则的组织表现得更好。

诺亚·帕森斯（Noah Parsons）撰写了一篇关于这一主题的研究文章综述，《科学证明商业计划让你更成功》（*We've Got the Science to Prove It*, 2017）。

研究结论证明，制订商业计划的人实际创业的可能性是其他人的两倍，一旦他们开始创业，其企业发展速度将加快 30%。此外，他们失败的可能性要小得多。

那些拥有启动资金的未来企业家（或者更糟糕一点，他们从"无辜"的朋友和亲戚那里借到资金）认为将花在准备商业计划上的时间放到寻找办公地点、买新车或设计网站上可能更有用（也更愉快）。简而言之，任何阻碍他们立即采取行动的行为都被视为浪费时间。

大多数人对创业的看法在某些关键方面存在缺陷，因此，直接采取行动风险极大，而且并不必要。在准备商业计划书时，往往可以提前发现这些缺陷，此时付出的代价相对低廉。但这些缺陷如果显露于市场上，就需要付出更为高昂的代价，且往往是致命的代价。

在互联网繁荣之初有一个荒诞的说法，即互联网行业的发展速度太快，因而无法进行商业计划。第一代网络公司及其支持者似乎乐于将资金注入他们所谓的商业模式或赢利模型中。这些"模型"只是简单的意图陈述，不过是他们一厢情愿的想法。进入 2000 年后的几个月，互联网行业呈现出一种现实主义态势。对任何商业部门而言，只有商业计划准备充分的企业才有机会在起步或在后期融资中获得支持。

# 第一阶段
## 策略和意图

# 简介

创业，无论是创办营利性企业、社会企业，还是公共事业，在你尝试汇聚想法并制作初步计划时，都会是一个艰巨的任务。许多未来的企业家试水后就打算迅速撤离，他们认为自己要么是不具备商业技能，要么就是他们的商业理念不是那么有说服力，要么就是筹集资金会成为一项具有挑战性、价格高昂且风险极大的任务。

你可能仍在经历新冠疫情暴发带来的冲击，并认为现在不是做生意的好时机。但在新冠疫情暴发之前，还出现过禽流感、霍乱、克里米亚－刚果出血热、登革热、埃博拉、艾滋病、拉萨热、马尔堡病毒、麻疹、中东呼吸综合征、严重急性呼吸综合征、尼帕病毒、裂谷热和寨卡病毒等，种种疾病都对商业组织造成了重大破坏。当然，还有其他一些灾难性的经济事件，如1973年的石油危机，当时阿拉伯石油输出国组织（Organization of Arab Petroleum Exporting Countries）成员国宣布对以色列支持者实施石油禁运；黑色星期一（1987年）、互联网泡沫（2000年2月）和2008年9月席卷全球的金融危机等，都对企业造成了巨大困难。毁灭性的经济衰退并不是什么新鲜事。从1792年美国第一次经济崩溃开始，到1929年大萧条为止，共发生了5次。

我们需要了解的第一个有用真相是：大多数初创企业即将遭遇灾难的谣言只是一条无稽之谈。布鲁斯·基尔乔夫（Bruce A. Kirchoff）对在特定年份成立的81.4万家美国公司8年来的发展进行了详尽的研究，结果显示，这些公司中只有18%的公司破产了，这意味着这些企业家被他们的财务支持者、减少的市场需求或激烈的竞争压力所淘汰（Kirchoff，1994）。大约有28%的企业是自愿关门的，它们的创始人出于各种原因（认为给自己工作或者为特定类型的企业工作都不适合他们）做出关门的决定。沃尔什（Walsh）和康宁安（Cunningham）在他们关于商业失败主题的文献综述中也发现了支持基尔乔夫研究结果的其他研究。

但在基尔乔夫庞大而具有代表性的研究中，大多数企业都在灾难中幸存了下来，并在大多数情况下欣欣向荣。有了一定程度的准备、足够多的汗水和一点点的运气，你就可以开始创业，甚至可以像月亮猪（Moonpig）的案例那样，最终拥有一个有价值的、成功的、不断发展的企业。本指南前三章将帮助你形成创业的框架。本书最后一章为：为你的商业设想进行压力测试，这将告诉你如何为不可避免的冲击做好准备。

## 拓展阅读

1. Walsh, G S and Cunningham, J A, (2016) Business failure and entrepreneurship: Emergence, evolution and future research, *Foundations and Trends® in Entrepreneurship*, 12(3), pp 163–285.

> **任务 1**
> 为你的商业计划构想一个有竞争力的点子

首先，你应当为计划书的未来读者来介绍你的"商业"计划：阐释这个计划诞生的缘由、你认为顾客需要该产品或服务的依据，以及你的商业目标和抱负。如果你的商业计划需要启动资金，你应对所需资金的大致数额以及用途有初步设想。请记住，所有这些初步想法都可能在日后进行大幅修改；但更重要的一点在于，你应对该计划的理想结果以及实现概率有所估量。

以下是几个可以帮助你制订商业计划的有效方法。

## 寻找市场空白

制订商业计划的传统方法是找准顾客需求，确定哪些是顾客只要了解便会购买的商品。顾客需求隐藏于市场表象之下，等待计划制订者找出并满足。

以下为寻找市场空白的方法：

- 本地化：在本国某地或别国已实施的商业计划是否能在本地市场实施？
- 供货距离：顾客与现有货源之间的距离是否过远？缩短供货距离是向超市、理发店、其他零售企业和网络订货者进行促销的传统方式。
- 商品大小：做出不同尺寸的商品能吸引新市场吗？美体小铺（The Body Shop）[①] 的创始人安妮塔·罗迪克（Anita Roddick）发现，在购买所需美容产品时，她只能一次性购入大批产品，由此她找到了新的用

---

[①] 美体小铺（The Body Shop）是英国高质量面部肌肤及身体护理产品零售商，于1976年成立。——译者注

户需求，创办了美体小铺，将美容产品根据不同数量和尺寸进行销售。
- 营业时长：顾客满意目前的营业时间吗？如果你延迟开业、提前开业或延长营业时间，会开发出一个新市场吗？

## 案例分析

### 北方面团公司（The Northern Dough Company）

北方面团公司位于英国的兰开夏郡（Lancashire），这家公司是克里斯（Chris）和艾米·谢德尔（Amy Cheadle）夫妻的创意结晶。创办这家公司的想法源于一次"自己做"比萨的派对。克里斯说："我们创办这家公司是为了将之作为外出就餐的替代选择，我们邀请朋友下厨制作他们自己最喜欢的比萨。他们也非常喜欢自己动手，并经常带一袋面团回家。"

克里斯出生自兰开夏郡，家里三代都是面包师，他在这一领域可以说有一个很高的起点。但他的商业计划并非诞生于烘焙过程中。克里斯在超市寻找面团替代品时，才发现有了这一市场缺口，那就是现在的市场上缺少一种制作方便且口感好的食物，于是他们创办了这家公司。他们在当地的一个食品市场进行测试，结果在90分钟内就把带去的所有产品都卖光了。2017年，他们的客户涉及250家维特罗斯超市[1]、博姿超市[2]、奥凯多超市[3]、全食健康食品超市[4]和130家个体农场商店。

---

[1] 维特罗斯（Waitrose）是一家英国连锁超市，现在是约翰·路易斯合伙公司的子公司。总部位于伯克郡布拉克内尔。——译者注
[2] 博姿超市（Booths Supermarkets）是英国最大的连锁超市之一。——译者注
[3] 奥凯多（Ocado）是全球最大的专业网上零售超市，也是英国最大的食品、农产品电商。——译者注
[4] 全食健康食品超市（Whole Foods）是一家美国超市，于1978年成立于得克萨斯州的奥斯汀。——译者注

## 改变旧观念

寻找市场空白有一个很好的着手点，即研究那些曾经非常有用，但现已停止销售的产品或服务。通过找出它们消失的原因，你便可以判断致其消失的问题是否可以得到解决，以及解决这个问题的方法是什么。或者，你也可以在海外或其他区域的市场中寻找在当地市场多年来一直运作良好，但迄今未能渗透到本地市场的产品和服务。

有时只要稍加调整，你就能让一个旧想法焕发出全新的生机。例如，大富翁游戏（Monopoly game）原先是靠着把名字命名为伦敦街名来大获成功的。该游戏在法国上市后，便改用了巴黎的街道名称；在康沃尔（英格兰西南部一郡）上市时，它使用的则是城镇名而不是街道名。

## 解决客户的问题

有时候，现有供应商根本无法满足客户的需求。大公司往往没有时间关心所有客户的需求，因为这是一种不经济的做法。倘若意识到有许多客户的需求和期待没有得到满足，则可能为成立一家新的小公司提供机会。

首先回顾一下你因某些原因而抱怨某个产品或某种服务的例子。你可以通过了解朋友、亲戚和同事的经历来扩展这些例子。如果你发现某一投诉理由反复出现，那这可能就是一个有价值的线索，与有待解决的问题。

接下来，你可以回想一下有哪些是在你购买产品时施加了限制和障碍的公司。如果这些限制很容易就能破除，而且其他人也同你分享了相关经验，那么你很可能正在酝酿一个新的商业点子。

## 发明和创新

发明和创新往往与发现市场缺口或处理未解决的问题几乎相反。发明家通常站在望远镜的另一端，所以，他们发现一个有趣的问题并解决它。他们发明出的东西，可能有巨大的市场需求，也可能没有。

便利贴是一个很好的例子，你能发现发明家是如何孤注一掷地去满足自己的兴趣，而不是去迎合特定需求，或者解决一个棘手的问题。据说，美国的一家大型公司 3M 公司的科学家们发现了一种黏合剂，这种黏合剂在之前所做的大多数测试都已失败。因为它的附着力很差，黏在任何物体表面都能被撕下来。虽然该产品没有明显的市场需求，但 3M 公司依然坚持下来，将产品推到营销部门，他们认为该产品拥有独特的属性，能够非永久地粘连。正如他们所说，剩下的就交由历史证明。

在这里，一定要确认你的创新成果未曾被他人占有，并且你可以用法律来保护自己的成果，将竞争对手排除在外。版权、专利等内容将在后文的任务 3 中进行解释。

## 网络营销

网络营销、多层次营销（MLM）和推荐营销这三个名词用于描述销售方式，其用意在于取代零售店成为特定产品的营销途径。尽管推荐营销始于 20 世纪初，但对许多人来说，它仍然是一个陌生的领域。这是一种在几乎没有或根本没有投资的情况下开始赢利的全职商业模式。这也是一种开始第二或兼职事业的方法，这一业务与你现有的业务或职业齐头并进。网络营销是发展最快的商业领域之一。在英国网络营销行业的营业额从 10 年前的 10 亿英镑（1 英镑 ≈ 8.3822 元人民币）增长到今天的 20 亿英镑。这种创业方式为英国 40 多万人提供了一种低成本创业选择，他们可以在低风险情况下创业、赚钱和经营企业。

在大多数情况下，网络营销包括销售母公司生产和提供的产品或服务。你承担的工作职责在于销售产品和向其他人介绍公司。你可以从自己销售的产品或服务中获得报酬，并从由你介绍给公司的人销售的产品或服务中获得较少的佣金。除此之外，你通常还会获得一定比例的佣金，这一部分佣金将根据你介绍给公司的人的下线的销售情况决定，等等。

网络营销的鼓吹者认为，在提供相同产品时，面对面销售的产品（无须维护店铺、支付员工工资和保险费用）比在商店销售的产品更便宜。此外，网络营销支持者认为，从你认识和信任的人那里购买产品比从零售柜台的店员那里购买更可信。

世界各地有各种各样的优质网络营销公司供你选择。他们提供各行各业的产品和服务，包括健康、电信、家居产品、技术、电子商务等。其中也包括一些家喻户晓的品牌，如雅芳、康宝莱、柯尼兹和玫琳凯等。选择一种你感兴趣的产品或服务来开展你的商业计划，因为在销售方面，没有什么能比得上销售人员对产品的热情和信心。

## 特许经营

对于那些尚没有经营经验的人而言，特许经营是一个商业规划的良好开端。这是一种营销手段，可用于促销和扩大某一产品或服务的分销。拥有授予特许权的公司（或组织）向你提供产品或传授服务技巧，而你作为特许经营人，又将产品销售给大众。作为回报，你需要支付产品费用和不间断的版税，支付金额通常基于营业额的多少收取。经销商还可能要求你在其处购买材料或原料，这将为其带来额外收入。对你而言，这也是一种相对安全、快速的创业方式，但你需要一家经验丰富的公司的支持和建议。

特许经营不是一条致富之路，也并不具备真正的独立精神，因为其策略和利润仍然来自其上级组织。英国特许经营协会日志这一网站提供了英国各地特许经营活动的详细信息，包括日期和地点，你可以当面与特许经营人聊天，并了解他们的主张。

## 案例分析

### 同心出租

2013年，当道恩·贝内特（Dawn Bennett）接手同心出租（Concentric Lettings）[①]特许经营权时，她对房地产行业并不陌生。她是一位单身母亲，有一个年幼的孩子。2003年，她被聘为一家房地产公司的房地产代理销售谈判代表，从此开始了自己在地产业的职业生涯。2007年，尽管她毕业时没有获得正式文凭，但她已经从租赁谈判代表升职为高级谈判代表，最后成了租赁经理。可以说，她在房地产行业的从业时间比同心出租在2010年推出的特许连锁店营业时间更长。

在贝内特成为特许经营商的道路上，"同心出租"似乎是一个合适的起始平台。同心出租于2010年才开始特许经营业务，这一时间并不算早。萨莉·劳森（Sally Lawson）是一位在租赁领域拥有丰富经验的专业人士，在她的领导下，同心出租已经有了十几家特许经营商。劳森自1990年以来一直经营自己的租赁公司，并历经了两次重大的房地产衰退。与此同时，房地产业的经营已从纸质通信、本地广告和不间断的现场会议转向网络、电子邮件、网络会议和内容管理系统（CMS）。

贝内特收购了邻近由凯伦·鲍（Karen Bowe）经营的特许经营公司，并很快意识到其与合规且专业的多用途住房（HMO）在物业管理服务市

---

[①] Concentral Lettings 是一家英国地产公司，为客户提供物业销售、购房、住宅租赁和物业管理服务。Dawn Bennett 为该公司的运营总监。——译者注

场中存在的差距。因而她的生意一年比一年好。

## 收购企业

收购现存企业尤其适合那些拥有广泛的一般业务管理经验，但缺乏专业的技术或产品知识的人。你在收购一家已成立的企业时，不仅要为该企业的基本资产买单，还要为前所有者将企业发展到如今状态所花费的时间和精力买单。你可以把这笔额外的资产看作商誉。该企业的生意越好，你的"商誉"成本就越高。

收购企业的好处包括以下几方面：

- 你获得了一些以往没有的经验和专业知识。
- 你从创业伊始就可以接触到潜在客户，并获得交易历史的可信度，这可以节省建立商业关系的时间，这是一项艰苦工作，可能需要花费数月甚至数年时间。
- 如果你购买的企业已经开始赢利，那你便可以从一开始就给自己一份能糊口的工资。
- 与风险较高的初创企业相比，成熟企业可能更容易获得银行融资。

收购企业的缺点包括以下几方面：

- 您可能需要承担来自企业原主人未解决的问题和所犯错误带来的风险。
- 确定正确的潜在收购对象和进行购买谈判可能需要很长时间，而且不能保证第一次尝试就能成功。
- 收购一家企业所需的专业费用可能是一项巨大的成本支出，尽管这是必要的花费。

请联系这些组织以了解如何收购现有企业，并查看待售企业列表：

- 英国有68000多家待售企业，西班牙、美国、澳大利亚、加拿大、印度、爱尔兰、新西兰和法国等地也存有许多家待售企业名单。
- 佳士得公司（Christie & Co）声称它们拥有欧洲最大的待售企业数据库。该公司是酒店、餐饮、休闲和零售市场公认的市场领导者，并正在向医疗保健领域进军。
- 道尔顿公司拥有一个在线数据库，该数据库中包含英国及其他海外国家中30000多家待售企业。

---

**任务1小结：为你的商业计划提出一个成功的想法**

1. 简要阐述你的商业理念及实现方式。
2. 如果你还在考虑进入什么行业，请回顾本章列出的以下问题：
   （1）你能找到一个可以满足消费者需求的市场缺口吗？
   （2）你是否可以在旧的商业理念上做出新的转变？
   （3）你对创新或新产品有什么想法吗？
   （4）你能否设计出一个特许经营方案或网络营销方案？
   （5）你有没有探讨过收购一家企业的可能性？

---

## 拓展阅读

1. Aaker D (2019) Winning in the sharing economy: Six keys to Airbnb's success, *Journal of Brand Strategy*, 7 (4), pp 310–317.

2. Hammond R (2017) *Smart retail: Winning ideas and strategies from the most*

*successful retailers in the world*, 4th edn, Pearson Business, Harlow, UK.

3. Kakatkar C, de Groote, J K, Fueller J & Spann M (2018) The DNA of Winning Ideas: A Network Perspective of Success in New Product Development, *Academy of Management Proceedings* (Vol 2018, No 1, p 11047), Briarcliff Manor, NY 10510: Academy of Management.

4. Kim W C, Mauborgne R (2000) Knowing a winning business idea when you see one, *Harvard business review*, 78 (5), pp 129–138.

# 任务 2
# 商业策略——着眼大局

哈佛商学院（Harvard Business School）的教授迈克尔·波特（Michael Porter）设计了一种极其简洁实用的方法以把握全局，这一点值得称赞。波特认为，有两个因素将影响一家企业获得更高利润的概率。一是该企业的主营业务对该行业的吸引力；二是就组织影响范围而言，企业如何在该行业中自我定位，这也是很重要的一点。

## 产业结构五力分析

波特认为驱动行业竞争的 5 种力量应作为战略选择的一部分。他认为这 5 种力量为：

（1）替代品的威胁。客户会购买其他产品而不是你的产品吗？例如，苹果（Apple）和索尼（Sony）都生产笔记本电脑，但它们各自的独特性足以令双方难以相互替代。另一方面，戴尔（Dell）则面临着数十家其他供应商的激烈竞争，这些供应商的产品几乎和戴尔的产品完全相同，其竞争主要是在价格方面。

（2）新进入者的威胁。倘若该市场门槛低，启动成本低，没有进入壁垒（如：知识产权保护），那么新进入者带来的威胁便很高。

（3）供应商的能力。供应商越少，其能量便越强大。石油便是一个典型例子，其市场供应商仅为不到 12 个国家，因而生产国有权设定价格。

（4）购买者的能力。例如，在食品市场，少数实力强大的超市由数千个小规模企业组成，因而大超市往往能发号施令。

（5）同行业竞争者的竞争能力。竞争对手的数量和能力是决定一家企业实力的决定因素之一。少有竞争对手的产品或服务，其吸引力相对较低，这便降低了该行业的竞争强度。这些行业往往会陷入寡头垄断，该行业中的企业宁愿沉瀣一气，也不愿相互竞争。具体力量分析见图1-1。

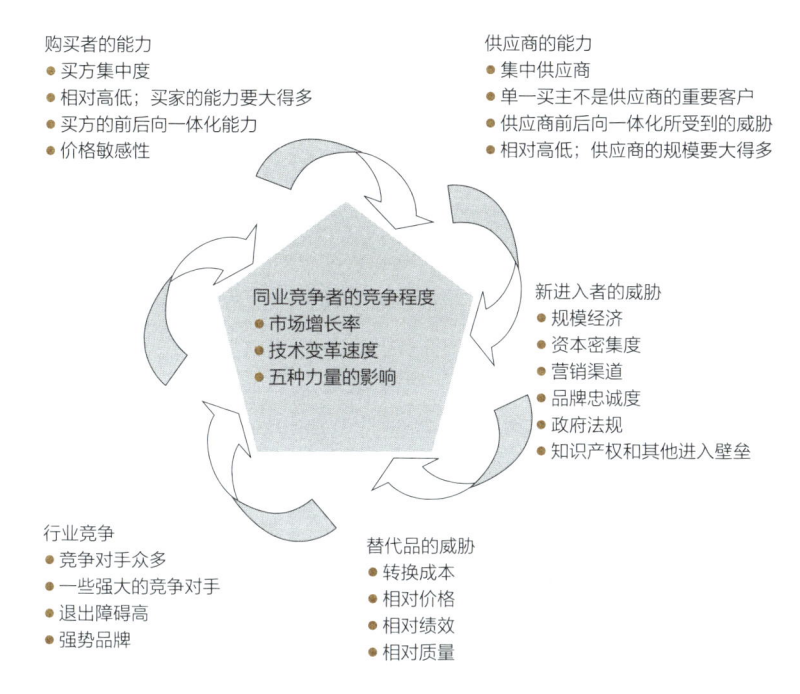

**购买者的能力**
- 买方集中度
- 相对高低；买家的能力要大得多
- 买方的前后向一体化能力
- 价格敏感性

**供应商的能力**
- 集中供应商
- 单一买主不是供应商的重要客户
- 供应商前后向一体化所受到的威胁
- 相对高低；供应商的规模要大得多

**同业竞争者的竞争程度**
- 市场增长率
- 技术变革速度
- 五种力量的影响

**新进入者的威胁**
- 规模经济
- 资本密集度
- 营销渠道
- 品牌忠诚度
- 政府法规
- 知识产权和其他进入壁垒

**行业竞争**
- 竞争对手众多
- 一些强大的竞争对手
- 退出障碍高
- 强势品牌

**替代品的威胁**
- 转换成本
- 相对价格
- 相对绩效
- 相对质量

**图1-1　产业结构五力分析（波特后）**

## 通用战略选择

在波特看来，如果一个企业想要做出卓越的绩效，那么它只有三种通用战略选择（见图1-2）。该企业可能具有成本优势，能以比其他公司更低的价格制造产品或提供服务。或者，该企业可以就一个对消费者而言很重要的方面做出差别化处理，因此它的产品将是独一无二的。波特在他的模型上又添加了一个概念：企业可以在全行业范围内走成本优势或差别化道路，也可以走第三条道路，即它们可以专注于具有成本优势或差别化的特定细分市场。他称此为"集中化"战略。初创企业只需要选择其中一种战略，然而，一家成熟的企业可以针对其业务内容的不同部分或不同市场采取不同类型的战略。

| 目标范围 | 优势 | |
|---|---|---|
| | 低成本 | 产品独特性 |
| 广义（全行业） | 成本优先战略 | 差别化战略 |
| 狭义（细分市场） | 集中化战略（低成本） | 集中化战略（差别化） |

图 1-2　策略选项

## 成本优先战略

不要将低成本和低价格混为一谈。一家低成本的企业可能会，也可能不会将这些节省的成本转嫁于客户。他们或许会利用这一优势及严格的成本控制和较低的利润率，为其他考虑进入该市场或扩大其在该市场渗透范围的公司设置有效障碍。低成本战略最有可能在需要大规模资本投资的大型市场中实施。在这些大型市场中，产品生产量或服务量很大，长期来看可以实现规模经济。

低成本并不是好运眷顾的意外之喜，可通过以下这些主要活动来实现：

- 运营效率。新的流程、工作方法或成本更低的工作方式。瑞安航空（Ryanair）和易捷航空（easyJet）就是这样的例子：通过分析业务的每一个组成部分，可以剔除成本、膳食、免费行李和分配座位等主要因素，同时保留重要问题：我们将让您安全地从 A 地飞到 B 地。
- 重新设计产品。这涉及从根本上重新思考该产品或服务主张，以寻找更有效的工作方式，或更便宜的替代材料。汽车行业正是采用了这种"平台共享"的方式，包括雪铁龙（Citroen）、标致（Peugeot）和丰田

（Toyota）在内的主要汽车厂商重新设计了他们的入门车型，从而共享汽车的主要部件，这已成为汽车行业的普遍做法。

- 产品标准化。扩大客户选择范围中的各种产品和服务都会导致更高的成本。企业面临的挑战是确保能扩大真正的、能增加价值的产品或服务。2008 年，英国铁路网对其几十种不同的票价结构和名称进行了长期而仔细的研究。自 20 世纪 60 年代以来，票价结构基本保持不变，并可简化为三种基本的产品主张。他们预估，在整个铁路网络中采用这一标准和其他通用标准将减少目前销售的 50 亿英镑门票中的 50 万英镑成本。

- 规模经济。这一任务只能通过做大企业或大胆尝试才能实现。特易购（Tesco）[1] 的同一总部、仓储网络和分销链可以支持 3800 家门店，而其最近的竞争对手只有 1500 家。特易购的运营成本较低，因为它有众多门店用以分摊成本，且具备更大的购买力。

### 差别化战略

差别化的关键在于深入了解客户真正想要和需要什么，更重要的是，企业准备在哪些方面付出更多。苹果公司的开放策略是基于图标的"趣味"操作系统，而不是微软磁盘操作系统的枯燥文本。这一理念是基于苹果公司对其客户需求的理解，即计算机用户大多是年轻人，希望有一个直观的指挥系统，而"图形用户界面"恰恰提供了这一点。苹果继续其差别化战略，但通过提供额外价值的方式，增强了产品的设计感和时尚感，以便于控制其消费者。索尼和宝马也是走差别化战略的例子。两者在产品上都有明显的、令人满意的差异，而且它们和苹果公司在各自的行业中都没有提供最低的价格，

---

[1] Tesco 一般是指特易购，是一家英国连锁超市，为全球三大零售企业之一。——译者注

而客户愿意为其产品中的独特和珍贵差异支付额外费用。

差别化不一定只局限于营销领域，如果差别化的主题在毫无征兆的情况下过时，则这一战略也不一定总能带来成功。已破产的北岩银行（Northern Rock）必须国有化才能继续经营。该银行认为，它通过货币市场筹集抵押贷款中大部分资金的策略肯定是赢家。这使得该银行的增长速度超过其竞争对手，因为对手的资金更加依赖储户。只要利率较低，货币市场运行平稳，这一策略便会发挥作用。然而，一旦推动其增长的差异因素发生逆转，其商业模式也就失败了。

### 集中化战略

集中化战略专注于服务特定市场或特定地理区域。例如，宜家（IKEA）以年轻白领为主要客户群，在全球几十个国家和地区中有 300 多家销售门店。英格瓦尔·坎普拉德（Ingvar Kamprad）是瑞典南部斯马兰省的一位企业家，他于 20 世纪 40 年代末创办了宜家，旨在为年轻人提供价格实惠、功能精巧且设计优良的家居产品。他通过使用不影响产品质量的简单成本削减解决方案来实现这一理念。

随着时间的推移，企业往往会失去自己的商业重心，因此企业不得不定期重新确定其核心战略目标。宝洁（Procter & Gamble）就是一个必须重新聚焦其目标，用以解决增长疲软问题的例子。2000 年，宝洁公司在其前 9 大类别中的 7 个类别中失去了市场份额，并在两个季度内 4 次下调赢利预期。这促使该公司重组并重新专注于其核心业务、大品牌、大客户和重要出口国。他们卖掉了非核心业务，并建立了 5 家全球企业。

## 案例分析

### Specsavers[①]

每隔一段时间，企业家就会颠覆一个行业。玛丽·帕金斯（Mary Perkins）夫人就是一个很好的例子。当她开始创业时，Specsavers就彻底改变了验光行业的面貌。如今，我们可能习惯于在陈列室中购买眼镜，闲暇时试戴镜框，直到找到完美的搭配，且每件商品都有明确的价格。但在20世纪80年代初，情况并非如此。在玛丽创办Specsavers之前，消费者在购买眼镜时几乎没有选择权或控制权。事实上，在此之前，你若是去眼镜店，店家会消失在你身后，默默为你找几副眼镜试戴。但玛丽对眼镜商的运营方式有着清晰的了解——为提供给消费者更高的价值、更好的选择以及更大的透明度；在为所有人提供平价眼部护理的使命驱使下，她专注于尊重他人的理念并建立了公司。她至今仍将自己与丈夫道格·帕金斯（Doug Perkins）共同创立的这家价值10亿英镑的国际公司描述为"一家具有家庭观念的家族企业"。

玛丽很早就学到了一个重要的教训，那就是让自己在竞争中脱颖而出，这一点很重要。作为一个新公司，仅仅复制一个成功案例中的主要元素毫无意义，你必须为客户提供不同的服务。她指出了当时眼镜商做生意时存在的一些问题，并提出了一个她认为对消费者更有吸引力的建议。首先，眼镜价格高昂。玛丽相信通过协商，提供更有利的销售条款和增加销售量，可以在不影响质量的情况下降低销售价格。例如，她没有从价格大幅上涨的批发商那里购买材料，而是直接去工厂购买。

Specsavers从仅仅有两名员工在一张乒乓球桌上工作的小作坊，发展

---

[①] Specsavers光学集团（Specsavers Optical Group Ltd）是英国的一家连锁企业，主要销售眼镜、隐形眼镜、助听器等产品。——译者注

到现在总部位于根西岛，拥有500多名员工的大公司。该公司在全球约有26000名员工，其在英国、爱尔兰、荷兰、西班牙、澳大利亚和新西兰等国家和地区拥有1390多家门店。玛丽认为，她的成功很大程度上是由于她对企业创始文化和理念的保护，以及对消费者的真实价值和选择的关注。

## 战略框架

图1-3所示的战略框架可清晰地审视整个战略过程，并帮助你制订条理分明的行动方案。

战略过程的基础是对你在当下的企业使命、目标和你自己设定的地理限制的明确陈述。这些问题应在任务1中得到解决，在圆满解决之前，你无法制定出有意义的战略。然后收集有关客户、竞争对手和商业环境的市场调查数据，例如，确认你对产品或服务的最初观点有效。这项研究很可能会引导你在全面理解客户需求的基础上修改产品。你也可以决定专注于某些特定的客户群体；然后你需要提供竞争对手的价格、促销方式和位置以及分销渠道等信息，以帮助你决定如何与之竞争。

任何企业都必须在一定程度上考虑其所处的更广泛的经济环境。因此，商业计划书必须对以下因素加以注意，例如：

- 经济的增长和衰退可能对销售等领域产生影响。在经济衰退期间，初创企业有时会受益于房产、二手设备等供应的增加，随着经济和市场的复苏，初创企业的销售增长强劲。例如，毕业于克兰菲尔德管理学院的工商管理硕士罗伯特·赖特（Robert Wright）在一次经济衰退结

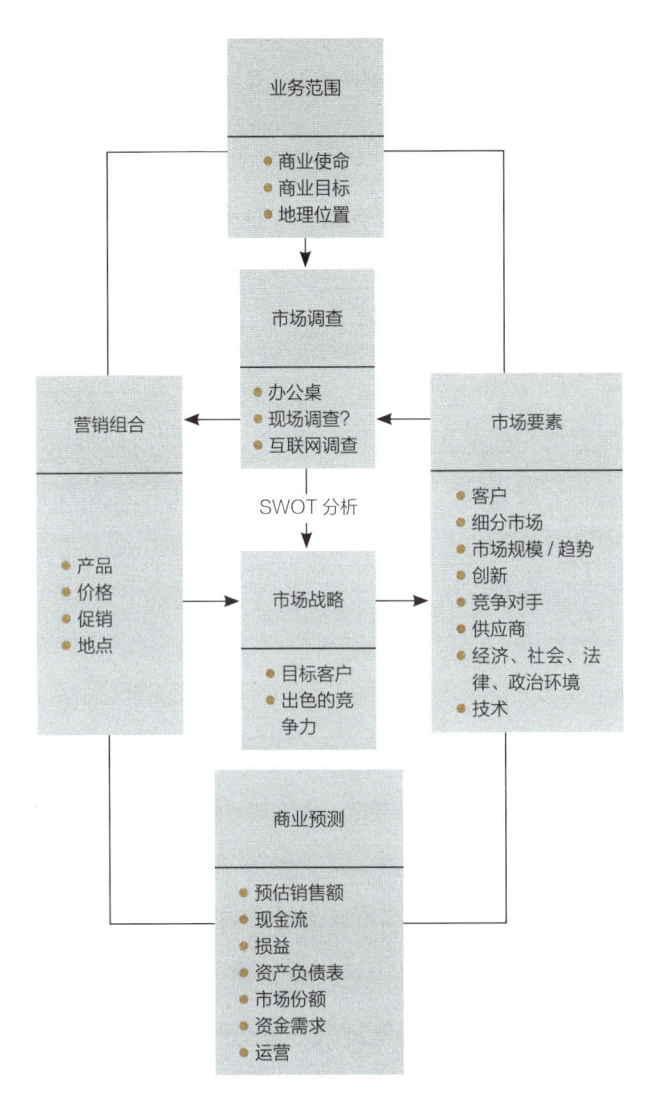

图 1-3 商业战略的要素

束时创办了ConnectAir，并在劳森繁荣时期将其卖给了欧洲航空公司（Air Europe）——10年后，他又重复了这一伎俩，并获得了该价值（7500万英镑）10倍的利润！

- 任何立法限制或机会。克兰菲尔德管理学院的一名企业项目参与者利用最新制定的法律构建其全部业务。该法律要求建筑商和开发商从现有房产物业中清除石棉。他的业务就是向开发商和建筑商提建议，告诉他们该怎样做。

- 任何可能影响市场规模或消费者选择的技术或社会趋势变化。例如，单亲家庭数量的增加在某种程度上可能是个坏消息，但这对新建单元房的建筑商而言是一个机会。妻子倾向于重返工作岗位，对便利食品销售者和餐馆老板来说是个好消息。

- 任何可能影响你业务的外在压力，无论是国内的还是国外的。有一个例子：反对逾期付款的新工党的法律。政府的目标是帮助小公司更快地获得大公司的货款。然而，其他地方实施此类立法的历史清楚表明，大公司只是改变了它们的贸易条件。这样一来，不仅仅是那些不走运或效率低下的公司，许多小公司实际上也花了更长的时间来回收欠款。

## 案例分析

### 在新冠疫情危机中存活下来的 HUSK[①] 公司：战略绝非束缚

世界发生翻天覆地的变化时，总部位于布里斯托尔的定制厨房企业 HUSK 公司甚至还没有提交第一年的账目。2019 年 11 月 30 日到 2020 年 8 月 26 日的账目注定无关紧要。HUSK 公司由戴夫·杨（Dave Young）和罗斯·诺盖特（Ross Norgate）两位好朋友创办，他们都从事家具领域的事业，认为价格合理、可定制且耐用的厨房用品是一个市场缺口。

他们对匠心独具的简约设计所持的热情使他们开发了一系列漂亮简单的定制橱柜和台面，这些橱柜和台面设计也应用于宜家橱柜上，还可以与其他橱柜供应商配合使用。一间小厨房的门面价格最低为 1900 英镑，两人确信他们拥有一个必胜的商业计划。该公司布置于布里斯托尔沃平

---

① HUSK 为一家英国厨卫公司。——译者注

码头（Wapping Wharf）上的全新集装箱展览室（Cargo showroom）定于2020年2月28日（星期五）向公众开放。集装箱展览室是一个全新的零售概念，包括许多独立餐馆、商店等，全由改装的集装箱制成。这对好朋友计划在此展示他们最新的系列配色和镶板橡木橱柜，并有一整套橱柜样品图可供参观展厅的游客带走。

2020年3月23日晚，政府下令关闭所有非必要的零售店，他们制定的整个商业战略都只能扔进垃圾箱。减少的90%的新订单，关闭的展厅，无法工作的团队，种种困难使HUSK公司不得不迅速适应新环境。他们转向为在家工作或在家上课的客户制作易于组装的平板办公桌。在布里斯托的车间里，一位木匠一天能生产大约8张办公桌。随着公司平安度过危机，HUSK公司在8天内售出了40张办公桌，虽然橱柜仍将是该公司的核心业务，但其新的办公桌系列有可能成为长期产品。

## SWOT分析（优势、劣势、机会和威胁）

审视所有数据的过程称为SWOT分析：分析公司的优势和劣势，并与感知到的环境、机会和威胁进行比较。SWOT分析的目的是让你制定一个战略，并利用该战略帮助你在满足目标客户需求方面战胜其他竞争对手。

我们在克兰菲尔德管理学院教导初创者相关经验时突出强调了第二和第三种通用策略对小公司的重要性，有时混合策略是一种明智的选择。在发挥营销组合的四大要素（产品、价格、促销和地点）方面，你应尤为强调差别化战略和集中化战略。

2000年，许多新成立的公司都试图从新兴互联网技术中获益，并大力推行成本领先战略。这种战略往往意味着较低的利润率，在出现财务问题时几乎没有回旋余地。例如，拥有12家传统服装店的克兰菲尔德管理学院工商管理硕士德克斯特·柯克（Dexter Kirk）指出："我只为网络服装营销公司的最终发展而高兴。有意思的是，我们这些落伍的老家伙称网上服装营销为'邮购'，而且我们认为此类营销公司应考虑获得30%的回报率。我在圣诞节前的一次会议上，将这一想法同布公司[①]的人分享，他们却认为我疯了。我还警告我的女儿（她现在是一位网络公关），快递会成为网络营销的一大问题，货物运输是该行业的工作中最不体面的部分。果然，她的一位电商客户在1月5日送来了他们所有的圣诞树！"

不用说，这两家公司都倒闭了。因此，在创业和发展业务的早期学习阶段，你应强调差别化战略和集中化战略，以获得更多利润。

## "先发优势"——市场谬论

"获得先发优势"这个词被当作一句咒语，用以证明在制作商业计划书时跳过行业分析和战略制定的合理性。这一理念是商业理论和实践中最经久不衰的神话之一。企业家和老牌巨头们总是争相成为第一，他们相信这是成功的必要条件。20世纪80年代的研究表明市场开拓者在分销、产品线总数、产品质量，尤其是市场份额方面具有持久的优势，这些再次证实了这一理念的正确性。

尽管先发优势理论很令人心动，但它可能是个错误的理论。南加州大学的杰拉德·泰利斯（Gerard Tellis）和纽约大学斯特恩商学院的彼得·戈尔德（Peter Golder）在他们的著作《意志与愿景：后发者如何成长为主导市场》（*Will and Vision: How latecomers grow to dominate markets*，2001年由美国麦

---

[①] 布公司（Boo.com）曾经是欧洲互联网公司中资金实力最为雄厚的英国网上服装零售商，但于2000年5月17日倒闭了。——译者注

格劳-希尔公司出版）及其后的研究中指出，之前与先发优势理论相关的研究存在严重缺陷。首先，早期的研究是基于对幸存公司和品牌的调查，排除了所有失败的例子。这令一些公司看起来好像是市场的开拓者，但事实并非如此。宝洁公司（P&G）吹嘘自己开创了美国的一次性尿布（尿片）业务。事实上，一家名为丘克斯（Chux）的公司于1936年就推出了他们的这一产品，而宝洁1961年才进入该市场。

此外，在早期的研究中，用来收集大量数据的问题也是模棱两可的，而且可能是极具危险性的。例如，"率先开发此类产品或服务的先驱之一"被认为是"首次上市"的含义。作者列举了他们在66个市场中发现的，关于谁是真正先驱的普遍误解，并借此来佐证他们的观点：在线图书销售——亚马逊（错误）、Books.com（正确）；复印机——施乐（错误）、IBM（正确）；个人计算机——IBM/苹果公司（两者都不对）。美国微型仪器和遥感测量系统公司（MITS）于1974年推出了售价400美元的个人计算机阿尔塔（Altair），1977年，坦迪公司无线电器材分公司［Tandy Corporation（Radio Shack）］也推出了个人计算机。

事实上，研究中最令人信服的证据是在所有追求先入市场战略的公司中，近一半注定会失败，而紧随其后的公司成功的可能性是前者的3倍。泰利斯和戈尔德称：最好的策略是在先驱者进入市场的19年后再进入，后发者能够从前人的错误中吸取教训，从他们的产品研发和市场开发中获益，并进一步确定客户偏好。

## 愿景

愿景是将公司业务扩展到超出其掌控的范围之外。现在很少有人能看到这一愿景的实现途径，但他们会看到，如果这一愿景能实现，那将会是一个伟大的成就。微软对每家每户都有一台计算机的愿景形成于其几乎连办公室都没有的时期，但这却是一个愿景即将实现的例子。倘若微软公司在1990年将之设定为公司愿景，则可能会收到一个苦笑。毕竟，在 1990 年之前的几十年间，美国 IBM 公司预测全世界对计算机的需求仅为 7 台！如今，微软最新的愿景是"创造将软件与互联网服务结合在一起的奇幻体验，跨越设备世界"，但这一愿景宣言并不简洁！微软的主要竞争对手，苹果公司的愿景是："创造有影响力的东西。"苹果公司利用最前沿的技术，投资于包装和设计，使他们的产品比其他竞争者的任何产品都更易于使用和优雅，并以高价售出。个人计算机、音乐播放器、智能手机和平板电脑，以及现在的云服务都受到了苹果公司的影响，并取得了极大成功。到 2011 年，苹果的股票市值超过了微软。

2010 年上市的在线超市奥卡多（Ocado）成立时有一个明确的愿景：为忙碌的人们提供一个代替每周去超市的选择。美国 IBM 公司的愿景是：打包技术供企业使用。IBM 公司始于制造打孔卡片制表机，但在 100 多年的发展史中，其服务领域逐渐涉及生产磁带系统、大型主机、个人计算机及提供咨询服务［自 2002 年收购普华永道会计师事务所（Pricewaterhouse Coopers）的咨询部门为始］。围绕企业愿景而不是特定的产品或技术发展业务，能更轻易地帮助员工、投资者和客户提高对公司业务的忠诚度，因为他们可以在一个了解其业务发展方向的组织中获得晋升机会。

### 使命

企业使命是方向指示，旨在将你的注意力集中于概括特定能力的要点，这一特定能力与你和计划服务的市场或客户相关。第一，使命范围不应过于宽泛，以便为企业中的每位员工提供方向和指导。这种专注是企业成功的关键，因为只有专注于特定需求，小企业才能使自己在与更大的竞争对手的争斗中脱颖而出。过早地尝试太多不同的事情，是最快毁掉一家企业的办法。第二，企业使命应能开拓更大的市场，得以发展企业业务并实现其潜力。你可以在日后对企业使命进行增补。总而言之，企业使命应包括：你从事什么行业和你的目的；你想在未来一到三年内实现什么（你的战略目标）。

最重要的是，企业使命必须是真实的、可实现的，而且要简短。

雀巢的使命体现在这句话中："优质食品，美好生活。"他们在这里的主张是：从早上到晚上，在各种各样的食品、饮料类别和饮食场合中，为消费者提供最佳口感、最营养的选择。

亚马逊公司的使命为"我们立志成为全世界最关注客户的公司，客户类型包括：消费者客户、卖家客户和开发人员客户。"虽然这一声明足够有力，却并没有为普通员工提供太多实际指导。

### 价值观

企业每天都面临着艰难的选择，规模越大，负责制定最终主张（利润为先或原则利润）的人就越多。定义价值观将能让为你工作的每个人都清楚在各种情况下应如何行事。你的价值观应贯穿于整个企业，价值观也是一条涉及各项决策的共同主线。美国西南航空公司（Southwest Airlines）是第一家，也可以说是最好的低成本航空公司，它以"好"而闻名。其前任首席执行官詹姆斯·帕克（James Parker）讲了一个故事，该故事中凝结着他们的价值观（"我们希望人们始终如一地做正确的事情，是因为他们想这样做"）：一架夜间航班在底特律降落，所有乘客，包括一名年轻女孩，都下了飞机。她本应该在前面几站的芝加哥下飞机，但她错过了。这是感恩节的前一天晚上，飞行员和机组人员知道他们必须把乘客送回焦急的父母身边。未经公司许可，他们就启航并将女孩送回了芝加哥。他们知道他们要做什么，不管会增加多少额外成本和不便之处，他们都会继续做下去。

### 目标

实现业务目标是实现愿景和使命的里程碑。你的商业计划也应设定利润、营业额和商业价值方面的主要目标，尤其是当你想吸引外界投资时。例如，比萨快递（Pizza Express）制定的目标是到 2020 年将门店数量从 318 家增加到 700 家；英国威严葡萄酒公司（Majestic Wine）也宣布了一个类似的目标，即在未来 10 年内每年增加 12 家新店。

确保你的商业计划包含以下这些目标：

- 具体的（Specific）：与具体的任务和活动相关，而不是关于改进的一般性陈述。
- 可衡量的（Measurable）：评估这些目标是否已经实现。
- 可达成的（Attainable）：员工有可能达到预期的结果。
- 可实现的（Realistic）：在员工当前的或计划的能力范围内。
- 时间限制的（Timed）：在特定日期前完成。

---

**任务 2 小结：战略——着眼大局**

1. 运用波特的五力分析模型，分析你所在行业的影响因素。
2. 如果你希望成为第一个进入市场的人，那么在你的商业计划中，你还可以为你的商业理念提供哪些优势？
3. 描述你将在竞争中使用的战略方向（如：集中化战略、差别化战略、成本优先战略）。
4. 你会选择哪一种战略？为什么？
5. 为你的主张做出解释。
6. 你凭什么相信该主张会成功？
7. 撰写使命宣言，将你的产品或服务与其所针对的客户需求联系起来。
8. 撰写愿景和价值观声明。
9. 你的主要目标是什么？

——短期：

——长期：

10. 列出你目前的任务和行动计划。

## 拓展阅读

1. Grundy T (2014) *Demistifying Strategic Thinking*, Kogan Page, London.

2. Hague P (2019) *The Business Models Handbook: Templates, Theory and Case Studies,* Kogan Page, London.

3. Johnson S, Van de Ven A H (2017) *A framework for entrepreneurial strategy. Strategic entrepreneurship: Creating a new mindset*, pp 66–85.

4. Porter M E (2004) *Competitive Strategy Techniques for Analyzing Industries and Competitors*, Free Press, New York.

5. Wootton S (2010) *Strategic Thinking: A nine-step approach to strategy and leadership for managers and marketers*, Kogan Page, London.

## 任务 3
## 你和你的团队

任何初创企业创业成功的两个基本要素为：一个好的想法和将这个想法转化为一家公司的人。因此，你的商业计划书不仅要包括对目的或使命的描述，还必须详细说明你和你的潜在合作伙伴的经验以及这些经验对该企业的"适用性"。

你还需要解释你的业务名字，为什么选择它以及你打算以什么样的法律形式进行交易。如果你的公司已经经营了一段时间，你应当简要描述一下迄今为止取得的成就，并总结一下财务表现。你的商业计划书的附录中可以包括完整的账目。下文将逐项说明。

### 你和你的团队

#### 正确的内容

要成功创办一家新企业，你必须成为一个合适的人选。你的商业理念必须契合市场，你的创业时机必须恰到好处，因为在失败企业的世界中充满了超前的产品。

企业家经常被视为一个总是充满新想法、怀有高度热情、极度活跃和永不满足的人。但你越是试图描绘一个典型的企业家，这个形象就变得越难以捉摸。

国际商业大师彼得·德鲁克（Peter Drucker）清楚地描述了这一问题：

> 有人特立独行，令墨守成规者感到痛苦；有人胖，有人瘦；有人焦

虑，有人懒散；有人酗酒，有人滴酒不沾；有人魅力四射，热情如火，有人却像一条冻鲭鱼。

也就是说，成功的创业者确实存在一些共同的特点，你应在商业计划书中强调这些与你有关的特点。

### 自信的全能者

很少有企业家是天才，在他们的企业中，几乎总有人在某个领域比他们所期待的更有能力。但他们好似全能，愿意着手进行任何必须做的事情，从而助力企业成功。他们通常可以进行产品生产、营销并计算收入，但最重要的是，他们很自信，可以在未知领域中闲庭信步。

### 案例分析

保罗·史密斯爵士

保罗·史密斯爵士（Sir Paul Smith）15岁辍学，开始从事服装生意。10年内，他在英国伦敦开了3家店，其中一家在考文特花园；他还在日本东京开了分店，年营业额超过200万英镑。现在，"保罗·史密斯"成了一个国际公认的时尚品牌。

史密斯爵士在解释自己的成功时说："这并不意味着我是一个特别出色的设计师或商人，我成功是因为可以经营一家企业而且我会设计。世上有那么多优秀的设计师和优秀的商人，但设计师往往无法经营企业，商人则不会设计合适的产品。"

### 抗压

从过往的失败中重新崛起也是许多成功企业家的共同特征。

亨利·福特（Henry Ford）在成立福特汽车公司之前曾两次破产，并在他40岁时贷款2.8万美元（1美元≈7元人民币）。

## 案例分析

### 蒂莫西·沃特斯通

蒂莫西·沃特斯通（Timothy Waterstone）是西方国家中发展最快的连锁书店之一的创始人。在最糟糕的时候，他被美国史密斯连锁书店（WH Smith）解雇。沃特斯通乘坐当日第一班飞机返回英国，并花了两个月的时间思考后路。

在此之前，沃特斯通的职业道路一直顺遂又平淡。剑桥大学毕业后，他曾在科钦的家族茶叶经纪公司工作过一段时间，之后在联合啤酒厂（Allied Breweries）担任了10年的营销经理。他一直喜爱读书，因而他选择为史密斯连锁书店工作。他很快就被派去纽约，并在那里待了4年。他的妻子则长期留在英国，他所有的业余时间都泡在曼哈顿的书店里。曼哈顿的书店非常棒：生气勃勃，以消费者为主，存书量大，员工平易近人，开放时间长。当时他虽然觉得在英国，类似的图书销售还存在空白，但那会儿他什么也没做。

寻求失业救济办公室帮助的经历是他开始创业的催化剂。这是他一生中最难堪的时刻。但是没等轮到他得到帮助的机会，他就冲出了门，躲在车里。他并没有尝试寻找一份新工作，而是提出了开沃特斯通书店的想法。银行拒绝了他的贷款要求，然后他去了一家金融公司。这回运气不错，在抵押自己的房子后，他换来了6000英镑，又从岳父那里借了1万英镑，其余的启动资金则借由政府的贷款担保计划筹集。

3个月后，第一家沃特斯通书店开业了。根据一份简单的书店规划，一名艺术系学生以25英镑的价格为他画了一张设计草图。他在书店里摆满了能吸引阅读爱好者兴趣的书籍，其目标对象并不是畅销书读者。午夜时分销售、星期日营业（如果可能的话）和员工奖金计划都为沃特斯通带来了令人吃惊的交易额，该公司在40家分店雇用了500名员工，年营业额为3500万英镑。随后，他以5000万英镑的适中价格将公司出售给史密斯书店。

## 创新技能

单从定义来看，企业家是创新者，他们要么解决未知问题，要么以新的方式完成旧事情。正是这种创造性的特质帮助他们开辟新市场，而其他人往往发现不了这个新市场。

### 案例分析

TomTom[①]

2017年第一季度，TomTom在全球35个国家拥有4700多名员工和58个分公司。自2011年来，该公司已售出超过270万件运动产品，此类产品对导航服务的需求极大。自1991年TomTom成立并开始改变人们的驾驶方式以来，该公司已经取得了长足的进步，且其年收入已接近10亿美元的大关。

哈罗德·戈迪恩（Harold Goddijn）和科琳娜·维格鲁（Corinne Vigreux）结婚20多年，他们是卫星导航设备的联合创始人。目前，卫星导航设备已成为导航领域的代表性产品。维格鲁曾在巴黎一所商学院学习，她毕业后进入一家法国游戏公司工作，然后入职英国塞班公司，再后

---

[①] TomTom是一家主营业务为地图、导航和GPS设备的荷兰公司，总部位于阿姆斯特丹。——译者注

来进入了一家以掌上计算机（个人数字助理）闻名的科技公司，该公司为富时100指数[①]公司。戈迪恩曾在阿姆斯特丹大学读经济学，在一家风险投资公司工作时，他接触到了塞班公司生产的一些掌上电脑和其经营者，这些给他留下了深刻印象。他与塞班接洽，建议在荷兰成立一家销售该公司产品的合资分销企业。维格鲁被派往荷兰与戈迪恩谈判，这是他们第一次见面。他们于1991年结婚，随后维格鲁从塞班辞职，搬到了阿姆斯特丹。

在荷兰一家乳制品公司工作了一段时间后，维格鲁出现了科技戒断症状。她与软件奇才彼得·弗朗斯·鲍威尔斯（Peter-Frans Pauwels）以及彼得·吉伦（Pieter Geelen）一起，设计了一款掌上电脑软件，即后来的TomTom，他们还设计了可以加载到掌上导航器和掌上电脑上的字典、会计安装包和饮食手册等软件。1998年年底，戈迪恩和维格鲁了解到了为计算机构建的导航系统，他们便有了TomTom的概念。三年后，4人花费400万欧元研发出了TomTom，并以799欧元的价格将其推入市场。这一价格比市场上的现有产品都便宜得多，而且该产品的优势在于配备了触摸屏，这是该领域的首次创新。

公司成立后的第二年便开始上市，出售了50%的业务，所获资金用于企业发展和收购。但2008年，导航业遭遇动荡。信贷紧缩、市场饱和、高额债务，谷歌开始免费提供地图，一年内出现的这些问题比许多人一生中面临的问题都要严峻。之后，TomTom公司进行了重组，减少了债务，其一半的收入来自向地图软件销售许可证、为汽车行业及远程信息通信领域构建内置系统。TomTom公司现在被公认为远程通信解决方案的领先供应商。

---

[①] 伦敦金融时报100指数，简称"富时100指数"，创立于1984年1月3日，是在伦敦证券交易所上市的最大的100家公司的股票指数。——编者注

## 结果导向

成功人士为自己设定目标，并从实现目标中获得乐趣。一旦目标达成，他们就必须尽快制定下一个目标，这是一种成功人士独有的不安情绪。詹姆斯·戈德史密斯爵士（Sir James Goldsmith）就是一个典型例子，他将自己的商业帝国从英国转移到了法国，然后又去了美国，最后在股市崩盘之前将其转换为现金。

## 专业风险承担者

高失败率表明小型企业面临着诸多危险。创业者的一个基本特征是愿意做决定和承担风险。这并不意味着他们依靠直觉赌博。这一特征意味着创业者要仔细计算赔率，并决定冒哪些风险以及何时冒险。

## 全力以赴

你应当完全相信你的商业理念。若不然，你要如何说服你一定会遇到的那些质疑者，让他们相信这是一次值得的冒险？你还需要全身心投入工作、保持精力充沛的状态，并完成大量的艰苦工作，每天工作 18 个小时并不少见。这可能会给你身边的各类关系带来压力，尤其是家庭关系。因而，如果你想成功，你的家人也必须参与进来并做出承诺。

## 案例分析

### 天真果汁[①]

1998 年夏天，理查德·里德（Richard Reed）、亚当·巴伦（Adam Balon）和乔恩·赖特（Jon Wright）研发出了他们的第一款冰沙配方，但

---

① 天真果汁（Innocent）是一家英国企业，致力于开发健康饮品。——译者注

仍对辞职感到惶惶不安。他们购买了价值500英镑的水果，将其制成冰沙，并在伦敦音乐节上的一个摊位出售。他们在摊位上挂了一块牌子，上面写着："你认为我们应该辞职去做这些冰沙吗？"旁边的垃圾箱上写着"是"和"否"。他们邀请观众把空瓶子放进选定的垃圾箱中。周末结束时，写着"是"的垃圾箱满了，于是第二天他们去上班的时候就递交了辞呈。正如他们所说，剩下的就交由历史证明。作为一个家喻户晓的名字，天真果汁经历了10年的快速增长期。

但天真果汁于2008年陷入停滞，销量下滑，而他们在欧洲的扩张则能迅速吸纳现金。三位创始人的平均年龄为28岁，他们需要一些重要建议。因此，他们与手机仓库（Carphone Warehouse）创始人查尔斯·邓斯通（Charles Dunstone）及渣打银行董事长默文·戴维斯（Mervyn Davies）进行了交谈。二位前辈给他们的建议是寻找一位财力雄厚的投资者，最好能增强创始人的创业热情。雷曼兄弟申请破产的那天，三位创始人开始寻找投资者。2009年4月，天真果汁团队接受了可口可乐公司作为其少数股东，并支付3000万英镑购买他们10%~20%的股份。他们选择可口可乐公司是因为该公司除了提供资金外，还可以帮助更多地方的人接触到天真果汁的商品。他们也可以从可口可乐公司学到很多东西，因为可口可乐公司已经经营了120多年。

---

很多时候，初露头角的创业者都认为自己是创业的绝佳人选。不幸的是，他们是在自欺欺人。最近，在接受随机采访（对自己的领导能力进行评分）的成年男性中，70%的人认为自己的领导能力高于平均水平，只有2%的人认为自己的领导水平低于平均水平。在运动领域（这是一个很难自欺欺人的领域），60%的人认为他们的运动能力远远高于平均水平，只有6%的人说他们低于平均水平。

在评估创业人才时，一个常见错误是假设大企业管理的成功经验也将自动确保小企业的成功。

### 检验你的创业优势

通过参加一个或多个在线创业智商测试，你可以了解更多自己作为创业者的优势和劣势。在本书末尾的商业计划关键组织和资源索引中可以找到几个网站，但在网站上输入关键词，你将获得无数资源！

## 建设团队

投资者的理想计划包括建设一个经验丰富、能取长补短的管理团队，这一点倒不足为奇，因为他们已经共同合作多年，而这将确保企业的深入管理，从而为公司的方方面面提供保障，并在动荡不安的创业前期确保企业拥有一定的稳定性。因此，公司最愿意收购管理层。

在天平的另一端，是那些孤独的发明家，发明家的管理技能可能会受到质疑，而且他竭尽全力想要做的也只是将自己的产品从绘图板上送到生产线上，而这类提案不太可能吸引大量投资。其风险不言而喻，且超出了每家公司在市场上的预期。无论在何种情况下，如果没有管理团队，那么企业就没有为投资者提供服务所需的快速增长做好准备。

实际上，大多数商业提案都介于这两个极端之间。你的商业计划书应该清楚地说明关键管理者的理想团队是怎样的；迄今为止，你已经确定或招募的人员。最后一点，你将如何激励他们和你共事，并在最重要的创业头几年表现良好。

当然，投资者也会在这方面寻求安慰，并希望看到更多促进忠诚度的例子，以及你会采取哪些措施。

## 企业名称

一个好的公司名称可以将你的商业策略用一两个词进行总结。杰夫·贝佐斯（Jeff Bezos）最初选择卡达布拉（Cadabra）作为企业名称，就是因为他总结出了该公司是为了帮助客户在网上感知到任何书籍的魔力，就像在施魔法（abracadabra[①]）时一样。在打了几通电话征求意见后，他放弃了卡达布拉这个名字，因为它容易与"尸体（Cadaver）"相混淆！他在亚马孙河流域定居下来后，发现大多数人都认为它是世界上最大的河流，而他也想传达出"亚马逊"是"全世界最大的书店"的形象，因此最终他把企业名称定为"亚马逊"。

贝宝（PayPal）、美体小铺（The Body shop）、玩具总动员（Toys R Us）都是用企业名称总结其业务本质的好例子。谷歌（Google）虽然是一家非常成功的企业，但它也在努力打造一个有意义的商业名称。他们从"网络爬虫（BackRub）"开始，利用算法检查反向链接以评估网站的影响力，但后来，他们采用了谷歌这个名字，这个名字是"googol（10 的 10 次方）"一词的错误拼写。选择这一名字是为了传达一种理念：筛选大量信息后，获得有用的数据。斯坦福大学（Stanford University）校园（创始人在这里提出了他们的商业想法）外的许多人不太可能知道 googol 是什么，或者为什么它有助于描述最大的搜索引擎的商业策略。但当时，"极客"充斥着互联网，这个名字也流行起来。

企业名字几乎是人们听说该企业的第一种方式，它需要快速、清晰地传达企业的本质。一旦你不得不开始解释你所做的事情，沟通的工作就会变得更加困难。如果你想拥有一个域名，那么你必须花些工夫想一个企业名称和域名，采取一些措施去保护你的投资很有必要。

你的企业名称可以是你区别于竞争对手的起点和支撑点，因此应该谨慎

---

[①] Abracadabra 为施魔法时所念的咒语。——译者注

选择，尽可能使用商标保护，并以独特的方式书写。因此，选择企业名称的主要影响因素是其商业用途。

当你选择一个企业名称时，你也在选择一个身份，因此它应该反映：

- 你是谁？
- 你是做什么的？
- 你是怎么做到的？

考虑到你将在企业名称上进行的所有营销投资，你应该向商标代理核实是否可以保护你选择的名称（除非长期使用，否则通常不允许使用描述性词语、姓氏和地名）。

首先，任何想要使用"受控"名称的人都必须获得许可。大约有 80 或 90 个受控名称，其中包括"国际""银行"和"皇家"等词。这是为了避免企业暗示它是什么性质的组织。

其次，所有打算以非所有者的名义进行交易的企业必须说明谁拥有该企业以及如何联系所有者。因此，如果你的企业是个人经营企业或合伙企业，只使用带有或不带有名字或首字母的姓氏，便不会受到影响。如果只使用公司全名，公司也不会受到影响。

如果要使用"真名"以外的任何名称，您必须披露所有者的姓名以及可以向其发送商业文件的地址。这些信息必须显示在所有商业信函、货物和服务订单、发票和收据、商业债务报表和要求上。此外，文件副本必须展示于所有营业场所的显著位置。《公司法》如此要求的目的只是让你更容易"看到"与你做生意的人。

如果你将自己公司的注册文件与其他公司的注册文件一起提交，除非登记册上有另一家公司使用该名称，或登记官认为该名称具有淫秽性、冒犯性或非法性，否则该名称即可使用。

## 创业心法：商业计划完全指南

## 改名

如下面的案例研究所示，如果你在公司名称确立一年左右后认为你的公司名称不太合适，那也不算什么糟糕透顶的大事。但是，在很大程度上，你浪费了曾用于提高公司早期知名度的很多营销努力。

### 案例分析

#### 布里奇沃特

艾玛·布里奇沃特（Emma Bridgewater）在伦敦贝德福德学院（Bedford College）获得英语学位的18个月后开始创业。起初，她不确定该做什么生意，但当时与她住在布里克斯顿的男友想创立一个工艺工作室，教学生如何注浆（一种古老的方法，用液态黏土倒入模具中制作陶器）。布里奇沃特参观了特伦特河畔斯托克的工厂，发现了许多具备这种技能的人。但是，布里奇沃特说："他们制作的杯子形状令我作呕。所以我自己设计了杯子形状。我发现，这样做能让我所有的沮丧消失无踪。突然间我就知道我想做什么了。"

她给自己准备了海绵和颜料，这样她就可以把自己的设计应用到工厂的杯子上。"起初，斯托克的人都以为我疯了，他们质疑我，但这样的质疑对我很有帮助。"然而，不到几个月，她就从综合商社（General Trading Company）赢得了价值600英镑的第一份订单。之后，她在肯辛顿的一个交易会上售卖"背着薰衣草袋子的歇斯底里的摊贩"，由此，布里奇沃特海绵公司（Brixton Spongware）正式成立。

她后来更改了公司名称，她说："我受够了雷鬼音乐[①]和红薯[②]之类的笑

---

[①] "雷鬼"（Reggae）一词来自牙买加某个街道的名称，意思是指日常生活中一些琐碎之事。早期的雷鬼乐是一些都市底层人士用来表达抗议的方式。——译者注
[②] 西方有许多同红薯（sweet potatoes）相关的谜语、双关语和笑话。——译者注

话了。'布里奇沃特'这个名字更合适一点,听起来像一个老牌公司。人们通常会认为这是一家已经经营多年的家族企业。这正是我想要创造的氛围。"仅仅两年多后,她收到了一份来自伦敦和纽约顶级百货公司的订单。价格低廉的模仿者很快开始模仿她的设计。现在布里奇沃特已经有了一个固定的名字和数百万英镑的营业额。

## 决定企业的法律形式

在开始交易之前,你需要考虑你的业务将采取何种法律形式。一个企业可以采取四种主要形式,你选择哪种形式取决于许多因素:商业需求、财务风险和你的税务状况。下面将简要介绍每种形式以及其设置步骤。

### 相对商业人口

2020年年初,英国约有600万家活跃企业,高于2016年的550万家。英国私营部门的商业人口包括350万家独资企业(占总数的59%)、200万家活跃的贸易公司(34%)和40.5万家普通合伙企业(7%)。大多数初创企业都以个体经营者的身份起家,如果创业成功,可以转为有限责任公司,所有者将获得本章之前所述的法律保护。2009年,有限公司只占商业人口的26%,合伙企业占12%,个体经营者占62%。截至2016年年底,这一比例分别为30%、64%和6%。

### 个人独资企业

每年在英国成立的新企业中,绝大多数都选择做个人独资企业。这样做的优点是相对不必拘泥于形式,除非你打算注册增值税,否则几乎没有必须保留的记录。你的账目不需要审计，企业财务信息也不需要在英国工商局备案。

作为一名个人独资企业家，你和你的企业之间没有法律上的区别。你的企业是你的资产之一，就像你的房子或汽车一样。由此可知，如果你的企业破产，你的债权人不仅对企业的资产有权，而且对你的个人资产也有权，他只受《破产法》规定的约束（这些规定仅允许你为自己和家人保留一些绝对基本的必需品）。

如确保你的私人资产是配偶的合法财产，那么你的债权人无权对配偶提出索赔，即可以避免最糟糕后果（进行财产转让时，你必须具备偿付能力，且该转让必须在你的公司陷入困境前至少两年进行）。然而，为了法律上有效，这种转让必须是绝对的转让，你不能对你的配偶选择如何处置他或她新获得的财富拥有发言权！

维持企业运转的资金必须来自你或贷款。个人独资企业无法获得股权资本，但无风险又极具吸引力。作为这些缺点的回报，你可以很快成为自己的老板，只需在纳税申报表上申报利润即可（在实践中，明智的做法是听取专业建议）。

## 合伙企业

合伙企业实际上是个人独资企业的集合，因此也分担个人责任所附带的法律问题。与另一人（或多人）合伙开展业务几乎没有限制，而且有几个明显的优势：通过资源集中，你可能会拥有更多的资本；你为企业带来了许多技术支持；如果你生病了，企业还可以继续运转。

也有两个严重的缺点需要特别注意。第一，如果你的合伙人在你不知情或未经你同意的情况下犯了一个商业错误，或许是签署了一份糟糕的合同，那么合伙企业的每个成员都必须承担此后果。在这种情况下，你的个人资产可能会用来偿付债权人，即使这个错误不是你自己犯下的。

第二，如果你的合伙人以个人身份破产，无论出于何种原因，他或她在合伙企业中的份额都可能被债权人没收。作为个人，你不必为你的合伙人的私人债务负责，但必须在短时间内将他或她在合伙企业的股权买断，否则可能会让你和企业陷入财务危机。即使死亡也不能免除你的合伙人义务，在某些情况下，你的遗产也与公司责任相关。除非你"公开"声明，通知你的商业联系人并合法终止合伙关系，否则你仍有责任。

1890年英国《合伙企业法》颁布了这一领域的法律规定，该法案实质上假定有能力的商人应该知道他们在做什么。该法案只是提供了一个"在没有相反协议的情况下"适用的协议框架。因此，许多合伙企业都是成立于没有法律手续的情况下，有时双方也不知道自己已经成立了合伙企业！

《合伙企业法》的主要条款规定：

- 所有合伙人都平等出资。
- 所有合伙人平分利润和亏损。
- 合伙人不得就其资金获得利息。
- 合伙人不得领取工资。
- 所有合伙人在企业管理中都有平等的发言权。

可能这些条款中有些不太适合你，因此你最好在创业之初就由律师以书面形式起草一份"合伙协议"。

以"隐名合伙人"身份加入合伙企业，可减少承担灾难后果的可能性。"隐名合伙"是指你参与注册为有限合伙企业。这意味着你（或你的合伙人）不能在经营业务中发挥积极作用，但你的风险仅限于你投入的资本。

除非你从事于某些职业（如法律、会计），否则在任何合伙企业中，你最多只能有20名合伙人。

## 合作社

合作社是由在其中工作的人拥有和控制的企业。曾经濒临灭绝的合作社正迎来某种程度的复兴，在英国有 5450 多家合作社，雇用了 237800 人。它们正以每年 20% 的速度增长。

合作社企业受英国 1965 年《工业和公积金协会法》管辖，其主要条款规定：

- 根据"一人一票"原则，合作社的每个成员都有平等的控制权。
- 会员资格必须向符合规定资格的任何人开放。
- 利润可以留存于企业，也可以根据成员的参与程度（如工作时间）按比例分配。
- 会员必须从参与业务中最大受益。
- 贷款或股本的利息以某种特定方式受到限制，即使利润高到足以支付更多款项。

这当然不是一个旨在让企业家控制自己命运和实现利润最大化的法律形式。然而，如果这是你选择的法律形式，你可以支付 90 英镑向互济会主登记员注册，并且你的公司中一开始必须至少有 7 名成员。起初，他们并不都必须是全职工人。与有限公司一样，注册合作社对其成员负有有限责任（见"有限责任公司"项下），必须提交年度账目，但不收取任何费用。并非所有合作社都需要注册，因为这不是强制性的，在这种情况下，它们在法律上被视为具有无限责任的合伙企业。

## 有限责任公司

在英国，1895 年《公司法》颁布之前，成立公司需要有议会法案或皇家宪章的批准。如今，在英国进行交易的 450 万家企业中，有 140 多万家是有限公司。顾名思义，在这种形式的业务中，你的责任仅限于你声明将以股本的形式出资的金额（尽管你可能实际上不需要投入资金）。

有限责任公司拥有自己的法律身份，与拥有或经营有限公司的人分离。这意味着，如果破产，债权人的债权仅限于公司的资产。企业股东作为个人不承担超出其股份价值的企业债务。即使股东是在职董事，该规定也适用；当然，除非公司一直在欺诈交易（在实际操作中，有限责任公司限制负债的能力受到了严重阻滞，因为包括银行在内的大多数贷款人往往坚持要求董事提供个人担保）。其他优势还包括通过出售股票筹集资金的自由。

缺点包含设立公司的成本，以及在某些情况下，法律要求公司账目由特许或注册会计师审计。通常只有资产接近 300 万英镑的企业才需要审计，但是如果股东拥有你的公司 10% 以上的股份，他们也可以要求审计账目。你可以从你的会计师那里或在英国政府网站上搜索"经营一家有限责任公司"，找到关于审计小公司的最新信息。

有限责任公司可以由两名股东组成，其中一名股东必须是董事。还必须任命一名公司秘书，该秘书可以是股东、董事、会计师或律师等外部人士。

公司可以从注册代理处"直接"购买，然后根据自己的目的进行调整。这将涉及更改名称、股东和公司章程，费用约为 250 英镑，需要几周时间。或者，你也可以成立自己的公司，聘请律师或会计师，这将花费大约 500 英镑，需要 6~8 周的时间。

## 过去的成就

如果你的公司已经经营了一段时间，那么你的商业计划应该包括对过去业绩和成就的总结、年度报告、审计账目等，如果数量庞大，可以列在附录中，并在商业计划书的本节中提及。或者，你可以详细展示这些信息。你应该强调你迄今为止所学的东西，并相信你的策略有着坚实基础。

## 案例分析

### Nonthonhighstreet[①] 有限公司

霍莉·塔克（Holly Tucker）和索菲·科尼什（Sophie Cornish）认为，一家售卖设计精良、质量上乘商品的企业很难在商业街上找到，这就是一个不错的商业理念，因此很容易便可以为她们的企业选择一个名字。

Nonthonhighstreet 就很独特，而且抓住了她们的商业理念的精髓。她们的目的是将缺乏资源的企业聚集在一起，变为商业街上的有效存在。将这些企业聚在一起，也能相应地分散成本基础。在早期计划阶段，受互联网助推，"同一屋檐下"作为一个物理概念被抛诸脑后。

她们的第一份商业计划草案要求投资4万英镑，但在启动后的几个月内，预计投资额增长到14万英镑。在第一年为了公司发展而向家庭、贷款和银行透支提供资金后，她们向星火风险投资公司（Spark Ventures）寻求帮助，星火是一家早期风险投资公司，曾投资过 Lastminute 旅游公司的联合创始人布伦特·霍伯曼（Brent Hoberman）。

星火风险投资公司投入了相当多的资金，并持有该公司的少数股权，这使 Nonthonhighstreet 计划在运营的第三年将销售额增加一倍以上（见表1-1）。

表1-1 Nonthonhighstreet 的销售历史

| 年份 | 销售额（千英镑） |
| --- | --- |
| 第1年 | 100 |
| 第2年 | 1000 |
| 第3年 | 2500（预计） |

---

① Nonthonhighstreet 是一家英国著名的老牌在线时装礼品零售商城。——编者注

只需缴纳450英镑的加盟费，供应商就可以在Nonthonhighstreet的网站上推广他们的产品，为期5年。Nonthonhighstreet将拥有所有销售收入的20%。它提供了量身定制的受众群和专业的网络推广服务，小型公司如果不花费数万英镑，便很难效仿。该网站被《独立杂志》评为英国50强网站之一。

两人从创业伊始就深知保护自己的知识产权对企业的生存和繁荣至关重要。她们不仅保护了自己的所有知识产权，还在网站上毫不含糊地捍卫其权利："我们拥有或被许可拥有的服务的所有权利、所有权和权益，包括专利法、版权法、商业秘密法或商标法下的所有权利，以及任何和其他所有权相关的权利，包括：申请、续展、扩展和恢复。严禁修改、改编、翻译、衍生、反编译、逆向开发、反汇编或以其他方式试图从应用程序或服务的任何其他部分派生源代码。"

2011年，该公司聘请曾为亚马逊工作的杰森·韦斯顿（Jason Weston）和曾为贝宝工作的马克·霍德森（Mark Hodson）担任首席运营官。Nonthonhighstreet在2019年3月提交的最新账目显示，其营业额已达到1.39亿英镑。

---

**任务3小结：你和你的团队**

1. 你是如何产生新想法的？
2. 你的企业名称是什么？为什么选择它？
3. 你有哪些与本次创业特别相关的经验和技能？
4. 谁将与你合作，以及他们有哪些相关经验和技能？
5. 你雇用过或计划雇用哪些专业顾问（会计师、律师、专利代理人等）？
6. 你将以何种法律形式进行交易？为什么？
7. 如果你的公司已经开始经营，简要总结一下公司的财务和财务状况以

> 及迄今为止的营销结果和成就。

## 拓展阅读

1. Adair J (2007) *The Art of Creative Thinking: How to be innovative and develop great ideas*, Kogan Page, London.

2. Bridge R (2009) *How I Made It: 40 successful entrepreneurs reveal how they made millions*, Kogan Page, London.

3. Pullan P & Archer J (2013) *Business Analysis and Leadership*, Kogan Page, London.

4. Watkins, A (2015) *4D leadership: Competitive advantage through vertical leadership development*, Kogan Page, London.

# 第二阶段
# 市场调研

## 第二阶段 市场调研

### ▶ 简介

任务4至任务6旨在帮助你更为敏锐地关注客户、竞争对手和市场，并确定计划书中尚未得到研究的领域。此类研究应在业务开始或实施新战略之前完成，如此可在发生代价极大的错误时节省时间和成本。显然，你要进行的研究花销与风险金额相关。如果一家企业需要1000英镑/美元/欧元的启动资金，那么在市场研究上花费5000英镑/美元/欧元将是一项糟糕的投资。然而，对于不想在第一年就遭受灾难性失败的初创企业和小型企业而言，无论它们的启动资本是多是少，都应谨慎地进行一些初步的市场研究。

正如哈佛商学院的校长所说："如果你认为知识的价格太过昂贵，那就变得无知吧。"任何市场研究的出发点都一定是定义目标市场范围。一家小型杂货店可能只需要满足几十条街道居民的生活需要，但一家专业餐厅可能需要更大的服务市场才能生存。

您可能最终决定将产品销售到不同的市场。例如，零售企业可以通过商店为当地提供服务，通过邮购为全国其他地区提供服务。一家小型制造企业可以扩展到出口领域。

在最初的市场研究中，人们常常因过于宽泛的市场描述而感到困惑，例如：有人说他从事的行业是汽车行业，但实际上他是在珀斯[①]销售二手车，或者他的业务是在村里的商店售卖全麦面包，他却说自己在从事健康食品领域的工作。虽然了解广泛的市场趋势很重要，但千万不要忘记你应专注于服务准确领域的必要。

收集市场调查数据的目的是帮助你确定正确的营销策略，包括确定价

---

[①] 珀斯是澳大利亚西澳大利亚州的首府，也是澳大利亚第四大城市。——译者注

格、决定服务和质量水平以及选择广告投放地点和投放量等。任务4和任务5展现了你需要回答的有关客户和竞争对手的主要问题，任务6介绍了开展基本市场研究的主要方法以及在哪里可以找到所需数据。

> **任务 4**
> **客户调研**

任何企业没有客户都无法起步，更不用说生存了。一些人认为，客户在公司开业之后便会接踵而来，但这完全是胡说八道。你需要提前明确你的客户是谁，因为客户是一个成功商业战略的重要组成部分，他们并不仅仅是新产品或新服务的被动接受者。

了解你的客户以及你打算向他们出售的产品看似是一件很简单的小事，以致很难相信任何未来商业人物创业时不照此行事。但这种忽略这件小事的现象却很普遍，并成了许多初创企业倒闭的原因之一。

## 分辨客户需求

一位成功的化妆品公司的创始人，当被问及他是做什么的时候，他回答说："在工厂里我们制造香水，在商店里我们销售梦想。"

这些做生意的人通常一方面用物理术语来定义他们的业务。另一方面，客户认为企业的首要价值是满足其需求的能力。即使是把让客户满意甚至愉悦作为格言的公司，也往往会发现这是一个比最初看起来更复杂的目标。以艾拉厨房为例，他们的最终客户是婴儿，在设计产品时婴儿被仔细考虑，尽管他们不是实际的购买者。

在明确定义市场需求之前，你无法着手组织产品或服务来满足它们。

## 案例分析

### 艾拉厨房①

保罗·林德利（Paul Lindley）既没有婴幼儿行业的工作经验，也没有自己经营企业的经验。50岁的林德利是有线儿童电视频道尼克国际儿童（Nickelodeon）的英国总监，毫无经验的他在同英国大型连锁超市做生意时看起来有些雄心勃勃。

林德利专注于婴儿食品的想法源自他试图让自己的女儿艾拉在旅行时吃东西。在他推出艾拉厨房之前，大多数婴儿食品都是装在玻璃罐中出售的，因为家长们在购买之前都希望能亲眼看到这些食品是什么样的。但是，让孩子吃罐子制品，意味着必须由父母控制孩子能吃多少，对于大多数小孩子而言这并不是一件能轻易接受的事情。林德利希望使用他在法国超市看到的那种面向成年人的包装袋来包装婴儿食品，通常作为蛋黄酱和沙拉酱的包装。他认为以这种方式提供的婴儿食品，可以让孩子自己拿着袋子来吃，这使得外出喂食比用罐子和勺子更容易。

与普通玻璃瓶相比，使用塑料袋还有许多其他优势。首先，以这种方式包装产品针对的是实际消费者，即婴儿和幼儿，而不是购买婴儿食品的父母。因此，包装袋追求的并非是对食品的一目了然，而是鲜艳的色彩，袋子上面还要有卡通风格的图画，并以他女儿的名字命名。此外，袋装食品还可以进行巴氏杀菌，不必非要高温灭菌。这也意味着此类食物比其他食物更能保留食材的颜色、风味、材质和维生素，因此这实际上是一种更健康的选择。

艾拉厨房必须满足客户的需求，其2018年至2019年的营业额超过

---

① 艾拉厨房（Ella's Kitchen）为英国畅销宝宝辅食品牌，占据英国30%的婴幼儿市场份额。创始人为保罗·林德利（Paul Lindley），英国企业家和儿童福利运动家。——译者注

7100万英镑，利润超过1030万英镑，其包装袋在英国、挪威、瑞典、芬兰、比利时、荷兰、加拿大和美国等地的国际超市销售。

---

幸运的是，在了解客户需求的过程中，你可以得到一些帮助。美国心理学家亚伯拉罕·马斯洛（Abraham Maslow）在他的研究中表明，"所有的顾客都拥有追求目标，他们通过购买和消费来满足自己的需求"。然后，他更进一步地将消费者需求分为5个阶段，也称为需求层次：

- 自我实现需求。这是马斯洛需求层次的顶峰，也意味着人们在寻求真理、智慧、正义和目标。这是一种永远无法完全满足的需求，据马斯洛所说，只有很少很少的人愿意花大笔钱来满足这种需求。比如比尔·盖茨（Bill Gates）和汤姆·亨特爵士（Sir Tom Hunter）等人捐出数十亿美元成立基金会，并将他们的财富用于有价值的事业中。大多数人则在需求层次的更低层徘徊。
- 尊重需求。在本需求中，人们关心的是自尊、成就、关注、认可和声誉等问题。客户寻求的需求包括：如果他拥有一种特定的产品，其他人能对他有更好的印象。许多品牌营销的目的是让消费者相信，佩戴制造商的标签或标志以便其他人看到，这样他将赢得他人的"尊重"。了解马斯洛需求等级的这一部分是如何运作的，对于负责任旅行的创始人来说至关重要。负责任旅行（Responsible Travel）成立于2001年，这家公司受安妮塔·罗迪克（Body Shop）支持，是贾斯汀·弗朗西斯（Justin Francis）与他的搭档哈罗德·古德温（Harold Goodwin）合作创建的，该公司是世界上第一家提供环保旅行和度假服务的公司。它是首批为旅行者提供碳补偿计划的公司之一，负责任旅行公司曾夸口说，他们拒绝了很多试图在其网站上市的旅游公司。它们吸引那些希望在社区中被公认为对社会负责的消费者。2010 年，他们推出了自己在美国的业务"负责任度假"，目前已有 350 多家专业旅行社。

- 社会需求。对朋友的需求，加入社团、俱乐部或其他团体的需求以及给予和获得爱的需求都是社会需求。在"较低"的需求得到满足后，与他人互动相关的需求就会得到凸显。正是在厨房中，安格斯·瑟尔韦尔（Angus Thirlwell）和彼得·哈里斯（Peter Harris）想出了创办巧克力酒店（Hotel Chocolat）的想法。这也是一个满足社会需求的企业的例子。他们销售自制的豪华巧克力并送货上门，通过每月举办"品鉴俱乐部"来提高销售额。俱乐部的理念是邀请朋友前来品尝，并使用公司的评分系统对巧克力评分并给出反馈。

- 安全需求。消费者的第二个最基本需求即感到安全。无论是在普通环境中，还是因为提供的产品或服务而自觉受到伤害的人，都不会对满足更高需求产生兴趣。查尔斯·里格比（Charles Rigby）设立了"世界挑战赛（World Challenge to market）"并组织了一次富有挑战性的探险活动前往世界各地的异国他乡，其目的是让 19 岁左右的年轻人走出他们的舒适区，并教他们如何克服逆境。此时他知道自己面临着一个挑战：如何让一项活动既令青少年兴奋又带有危险，还能确保他们的安全，让父母在写支票时感到心里舒服些。网站上从 6 个完整部分专门解释了公司采取的安全措施，以确保尽可能消除不可接受的风险。

- 生理需求。空气、水、睡眠和食物都是必不可少的维持生命的要素。在这些基本需求得到满足之前，人们通常不会考虑自尊等更高的需求。

## 细分市场

根据客户的不同需求进行市场细分，意味着我们需要重新计划营销工作，以便有针对性地解决这些问题。然而，试图让每个人都满意也意味着最后没有任何人完全满意。市场细分这一营销过程可帮助我们处理这一看似不可能完成的任务，这也是将客户和潜在客户组织成"相似"类型的集群或组的过程。例如，地毯或室内装潢清洁企业将经营餐厅和招待所的个人和商业客户作为其客户。这两个市场有着根本的不同，一个更关注成本，另一个更关心工作的开展是否对业务的干扰最小。此外，每一个客户群体都出于不同的动机购买产品，因此必须相应地修改销售信息。

以下是细分市场的一些方法：

- 心理细分。个人消费者可分为三类："雅皮士（Yuppies）"（年轻的、向上流动的专业人士）、"居间者（Bumps）"（月光族的、向上流动的、专业的、喜欢卖弄学问的人）和"鼓舞者（Jollies）"（有一定积蓄的、充满干劲的年长者）。该分类试图阐释社会行为如何影响买方行为。互联网研究机构弗雷斯特研究公司（Forrester Research[①]）声称，在决定消费者是否上网、花多少钱以及买什么时，消费者的年龄、种族和性别等人口统计因素远不如其对科技所持的态度重要。弗雷斯特研究公司利用这一观点及其研究成果，制作技术统计分布细分市场，以帮助商家了解消费者作为数字消费者时的行为。

弗雷斯特公司根据消费者对科技的态度将其分为两类：技术乐观主义者和技术悲观主义者，并将其与收入和所谓的"主要动机"（职业、家庭和娱乐）一起用于划分整个市场。每个细分市场都有一个新名称——"技术奋斗者""数字希望获得者"等，在接下来的内容中。本书将阐释如何识别消费者身份，如何判断他们是否适合你的产品或服务，并提供一些建议，说明哪些营销策略可能会得到某一特定群体的好评。

---

[①] Forrester Research 公司是一家独立的技术和市场研究公司，针对技术给业务和客户带来的影响提供务实和具有前瞻性的建议。——译者注

- 利益细分。指出不同的人可以从相同的产品或服务中获得不同的满意度。最后一分钟网站（Lastminute.com）[①]声称利益细分这一策略能为用户带来两个独有的好处。首先，该策略旨在为顾客提供物美价廉的商品。其次，公司更强调即时性的好处。这一概念类似于放在收银台上的让消费者产生冲动购买的产品，在你碰到它们之前，一路上你从来没有想过要购买这些产品。
- 地缘细分。不同地点存在不同需求时，就会出现地缘细分。例如，市中心可能是大多数摩托车调度服务用户的聚集地，却是少量园艺产品用户的聚集地。

然而，如果两种产品都能得到正确的呈现，那么任何地区都可以"消费"这两种产品。市中心的一家商店可能会出售1千克袋装的土豆，因为它发现顾客可能会步行。而外地购物中心可能会基于客户有车的信息，出售20千克袋装的相同产品。

- 产业细分。根据地理位置、主要业务活动、相对规模、产品使用频率、购买政策和一系列其他因素将商业客户分组。
- 多变量细分。指使用多个变量描述市场，这样将比仅使用一个变量描述更加准确。

以下是一些实用规则，有助于帮助你确定某个细分市场是否值得尝试销售：

---

[①] Lastminute.com 是一家在线旅游和休闲零售商。该公司由玛莎·莱恩·福克斯（Martha Lane Fox）和布伦特·霍伯曼（Brent Hoberman）于1998年创立，是20世纪90年代末英国互联网繁荣的一部分。——译者注

- 可测量性。你能否估计该细分市场中有多少客户？你能提供一些"独特"的产品吗？
- 可访问性。你是否能和这些客户进行沟通，最好是以个人方式联系？例如，你可以在专业的"老年人"杂志上打广告，从而影响 50 岁以上的人群，并且年轻人大概率不会阅读这些广告。所以，如果你想推广拼字游戏，最好使用 1.5 倍大的字块。此刻，你宁愿年轻人没有听说过这一改动；因为如果年轻人知晓了这个消息，便可能会为产品定下老旧的基调。
- 允许利润发展。客户必须有足够的资金来购买你提供的商品。
- 市场规模。这个细分市场必须足够广阔才便于你利用，但可能不会非常大，因为过大的细分市场会吸引更强的竞争对手。

细分是营销过程中的重要一环，有助于突出客户特征，并将他们划分为可管理的社群。它对其他营销决策也或多或少有所影响。例如，同一产品可以根据客户需求大小设置不同的定价。火车上的一等座和二等座就是一个例子，非高峰期的铁路旅行则是另一个佐证。细分也是一个需要定期进行的连续过程，例如在审查战略时。

### 企业对企业（B2B）的买方标准

有一种流行理论认为商业买家是精明、冷酷的吝啬鬼，他们能做出完全理性的选择，且唯一的目标是尽最大努力为股东服务。倘若照此而论，很多促销礼品的供应商将会面临倒闭；制药公司会解雇销售人员以削减数十亿美元的成本；医生和药剂师所要做的就是阅读相关药物的研究证明，并据此开出处方，这可能并不会比倾听一位医药代表的发言花费更多时间。

最终，人们相互交易，这就是马斯洛需求层次理论重新发挥作用的场合。在 IBM 的主营业务还是销售计算机时，销售部门中没人会被炒鱿鱼。这仅仅意味着 IBM 的高声誉，能令买方在做出决定时感到安全。在其他地方购买商品时，即使规格更高，价格更实惠，对个人来说也是有风险的。

IBM 的销售人员可以利用买方的安全感需求在他们的演讲中发挥巨大优势。在了解商业买家需求的过程中，重要的是要记住，至少有三大类人会影响企业对企业的收购决策，因此在任何商业市场分析中都必须考虑这些人的需求。

用户或最终客户

最终客户是与产品或服务相关的任何最终利益的接收者，就像与个人消费者相关的利益一样。产品功能对最终客户而言至关重要。

目标客户

尽管目标客户可能不会使用甚至不会理睬他们购买的产品，但他们希望能确保产品在性能、运输和任何其他重要参数方面满足最终客户的需求。他们的"客户"既是与成本中心相关的最终用户，也是预算持有人。两个（或更多）"客户"群体之间甚至可能存在冲突。例如，在酒店洗漱用品的例子中，负责客房营销的人想以高质量的客房提高报价；酒店经理最关心的问题则是成本；负责建造客房的人对任何与管理和装修的问题感兴趣。

非消费买方

非消费买方指的是实际下订单的人。他们将根据其他人制定的规范做决定，但他们也会有个人需求。有些需求与目标顾客的需求相似，只是非消费买方的定价将达到或接近其需求的顶峰。

## 案例分析

### 汇亨[①]

在短短 18 年里，汇亨公司的联合创始人道恩·吉宾斯·姆贝（Dawn

---

[①] 汇亨：RPM 集团旗下公司，其产品以防滑、防火和高洁净性能著称，国际知名工业及商业树脂地坪制造商。——译者注

Gibbins MBE）将该公司从一个占地400平方英尺（1平方英尺=929平方厘米）、拥有2000英镑资本的小公司（双层车库大小）发展为一家在地板抹平技术领域达5200万欧元营业额的上市公司，其客户包括吉百利（Cadbury）[1]、塞恩斯伯里（Sainsbury's）[2]、联合利华（Unilever）[3]、马莎百货（Marks & Spencer）[4]、巴克莱（Barclays）[5]和福特（Ford）[6]等家喻户晓的公司。汇亨的成功部分归因于其对技术优势的持续关注。道恩的父亲是一位备受尊敬的工业化学家，对树脂技术很感兴趣。可以说，道恩掌握的技术为公司的成功贡献了很多。道恩称："我们想成为变革的捍卫者。我们已经进行了十几次重组，重点关注市场的新趋势。"市场和市场细分是任何商业重组过程的重要部分，事实上，最好的公司将围绕客户不断变化的需求进行重组。

第一次重新评估是在汇亨经营了7年后，该公司意识到其市场不再是那些拥有铺地需求的公司，现在它必须自己负责安装业务。市场的变化意味着如果汇亨想保持销售额增长，那它必须选择一个久经考验的专

---

[1] 吉百利史威士股份有限公司是一家国际性公司，集团公司总部位于英国伦敦，主要生产、推广及分销糖果（巧克力、糖制糖果、口香糖等）及饮料产品。集团公司总部设在英国伦敦，全球雇员有55000名，产品遍布全球200多个国家和地区。——译者注

[2] 塞恩斯伯里超市是全英第三大的超市，不仅是食物零售店，还是英国富时指数（FTSE）100强里有着141年悠久历史的英国领头零售店。——译者注

[3] 联合利华公司，即联合利华集团，跨国公司，由荷兰Margarine Unie人造奶油公司和英国Lever Brothers香皂公司于1929年合并而成。——译者注

[4] 玛莎百货（M&S）是英国最大的跨国商业零售集团，亦是英国代表性企业之一，在英国零售商当中具有最高的赢利能力。——译者注

[5] 巴克莱银行是位于汇丰银行和苏格兰皇家银行之后的英国第三大银行公司。——译者注

[6] 福特是世界著名的汽车品牌，为美国福特汽车公司（Ford Motor Company）旗下的众多品牌之一，公司及品牌名"福特"来源于创始人亨利·福特（Henry Ford）的姓氏。——译者注

业承包商，培训其员工，编写规范并进行审计以确保业务质量。现在该公司的业务已遍布全球。

迪拜购物中心是世界上规模最大、访问量最大的购物中心，占地面积超过 54 万平方米，该购物中心正是使用了汇亨的地坪系统翻新其停车设施。

## 从客户的角度定义产品

一旦你知道自己在卖什么以及要卖给谁，你就可以将产品（或服务）的功能与客户将获得的益处相匹配。功能是产品所拥有的或本身具有的特征，产品优点则是产品能为客户带来的好处。例如，相机、单反或镜头快门，甚至胶片，都不是客户想要的最终产品。客户想要的是拍摄出高质量的照片。如表 2-1 所示，其中包含这些优点的证据。请记住，客户只为产品的优点付费和产品的功能付费。因此，从客户的角度定义产品所带来的益处将为你未来大部分推广和促销工作提供"参考"。

表 2-1 展现产品特点、优点和证据的示例

| 特点 | 优点 | 证据 |
| --- | --- | --- |
| 本机器采用独特的硬化工艺 | 本机器使用寿命较长，可为您节约支出 | - 我们拥有该工艺的专利<br>- 剑桥理工学院进行的独立测试表明，本产品使用寿命最长 |
| 本商店与该地区其他商店相比更晚打烊 | 您在购物时可多一个选择 | - 您可实地考察 |
| 该计算机系统采用并行处理的容错系统 | 您不会因系统故障或系统扩展而停机 | - 我们拥有担保真实性的书面说明<br>- 您可与所在领域的满意客户交谈 |

## 首批购买者是谁？

客户不会坐等一家新公司开门营业。当消息在不同的客户群体中传播时，其传播速度将会变慢。但即便如此，也应注意在一般情况下更具冒险精神的人才会从新公司购买产品。也只有在这些首批购买者对产品质量表示认可后，"追随者"才会出现。研究表明，这一购买过程出现了五个不同的客户特征，从"创新者"到"落后者"，各个客户群体的人数不同（见表2-2）。假设你已确定本公司的业务范围在互联网礼品领域。最初，你的市场范围仅限于离家10千米以内的富人，以维持较低的配送成本。因此，假如市场调查显示，有10万人符合你所期待的理想客户要求，并且他们能定期上网，那么创业伊始便可供开发的开放市场客户可能会低至2500人，占创新者的2.5%。

表2-2 产品或服务采用周期

| 创新者 | 2.5% 整体市场 |
| --- | --- |
| 早期采用者 | 13.5% 整体市场 |
| 早期大众 | 34% 整体市场 |
| 晚期大众 | 34% 整体市场 |
| 落后者 | 16% 整体市场 |
| 整体市场 | 100% |

上述采用过程中，新企业的首批客户群包括2.5%的创新者，以及开业20年后才购买产品的落后者，这一采用过程对于真正的创新且相对昂贵的商品和服务而言最为突出，但该过程的总体趋势适用于所有企业。将产品出售给创新者之前，企业无法获得显著的销售业绩，因此，企业的首要任务是识别这些客户。这也意味着：你对潜在客户了解得越多，成功的机会就越大。在制定营销策略时，还有另一个问题需要注意，即对创新者、早期采用者和所有其他细分市场不必使用相同的媒体、网站、杂志和报纸营销，也不必回复相同的图像和消息，不同的对象需要以不同的方式营销。

你的商业计划至少应包括以下信息：

- 谁是你的主要客户？或者，如果你正打算进入一个新领域，那新领域中的目标客户可能是谁。尽可能详细地确定潜在客户的收入、年龄、性别、教育程度、兴趣、职业和婚姻状况，并尽可能知道他们的姓名。
- 在客户决定购买或不购买你的产品或服务时，哪些是影响他们做出决定的重要因素？他们应购买多少产品以及购买频率如何？
- 许多因素可能都会产生影响，要确定所有这些因素并不容易。以下是你应该考虑调查的一些常见问题：

（1）产品注意事项：

①价格。

②质量。

③外观（颜色、纹理、形状、材料等）。

④包装。

⑤规格。

⑥易碎性、易操作性、可运输性。

⑦维修、保修、耐久性。

⑧使用特征（效率、经济性、适应性等）。

（2）业务注意事项：

①位置和设施。

②商誉。

③销售方式。

④开放时间及交付时间等。

⑤信用条款。

⑥广告宣传。

⑦提供的货物或服务种类。

⑧公司财产或员工的外貌和态度。

⑨员工能力。

（3）其他注意事项：

①天气、季节性、周期性。

②经济变化——衰退、萧条、繁荣。

- 由于其中许多影响因素都与潜在客户的态度和意见相关，因此这些问题的答案很可能只能通过与客户交谈才能得到。同样需要注意的是，许多影响客户购买的因素并不容易开展研究，也更不容易采取行动。例如，商店的光线强弱或产品在货架上的摆放位置都会影响购买决策。

你最好使用上述清单去评价潜在客户对你而言的优势和劣势。然后思考你是否可以利用这些信息提高产品吸引力。

- 除了了解某一产品或服务的潜在买家的特征外，你还需要知道他们有多少人，以及他们的队伍是在扩大还是在缩小。整体市场规模、历史和预测是你需要收集的重要市场研究数据，尤其是涉及你所选择的细分市场的数据，而不仅仅是整个市场的数据。

## 案例分析

### 维多利亚的秘密

罗伊·雷蒙德（Roy Raymond）是塔夫茨大学的校友，在斯坦福大学商学院获得了工商管理硕士学位。1977年，他在斯坦福购物中心创立了第一家维多利亚的秘密商店。他为此贷款了 8 万美元，其中 4 万美元由银行提供，其余的则是从亲戚那里筹来的。首家店铺很快就获得了成功，第一个交易年的销售额即超过 50 万美元。2012 年 8 月，第一家开在英国的维多利亚的秘密商店在伦敦新邦德街开业。

维多利亚的秘密（Victoria's Secret）是美国头部内衣品牌，在全球拥有约 1600 家店铺，它每年发行超过 4 亿份产品宣传资料。该公司相对轻松地度过了 2008 年后的低迷时期。2014 年，经济不太景气，但维多利亚的秘密商店、维多利亚的秘密美容店和维多利亚的秘密直销店的销售额分别增长了 10% 和 3%。毛利润上升 5%，至 9.453 亿美元；毛利率上升 270 个基点，至 39.4%。营业收入微升 1%，至 3.089 亿美元；营业利润率上升至 12.9%，接近行业最佳水平。

2017 年的经济形势更加严峻，同类产品的销售额比前一年有所下降。然而，维多利亚的秘密仍然是其母公司 L 品牌有限公司（L Brands, Inc.）[①] 的明星销售品牌。

那么维多利亚的秘密成功的秘诀是什么呢？据说，这家公司的成立是因为雷蒙德的亲身经历。他曾因在百货公司（不是很舒适的公共购物场所）为妻子购买内衣而感到尴尬。

雷蒙德认为如果没有男性，内衣业将失去一半的潜在客户群。事实上，男性市场是一个尚未被开发的主要细分市场。他认为，如果商店的装潢与维多利亚时代的客厅风格相仿，并配有东方地毯和古董衣橱，其中放置内衣，男性在购买内衣时的舒适度会变强。"维多利亚的秘密"这一品牌名源自雷蒙德及其妻子盖伊当时住的房子。热情好客的工作人员

---

[①] Bath & Body Works, Inc.（前身为 L Brands, Inc., Limited Brands, 和 The Limited, Inc.）是一家总部位于俄亥俄州哥伦布的美国专业零售商。其旗下子公司有维多利亚的秘密。——译者注

不遗余力的推销让购买内衣成为一件尴尬而又（几乎）正常的事。

1982年，雷蒙德以400万美元的价格将维多利亚的秘密及其余6家店铺和42页产品目录出售给LTD[①]（The Limited）的创始人莱斯利·韦克斯纳（Leslie Wexner），这些产业每年总收入为600万美元。韦克斯纳于1977年将LTD公司在纽约证券交易所以有限公司的形式上市，彼时纽约证券所正处于收购热潮。韦克斯纳随后又收购了莱恩·布莱恩特（Lane Bryant）[②]商店；于1985年，以1000万美元收购了一家亨利·本德尔商店（Henri Bendel）[③]，以2.97亿美元收购了798家勒纳商店（Lerner）；最终于1988年，以4600万美元收购了25家爱芙趣（Abercrombie & Fitch）[④]。这代表了韦克斯纳取得的最高投资水平，他将手里的产业分阶段出售给风险投资公司太阳资本（Sun capital Partners Inc.）[⑤]，并于2010年完成退出。

维多利亚的秘密的成立基于一个简单的人口市场细分标准：买方的性别，而不是用户的性别。该公司目前仍在依照人口统计标准细分市场，但细分的细节变得更为详细。他们需要了解每个运营地区目标人群的年龄、性别、收入和社会阶层，并传递具体信息，不断完善战略。

达特茅斯塔克商学院[⑥]数字战略中心的工商管理硕士西奥多·德宾

---

[①] The Limited（LTD），是美国一家超大型上市公司，该公司创始人于1963年创办了第一家THE LIMITED 淑女服装专卖店，主营时尚长裤、牛仔裤、衬衫、毛线装等系列。——译者注
[②] 莱恩·布莱恩特公司是美国女性服装和内衣专业零售商，专注于大码服装。——译者注
[③] 亨利·本德尔成立于1895年，是一家位于纽约市的妇女百货商店，在后来的历史中，它销售女士手提包、珠宝、奢华时尚配饰、家庭香水和礼品。——译者注
[④] 爱芙趣是一家美国的服装零售商，其总部位于俄亥俄州的新奥尔巴尼市。——译者注
[⑤] 太阳资本是一家专门从事杠杆收购的美国私人股本公司。——译者注
[⑥] 埃莫斯·塔克工商管理学院是美国达特茅斯学院的一所商科研究生院，坐落在新罕布什尔州汉诺威市。该院创建于1900年，是世界最早的商学研究生院，也是第一所颁发工商管理硕士研究生学位的学院。——译者注

（Theodore Durbin）在兼职教授凯瑟琳·比罗（Kathleen L Biro）的指导下撰写了一份关于维多利亚的秘密的案例研究报告，回顾了维多利亚的秘密是如何通过收集数据，帮助其细分市场。德宾指出，他们研发出了一种称为"最近度、频率和货币价值（RFM）"的复杂算法，该算法所用理论即最近购买的购物者对货品目录邮件更敏感，频繁购物的购物者和最近订单量较大的购物者也是如此。RFM算法使用每个客户的交易历史记录，根据他们计算出的购买倾向来确定应向哪些客户发送最多的邮件，这可以从每个变量的评分中得到证明。

德宾的研究表明，该公司不仅仅使用RFM算法，他们还采用复杂的数学模型来细分潜在客户和当前客户。德宾观察到：

有关客户获取、保留和扩展的模型。每个细分市场都有不同的投资比例和成本，按细分市场确定优先次序是一项艰难的权衡。例如，获得一个新客户需要20美元，但重新激活一个以前的客户只需要10美元，然而吸引"新客户"对于业务的长期健康发展而言至关重要，尽管成本增加，因为任何直接业务中的客户都将"消失"。此外，10%的客户档案创造了50%的业务，因此开发头部买家也很重要。

---

**任务 4 小结：用户调研**

1. 你打算提供服务的市场的地理位置在哪里？你为什么做出这种选择？
2. 你的产品或服务能满足客户的哪些需求？
3. 列出并描述你提供的产品或服务的主要不同类型的客户。
4. 你将专注于哪个细分市场？为什么？
5. 将你的产品或服务的功能与你选择的每个细分市场向客户提供的优点相匹配。尽可能提供证据。
6. 每个细分市场的创新者是谁？

7. 在客户决定购买或不购买你的产品或服务时，哪些是重要影响因素？

8. 你当下的目标市场处于上涨还是下跌？过去几年的趋势是什么？

9. 你最初的目标是在这个市场占有多大份额？

## 拓展阅读

1. Barrow C (2016) *The 30 Day MBA in Marketing*, Kogan Page, London.

2. Harrison M, Cupman J, Truman O & Hague P N (2016) *Market Research in Practice*, Kogan Page, London.

3. Market Research Society (2016), *The Market Research and Insight Yearbook*, Kogan Page, London.

## ▶ 任务 5
## 竞争者调研

研究竞争者往往是一项耗时且令人沮丧的工作，但我们可以从中吸取重要的教训。你可能很难找到对你最有价值的信息，尤其是很难找到与竞争对手的公司规模和赢利能力相关的信息。企业，尤其是小型企业，对其财务状况都是三缄其口。因此，你可能需要估量各种公司的规模和赢利能力。

### 竞争者调研

当你开始调研时，对你的竞争对手做出准确的判断至关重要。请记住，某人销售的产品或服务与你销售的类似，并不一定代表他一定会成为你的竞争对手。也许你们生产相同的产品，但你们在完全不同的市场销售（不同的市场或许是不同的地理市场或不同的人口市场等）。相反，如果某人销售与你不相关的产品或服务，这并不意味着他不是你的竞争对手。

完全不同的产品通常可以相互替代。一旦你确定了你的竞争对手，你需要进一步将之分为"主要""次要""潜在"等类别。这样做有两个原因。首先，你应将需要研究的公司数量限制在一个可行范围之内。如果你想要深入研究 25 家公司，你就没有时间做其他事情。如果你最终有 10~12 个主要竞争对手，那么你可能需要只对其中一个进行研究。其次，你还应将竞争对手分为主要竞争对手和次要竞争对手，因为面对不同群体，你的营销策略也应有所变化。

如前所述，了解竞争对手的规模和赢利能力可能有些困难。你兴许会从每家公司在公司注册处存档的年度账目中获得一些有价值的信息。但是，你也应该知道，这些文件通常并没有按要求归档，其内容也可能不是很完整，

## 第二阶段 市场调研

抑或是并未包含有价值的信息。

第二个信息来源是本地业务目录，如 Keynote[①] 和 Kelly's。除了其他类型的信息外，这些目录还列出了特定公司销售额下降的分类。例如，虽然他们不会告诉你某公司的确切销售额，但你能从中判断某公司的销售额是否低于 50 万英镑至 100 万英镑等。

另一种了解规模和利润总额的方法是阅读商业领域的出版物。报纸和贸易杂志的财经部分通常包含可用于研究的案例。

如果你无法从已发布的资料中获得必要信息，那么你可以尝试进行一些初步研究。直接联系意向公司，询问你想了解的问题。通常情况下，你无法获得所需信息，但偶尔这种方法也能生效。接下来，联系该公司的供应商或其他能够了解或评估信息的个人。有时，哪怕你无法得到一个确切数字，但你仍可以从批发商或其他供应商那里得到一个大致的数额。

最后，您可能能够根据收集到的零碎信息做出合理的推测。这通常可借由营运指标实现。举例说明如下：假设你正在研究一家大型餐厅。你无法得知餐厅的年销售额，但与其中一名员工交谈后，你发现这家餐厅雇用了 40 名全职员工。出于你对餐饮业的了解，你估计该餐厅的年工资为 24 万英镑。通过阅读一本列出餐饮业营运指标的书籍（由行业协会出版），你发现该餐厅的工资支出平均占销售额的 40%。根据这些证据，你估量该餐厅的年销售额为 60 万英镑。

这里还应该注意几点。第一，营运指标由各行业协会和企业公布。对于大多数企业来说，并不难获得相关数据。第二，这种方法不仅限于就业率。您可以根据库存水平、租金或其他费用进行估算。第三，使用这种技巧进行

---

[①] Keynote 是苹果公司于 2003 年 1 月推出的一个幻灯片演示软件。Keynote 提供动画效果、神奇移动、主题选取器、3D 图及图表动画效果、演示方式、兼容共享等功能。——译者注

估算并不困难。一旦你了解了分析指标的用途和逻辑，你应能够做出如上所述的估量。通过反向比率分析得出这些估值。你并非用数字计算比率，而是用比率计算数字。第四，使用这种方法得出的估值只能作为底牌使用，或者将之与其他方式得出的估值结合使用。这并不是因为你在书中找到的可能是"平均"比率，而是因为各种原因，特定的业务可能与平均水平相去甚远。（有关关键运营和财务比率的说明，请参见任务23"财务控制"。）

## 分析竞争对手

以下是您在商业计划书的这一部分应涵盖的一些领域。

### 描述竞争对手

确定那些正在或将要与你竞争的企业。如果数量很少，请按公司名列出。如果有很多竞争对手，你应按组分类（如："47名包租渔船经营人"），不要将之单独命名。列出任何预期或潜在的竞争对手。

### 案例分析

#### 卡特兰特[①]

2013年，罗布·比德曼（Rob Biederman）、彼得·玛嘉福林（Peter Maglathlin）和帕特里克·佩蒂蒂（Patrick Petitti）在哈佛商学院攻读工商管理硕士学位时，共同创立了一家与众不同的商业咨询公司——"小时书

---

[①] 卡特兰特（Catalant）是一家为专有技术人才提供按需人力招聘服务的位于波士顿的公司，其目标是成为面向大型企业的全方位服务平台，满足用户对编程及其他短期技能类员工的需求，为他们省去整个招聘的过程。——译者注

呆子（Hourly Nerds）"[①]（2016年更名为Catalant）。

三位创始人通过研究竞争对手，确定了两个重要因素。第一，咨询客户购买的是一种无形的最终产品，此类产品的有效性很少被衡量，而且几乎不需由年销售服务顾问完成任何实际的咨询工作；第二，此类产品也是由像他们这样刚毕业的工商管理硕士学生完成的，但市场需求量很大。贝恩、麦肯锡和波士顿等顶级咨询公司的需求受限因素是他们高昂的收费结构。只有那些出现严重问题且需要解决的大型公司，才愿意并有能力从专业的咨询公司那里寻求建议。卡特兰特由三位哈佛工商管理硕士创办，旨在打破这个垄断市场，从根本上改变价格－需求曲线。本质上，卡特兰特如同一家"婚姻介绍所"，将来自全球前20所商学院的工商管理专业学生与需要接受咨询的小企业进行配对。该服务的质量是有所保证的，因为这些"咨询顾问"实际上都通过了各所大学严格的招生标准审核。

对于需要工作10~15个小时的项目，其平均工资为每小时35美元。卡特兰特现在声称其公司已拥有上"25000位世界上最聪明的商业专家"。卡特兰特将暂存客户酬金，只有在项目完成且客户满意的时才向学生付款。

他们的客户包括一家西班牙小型制造商，该制造商的目标是进入美国市场，且需要建筑砖、釉面砖、熟料砖和面砖的定价信息及初步研究。这家西班牙公司为此项目支付了2500美元的咨询费。一家小型私募股权公司已列出5000美元预算，用于开展全面的研究和收集数据，为撰写商业计划书做准备。一家在线电子商务门户网站，致力于吸引精英贡献者创造的数字内容，并将其出售给精英利基目标受众，该网站为此项目预

---

[①] HourlyNerd作为一家为专有技术人才提供按需人力招聘服务的位于波士顿的公司，其目标是成为面向大型企业的全方位服务平台，并尝试改变老板们对待员工的思考方式。——译者注

备了 2 万美元。

该公司在首轮种子资本融资中筹集了 75 万美元，其中一半以上来自同一位企业家，他曾公开表示攻读工商管理硕士学位"完全是浪费时间"。

---

### 竞争者的规模

确定主要竞争对手的资产和销售额。你将与规模相似的公司竞争，还是与大型公司竞争？如果无法确定对方的资产和销售额，也可尝试寻找其他指标，如员工数量、分公司数量等。

### 竞争对手的赢利能力

尝试确定该竞争对手的赢利能力。哪些公司在赚钱？哪些在亏损？盈亏各为多少？

### 运营方式

对于每个主要竞争对手，你应尝试确定具体的操作方法。例如，每个公司使用什么定价策略？除价格外，你可能会考虑到的其他因素包括：

- 产品或服务质量；
- 营业小时数；
- 员工能力；
- 服务、保修服务和包装；
- 销售方式：分销渠道；
- 信用条款：批量折扣；
- 地理位置：宣传和促销；

- 公司或负责人的声誉；
- 库存水平。

上述许多因素并不适用于所有的企业。地理位置可能与电话应答服务无关。另外，许多并未列出的因素可能与你的业务联系紧密。在汽车贸易中，以旧换新和款式可能与价格紧密相关。因此，确定你将进行的研究的特征十分重要。

### 竞争者分析小结

在完成研究后，将你的发现列成表格很有用处。请记住，表中列出的特征仅用于举例。你必须自己确定表格中的相关特征。

表格完成后，你应分析其中包含的信息从而得出结论。运营方式和其他特征，以及竞争对手的规模和赢利能力之间是否存在相关性？深思熟虑的分析必不可少，因为你可能会发现诸多模式。例如，你可能会发现所有赢利的公司都是大型公司，而所有无利可图的公司都是小型公司。这是一个较为容易发现的模式（也是一个重要的模式），因为它只涉及两个因素，即赢利能力和规模。然而，通常来说，公司的成功或失败与许多因素相关，这些因素并不总是容易辨别的，即使你将你的发现汇总为表格。

探寻数据展现的模式并不是唯一的分析类型。你可能会发现有一家公司的特点与其他赢利公司完全不同，但它仍非常成功。哪些因素显然有助于其成功？或者，你可能会发现一家公司正在走向失败，尽管它的运营特征与其他赢利公司的运营特征很相似。你知道其中的原因吗？

一旦你得出了与竞争对手相关的结论，就可将结论与业务相联系。市场竞争形势如何？每家公司都在赚钱和扩张吗？还是说他们斗得很激烈？你的竞争对手会比你强得多吗？如果是的话又会产生什么影响？是否有一些运营手段对于成功进入该市场至关重要？若真是如此，你是否能用此类手段来经营公司？是否有你认为实用的运营方法或特点未在市场上广泛使用？如果是，那为什么其他竞争对手迄今为止还没有找到？是因为他们忽略了这一方法，还是因为他们预见了你尚未发现的问题？

以上是你在公司经营之初需要解决的一些问题。你可能还会有很多其他考量。不过，重要的是，你要决定企业的总体发展前景。你是否能在此类市场上获得成功？你清楚成功的要素有哪些吗？如果你能顺畅地回答这两个问题，那你可能已经做了充分的研究，比如布莱顿家具有限公司的研究人员调查了散装家具的销售情况，其结果如下例所示。

### 案例分析

#### 布莱顿家具有限公司

尽管布莱顿有 100 多家家具经销商，但大部分新公寓和城镇住宅开发项目只能从其中的 6 家家具公司获得家具套餐。在我们的市场调查中，有 80%~99%（这一比例取决于你同谁交谈）的"家具套餐"都由这 6 家公司售出。表 2-3 中列出了这些公司的名字。

表 2-3 展现公司特征的实例

| 竞品公司名 | 销售额（英镑） | 利润（英镑） | 起始年份 | 信用条件 | 销售员/代表 | 生产商 |
|---|---|---|---|---|---|---|
| 共有式住宅公司（Condo Supplies Co） | 750000 | 125000 | 1993 | 50%押金 | 销售员 | 不是 |
| 乔治家具（Georgian Furniture） | 300000 | 60000 | 1997 | 50%押金 | 销售员 | 不是 |
| AAA 家具有限公司（AAA Furniture Inc） | 1250000 | 75000 | 2000 | 货到付款 | 销售员 | 是 |
| 藤进口有限公司（Rattan Imports Inc） | 500000 | 125000 | 1999 | 货到付款 | 销售员 | 不是 |

续表

| 竞品公司名 | 销售额（英镑） | 利润（英镑） | 起始年份 | 信用条件 | 销售员/代表 | 生产商 |
| --- | --- | --- | --- | --- | --- | --- |
| 竹制品家具有限公司（Bamboo Things Ltd） | 600000 | 150000 | 1998 | 50%押金 | 销售员 | 不是 |
| 公寓家具公司（Apartment Furniture Co） | 400000 | 10000 | 1999 | 货到付款 | 销售员 | 是 |

### 产品特征

为了获得每家公司在售产品的信息，我与8位开发商进行了对话，他们从这6家家具公司中选择了一家或多家为他们的项目提供家具套装；我还与23位个人客户进行了交谈，他们从6家公司中的一家购买了家具。总的来说，购买者认为这6家公司所售家具的性能与他们的预期差不多。唯一的例外是，Apartment Furniture Co的买家认为该公司出售的产品的质量没有他们预想中的那么好。

表2-3总结了各公司的其他特征。

根据这些发现，我将这6家公司分为3组，并将其分类如下：

- 高质量，高价格。这一类型的唯有藤进口有限公司，该公司只销售藤制家具。正如所料，它的销售对象是价格较高的开发项目。
- 价格适中，质量上乘。同样，只有一家乔治家具公司属于这一类。该公司的大部分销售额来自开发项目，其中一居室的价格为7.5万英镑到10万英镑不等，尽管它确实获得了一栋昂贵建筑物的交易合同。
- 价格低廉，质量参差不齐。6家公司中似乎有4家处于一揽子交易市场的低端竞争中。其中3家出售"休闲"家具，第四家出售竹制家具。总的来说，他们提供的保修和送货服务没有太大区别，但在价格（从4200英镑到5100英镑）和保修服务上（公寓）有一些变化（似乎公寓家具公司和竹制品家具有限公司的产品所需的维护费用比其他两家公司更少）。然而，这两家公司在价值贸易方面存在着巨大的差距。

## 公司特点

我通过与6家公司中的4家公司（其他2家公司拒绝了我）交谈，并通过研究各种已公布的资料来源，据此编制了表2-3。值得一提的是以下几点。

- 这6家公司都使用内部销售人员，而不是制造商代表。
- 业绩与经商年限之间似乎没有任何相关性。
- 虽然两家专注于高价家具的公司销售额相对较小，但它们的利润占销售额的比例非常高。
- 两家自己制造家具的公司的利润占销售额的百分比最低。

## 竞争分析

根据收集的数据，以下竞争分析似乎很合理：

- 高价格、高质量的细分市场似乎是最有利可图的。只有一个竞争对手；该公司仅成立几年，年销售额已超过50万英镑；利润占销售额的比例为25%；而且该公司并没有像想象中那样一家独大，因为它规定交货时全额付款。

- 由于目前市场上只有一家公司，因此中等价格、高质量的细分市场似乎也具有良好的发展潜力。不好之处在于这家公司的经营时间比藤进口公司早一年，而且似乎比藤进口公司更具竞争性（从其较低的利润/销售额比率和更宽松的信贷政策可以看出），但由于公司服务的低效率，其总销售额比率可能较低。
- 较低价格的市场似乎很有竞争力。特别令人担忧的是，其中两家公司自己制造家具。AAA家具有限公司在价格和销售额方面都处于领先地位，但其利润和其他制造商相比似乎很低，即公寓家具有限公司。这两家公司都愿意接受低利润，因为它们的大部分资金都来自制造业。这一因素很重要，因为这意味着他们甚至可以以更便宜的价格出售和赚钱，而我只能从零售服务中获利。

　　面对这种竞争，共有式住宅公司能够保持赢利，得益于该公司多年的业务模式，以及它与大型开发商共同培育的质量和服务声誉。像我这样的新公司将任由制造商摆布，因为我既没有公寓家具有限公司的声誉，也没有像竹制品有限公司这样的独特产品。

　　基于此，我总结道，我既没有独特的产品线，也没有在低价市场上成功竞争的声誉。然而，我认为我可以通过全面升级，进入中等价格、高质量或高价格、高质量的细分市场。在这两种家具市场中，高价格细分市场似乎最有可能进入，因为藤进口有限公司不像乔治家具有限公司一样那么具有竞争性；此外，高价格市场似乎比中等价格市场领域更大，增长更快。

---

　　你的竞争分析有两个目的：

- 确定竞争对手薄弱的地方，以及他可能如何反击你策划的活动；
- 根据你对你所在的行业成功的关键因素的理解，帮助你确定你的产品的差异点。

## 决定优势

你对客户和竞争对手的研究结果清楚地表明了你最先要销售的产品或服务的市场定位，以及你的产品或服务与其他同类产品或服务相比有什么不同或更好的地方。对于打算提供本地园艺服务的企业，其调研结果应进行以下分析。

我们有两个本地竞争对手：

- 汤普森公司有 6 名员工，已有 10 年发展历史，该公司同一些国内大客户有合作，但其大多客户还是学校和商业场所。该公司每小时收费 20 英镑，每周至少工作 4 个小时，并且不会处理花园垃圾。该公司业务点覆盖了全县。
- 布朗是一家单干户公司，已经营 3 年，但该公司提供的服务有限：他不修剪树篱、不修剪树木，也不带走花园垃圾，每小时收费 12 英镑，且没有最低工作时长。他声称其业务覆盖方圆 20 千米，但似乎不想为离家距离超过 25 千米以外的客户服务。

我的最初策略是专注于 5 千米以内需要修剪树篱和树木的大型国内客户，并为他们清除花园垃圾。我想让这些客户因受到汤普森不曾提供的服务而感到自己很重要，因为他们似乎只把国内客户当作"恩惠"。我计划以每小时 15 英镑的价格收费，每周至少为每个客户提供 2 个小时的服务，并将针对少数的名贵住宅区提供服务。我的目标是在某一地区至少有两个客户，并坚持选择从家即能轻松到达的地区。

要想知道竞争对手的对错，最简单的方法就是尝试一下。即使你实际上并不打算购买或甚至不需要他们出售的东西，你仍然可以咨询。例如，假设你打算设置簿记服务，那你首先搜索当地的小型企业，必要时使用上述来源。然后用一系列问题"咨询"他们的服务，其中一些问题你可以在他们的传单或网站上找到答案。

> **任务 5 小结：竞争者调研**
> 1. 列出并简要描述你将直接与之竞争的公司。
> 2. 尽可能分析其规模、赢利能力和经营方法。
> 3. 与这些公司相比，你的相对优势和劣势是什么？
> 4. 根据这一竞争分析，你认为在该领域取得成功的关键因素是什么？
> 5. 你的商业设想有哪些独特之处，能使其在竞争中脱颖而出？

## 拓展阅读

1. Brace I (2018) *Questionnaire Design: How to plan, structure and write survey material for effective market research*, 4th edn, Kogan Page, London.

2. Hague P, Hague N & Morgan, C-A (2013) *Market Research in Practice*, Kogan Page, London.

3. Morley M (2014) *Understanding Markets and Strategy*, Kogan Page, London.

## 任务 6
## 市场调研计划

你不可能已经有了所有与市场相关的重要问题的答案。商业计划指南中的市场研究部分是为了确保你有足够多与客户、竞争对手和市场相关的信息，以便你在进入市场或施行扩张战略时即使不能直中靶心，也至少不会偏离目标。换句话说，有很多人想购买你出售的东西，并制定了一个可行的价格。如果你完全偏离目标用户群体，那你可能没有资源进行第二次尝试。

新公司开业的悲哀之处在于，企业成立后的头三年，往往有三分之一的失败率，涉及某人通过提前退休或继承遗产，投资之前裁员所得的一次性付款。小企业面临的矛盾之一是，虽然你必须投入一些时间和金钱来创业，但花费的时间多于金钱可能会更安全。那些拥有自己资金的人通常不会受到银行或金融投资者的压力，因为他们不必在开始之前就去见银行经理以获得支持。那些有时间但资源不足的人总是要在开始创业前寻求建议，这一过程不可避免地包括尽可能广泛地进行市场调研。你不必通过创业来证明你的商品或服务有没有顾客；事先进行一些适度的市场调查，可以为创业是否能成功提供明确的指导。

因此，正在调查或寻求创办新企业的企业家开展实用的市场研究有以下两方面目的：一是为了建立商业理念的可信度，企业家必须首先向自己和其他金融家展示对新产品或服务市场的透彻了解。如果要吸引资源来建立新的企业，这将是至关重要的一步。二是为新企业制定切实可行的市场进入战略，在明确了解客户真正需求的基础上，确保产品质量、价格、促销方式和分销链相互支持，明确以目标客户为中心。

否则，就成了"智者裹足不前，愚者铤而走险"，或者，正如军队里说的："用于侦察的时间不算浪费"。在创业中也是如此，你需要特别研究以下内容：

- 你的客户：谁会购买你的商品和服务？你的企业将满足哪些特殊的客户需求？客户群有多少人？
- 你的竞争对手：哪些成熟的公司已经在满足你的潜在客户的需求？他们的优势和劣势是什么？
- 你的产品或服务：应该如何定制以满足客户的需求？
- 你应该收取什么样的价格才能被认为是物有所值？
- 客户能接触到哪些宣传材料？他们会阅读哪些报纸、期刊，他们可能会访问哪些网站和博客？
- 你应该选址在何处，以便最容易地以最低的成本接触到你的客户？

最重要的是，市场调研不仅仅在创业过程中必不可少，而且一旦启动，就会成为公司运营中不可或缺的一部分。客户和竞争对手都在变化，产品有生命周期，一旦开始调研，那么维持持续的市场研究就变得容易了，因为你有现存的客户（和员工）可以咨询。重要的是，你要定期监测他们对业务的看法。正如一家理发店的标语所说："我们需要你的头脑来经营我们的业务。"并为此目的开发简单的技术（例如触摸屏、在收银台旁边的顾客调查表、奖励员工的意见箱）。

## 有效市场研究的 7 个步骤

市场研究不必是一个复杂的过程，也不必非要投入很多资金。投入的精力和支出的资金与业务成本和风险相关联。如果你的业务所涉及的只是为产品和服务争取少数客户，而这些产品和服务的成本不高，那么你在市场研究上花费的精力可能比你在一个未经证实的市场上推出一个全新的产品或服务时花费的精力要少，因为后者需要先花一大笔钱。

无论你计划进行多少次市场调查，这个调查过程都需要系统进行。以下你需要经历的 7 个阶段，以确保你已经确定了你的商业规模。

## 第 1 步：提出问题

在开始进行市场研究之前，你应该首先设定清晰而准确的目标，而不是仅仅着手寻找有关市场的一般信息。一个商业想法的出发点可能是卖衣服，但这是一个宽泛、多样化的市场，无法掌握。因此，该市场需要被划分为，例如，男装、女装和童装，然后进一步依照工作、休闲、运动和社交场合划分。这个过程被称为细分市场。

举例来说，如果你打算开一家商店，目标客户是追求时尚的年轻女性，那么你的研究目标可以是：找出有多少年龄在 18~28 岁、年收入超过 25000 英镑的女性，她们应在你选择的商店位置两千米内生活或工作。这将使你了解市场是否能够支持创业风险。

## 第 2 步：确定信息需求

在上面的例子中，要想知道市场规模有多大，你可能需要几个不同的信息。例如，你要知道该地区常住人口的规模，这可能比较容易找到，但你也可能想知道进入你的服务区的客户的情况（无论是工作、休闲、度假，还是其他任何原因）。例如，附近可能有医院、图书馆、火车站或者学校，它们也会把潜在的客户拉到这个特定区域。

## 第 3 步：你在哪里可以获得信息

这将涉及在图书馆或互联网上进行的案头研究或实地研究，你可以自己做，也可以找人帮忙做。本章前面已经介绍了其中一些最重要的方面。

实地调查，也就是走出去、亲自问问题，这是一种为家庭企业收集信息的最富有成效的方式。

## 第 4 步：决定预算

即使你自己做调研，市场研究也需要花钱。至少，你要付出时间，很有可能还要囊括期刊、电话、信件和实地访问的费用。花费最多的应该是雇用专业市场研究公司的费用。

一项企业对企业的调查，包括对负责办公设备采购决策的 200 名管理人员的采访，花费了一家公司 12000 英镑。对经常使用某些银行服务的消费者进行 20 次深入访谈的费用为 8000 英镑。使用互联网进行网络调查是另一种可能性，但这可能会将你的时间安排过多地强加给接受者，而使他们远离你。看看免费在线调查等公司，它们提供的软件可以让你进行在线调查并迅速分析数据。许多这样的软件提供免费试用。

无论研究的成本是多少，在制定预算时，你需要评估调研对你的价值。如果因为没有调研而犯错会损失 10 万英镑，那么在市场调研上花费 5000 英镑可能是一项很好的投资。

## 第 5 步：选择研究方法

如果你不能从案头研究中找到你所需要的数据，你就需要出去寻找数据。这种研究的选择将在下文的"实地研究"中描述。

## 第 6 步：构建研究样本人群

在调研中包括每一个潜在的客户或竞争者是不可能的，甚至是不可取的行为。因此，你必须要决定你需要多大的样本才能可靠地表明整个群体的行为。

## 第 7 步：处理和分析数据

你需要对原始的市场调查数据进行分析，并将其转化为信息，以指导你在价格、促销、选址、产品或服务本身的形状、设计和范围方面的决策。

## 第一步

创办企业时需要进行的研究主要有两种类型。

- 二级研究，或案头研究，或对已公布信息的研究。
- 初级或实地研究，涉及为市场收集具体信息的实地工作。

这两项活动对于起步阶段的企业来说都是至关重要的。

### 案头研究

越来越多的二级数据公布于众，并可在网上或通过各地公共图书馆获得，这使新的家庭企业创业者能够量化他们正在进入的市场部门的规模，并确定这些市场的趋势。

#### 使用互联网

互联网中有丰富的市场数据，而且其中大部分是免费的，可以立即获得。但这些信息不总是可靠的或没有偏见的，因为你很难弄清楚到底是谁在提供这些信息。也就是说，你可以得到一些有价值的指示，了解你计划出售的东西是否有市场，市场有多大，以及在这个领域还有谁在从事这项业务。

- 博客是人们（知情的和不知情的）就某一特定主题进行交流的网站。博客上的信息更像风中的稻草，而不是事实。
- 谷歌学术提供了一个简单的方法来搜索严肃的学术文献和研究。它显示了你在哪里可以获得文献，而且往往是免费的。
- 谷歌新闻可以链接到世界上任何地方涉及某一特定主题的任何报纸文章。如果搜索有关婴儿服装的信息将显示最近的文章，内容涉及平均每个家庭在婴儿服装上的花费、专门经营二手婴儿服装的旧货店并推出了有机婴儿服装目录。
- 谷歌趋势提供了世界在任何时刻的快照。例如，如果你正在考虑开办一个簿记服务，在搜索窗格中输入这个信息，会产生一个美观的图表，显示自 2004 年 1 月谷歌开始收集数据以来，以搜索次数衡量的兴趣是如何增长（或收缩）的。
- 贸易协会论坛提供了一个贸易协会的目录，这些协会的网站上有与行业相关的在线研究来源的链接。例如，你会发现婴儿用品协会被列入其中，在该协会的网站上，你可以找到在该行业经营的 238 家公司的详细信息及其联系方式。

### 实地调研

如果你正在考虑在埃克塞特开一家专注于年轻人的古典音乐商店，虽然案头研究可能会发现，在 25 万总人口中，有 25% 的人在 30 岁以下，但它不会说明有多大比例的人对古典音乐感兴趣或他们可能在古典 CD 上花费多少钱。实地调查（在街上发放问卷）得出的答案是 1%，每周消费 2 英镑，表明潜在市场每年只有 65000 英镑的赢利（$250000 \times 25\% \times 1\% \times 2 \times 52$）。企业家们决定转而调查伯明翰和伦敦的行情。这样做的代价只是在埃克塞特度过了两个潮湿的下午，而无须处理一个惨淡商店的租约。

在英国，实地调查是一项大生意，市场研究公司每年从调查工作中获得约 10 亿英镑的收入。大多数实地调查包括采访，由采访者向受访者提出问题。我们都已经习惯了这种方式，无论是在火车上接受采访，还是在抵制门外冒充市场调查员的热情推销员（"打着进行市场调研的幌子作诈骗性推销"的行为是非法的，虽然你可能会自我谅解）。目前比较流行的采访形式有以下几种：

- 个人（面对面）访谈。约占55%（特别是对消费者市场）。
- 电话和电子邮件。约占32%（尤其是调查公司）。
- 邮寄。约占6%（尤其是工业市场）。
- 做测试和建立讨论组。约占7%。

个人访谈和邮件调查显然比召集有关各方的小组或使用昂贵的电话费要便宜。电话采访需要非常积极的态度、得体的礼貌和不急于插话的能力，在坚持做问卷的同时要注意倾听。邮寄服务的低回复率（低于10%是正常的）可以通过以下方式改善：包括附带信件，解释问卷的目的和受访者回复的原因；为完成问卷的受访者提供奖励（一个小礼物）；发送提醒信，当然还有提供预付回复信封。以个人名义发出的电子邮件调查表获得了较高的回复率，高达10%~15%，因为收件人更倾向于阅读和回复在其私人邮箱中收到的电子邮件。然而，不请自来的电子邮件（或称为"垃圾邮件"）可能会引起受访者激烈的反应。成功的关键与邮寄调查相同，邮寄应附有一封解释信，并鼓励收件人"打开"调查问卷。

所有的方法都需要考虑一些关键问题。在起草调查问卷时，也必须首先注意这些问题。

- 确定你的研究目标：你到底需要知道什么信息（例如人们多长时间买一次，买多少）？
- 谁是这些信息的样本客户（例如，对于手工产品，理想家居展的观众可能是最适合的消费群体）？
- 你打算如何进行研究（如在街上面对面）？

当你明确了上述问题的答案后，你才能准备好设计问卷。有6条简单的规则可以指导这个过程。

- 尽量减少问题的数量。
- 问题要简单！答案应该是"是/否/不知道"，或者至少提供四个备选答案。
- 避免模棱两可。确保受访者真正理解问题（避免使用"一般""通常""经常"的字眼）。
- 寻求事实性的答案，避免个人观点。
- 确保在开始作答时有一个切出的问题，以排除不合适的受访者（例如那些从不使用产品/服务的人）。
- 在最后，确保你有一个识别问题，以显示受访者属于哪一类群体。

面对面交谈时自我介绍很重要。确保你做好了准备，要么携带身份证明（如：学生卡、市场研究人员协会监督卡），要么有一个排练好的介绍[如"早上好，我来自曼彻斯特大学（展示你的证件），我们正在进行一项调查，希望得到您的帮助"]。你可能还需要所调查产品的视觉资料（如样品、照片），以确保受访者理解。确保这些样品整洁并可使用。最后，在街上分发问卷之前，先和你的朋友一起尝试一下这份问卷以及你的交流技巧。你会惊奇地发现，在你看来很简单的问题，一开始却让受访者无法理解。

调查的规模也很重要。你经常听到政治民意调查选择了1500~2000名选民。这是因为如表2-4所示，调查的准确性随着样本规模的增大而增加。

表2-4 调查的准确性与样本规模的关系

| 随机取样规模 | 在……百分比内，95%的调研结果都是正确的 |
| --- | --- |
| 250 | 6.2 |
| 500 | 4.4 |
| 750 | 3.6 |

续表

| 随机取样规模 | 在……百分比内，95%的调研结果都是正确的 |
|---|---|
| 1000 | 3.1 |
| 2000 | 2.2 |
| 6000 | 1.2 |

因此，如果在 600 个样本中，你的调查显示该镇有 40% 的妇女驾驶汽车，那么真正的比例可能在 36%~44%。对于小型企业，我们通常建议至少要有 250 份完整的答复样本。但是，首先要记住，提问绝不是实地调查的唯一或最重要的形式。特伦斯 – 康兰（Terence Conran）[1] 爵士在一个广播节目中被问及实地调查的问题时，暗示他根本没有进行市场调查的实地工作（即正式的采访）。后来在节目中，他承认他几乎"花了一半的时间去拜访竞争对手，检查新品和竞争对手的产品等"。参观展览、购买和检查竞争对手的产品（正如日本人那样，逐件拆卸竞争者生产的汽车，在这个过程中你可以决定要在哪里进行成本效益的改进），这些显然就是重要的实地调查过程。伊恩·布莱斯（Ian Brace）[2] 在 2018 年关于问卷设计的书籍中全面地涵盖了这一主题（见拓展阅读部分）。

对于不熟悉的人来说，使用统计数据来分析数据可能是一件很困难的事。本书末尾的《商业规划关键组织和资源索引》对统计数据有帮助。

测试市场

市场研究的最终形式是在你花费太多时间和金钱建立公司之前，找到一些真正的客户来购买和使用你的产品或服务。做到这一点的理想方法是在有

---

[1] Terence Conran 是国际设计、零售和生活方式领域的先锋人物，英国著名家居设计师。——译者注

[2] 伊恩·布莱斯是 TNS 英国研究方法部主任。他已经做了 30 多年的市场研究员，在此期间，他曾为 MAS Survey Research、NOP、Esso Petroleum、BJM Research 和 NFO WorldGroup 工作。——译者注

限的地区或小部分市场中进行销售。这样一来，如果业务没有完全按照你的预期发展，你也不会让太多的人失望。

这可能涉及购买所需要的少量产品来完成订单，以便你能充分测试你的想法是否能赢利。一旦你找到了少数对你的产品、价格、交货或执行情况感到满意并已付款的人，那么你就可以更有信心地做下去，这可比纸上谈兵要可靠。

挑选潜在客户，他们的需求量可能很小，并很容易满足。例如，如果你要经营簿记业务，你可以从离家较近的地区选择5~10家小企业，然后进行推销。同样的方法也适用于园艺、保姆或任何其他与服务有关的企业。对于产品来说，这就有点困难了。但你可以从竞争对手那里购买少量的类似物品，或者自己做一批试验产品。

周六在摊位上销售产品，或参加一个展览，都有机会询问对产品感兴趣的顾客，这可能是最有价值的实地调查。所有的方法都同样有效，每一种方法的调研结果都应该被仔细记录下来，以便以后在展示和商业计划中使用。

一旦初级市场研究（案头和实地研究）和市场测试（摊位和展览）完成后，应在一个地区或客户群中进行该业务的试点测试，然后再设定目标，并随后衡量全面启动的影响。

## 在线问卷调查

### 获得在线用户反馈

为了从网上获得最佳效果，你应该利用网站来了解你的客户；这将有助于你根据他们的需求来调整产品。你需要获得客户的信息，并以一种允许他们再次访问网站时使用此类信息的方式来存储。下面是一些你可以获得这种用户反馈的方法。

### 小型文本文件（Cookie）

小型文本文件是存放在访问网站的所有人硬盘上的小文件。如果你在网站上设置了 cookie，你的服务器能够读取访问者在其硬盘上的 cookie 文件。其中，包含的信息可以与客户数据库中的任何信息联系起来。一个 cookie 可能包含客户的姓名、他们使用的计算机类型、他们访问你的网站的密码以及任何其他常规信息，否则他们每次回到你的网站时都必须重新输入这些信息。

### 可执行程序

邀请客户安装一个"可执行程序"是获得在线反馈的另一种手段。这将使你获得更多关于用户的信息，但被大多数人认为这是一种侵入性的手段。在所有的可能性中，只有不到五分之一的用户会让你安装这样的程序，但在某些情况下，它可能会很有效。

### 个性化

你可以更进一步，提供一个智能互联网工具，如"我的网络"，它能对客户的购物习惯做出反应，并推荐与他们感兴趣的主题或产品有关的不同网站。然后，你可以监测客户对这些建议的反应，并利用这些信息以一种高度复杂的方式完善你自己的产品。

### 问卷调查

网络问卷调查可以通过获得非常详细的用户反馈来帮助你研发产品。它们类似于纸质问卷，但有几个主要的优点。由于没有纸张或邮资成本，你可以随心所欲地"邮寄"给任何目标用户。问卷的分发和反馈非常迅速。另外，通过在调查表和一些电子表格之间插入链接，可以自动完成对反馈的基本分析。

## 案例分析

**朱利安·塔尔博特·布雷迪（Julian Talbot-Brady）**

克兰菲尔德大学工商管理硕士和优秀的建筑师朱利安·塔尔博

特·布雷迪对"EU-architect.com"进行了调查，这是一家基于互联网的创业公司，目标用户是英国的30000名注册建筑师。其目的是提供"一站式、一体化的服务"，以满足繁忙的建筑师的需求，为他们所有的信息需求提供容易获取的在线资源。他设计了一份调查问卷，直接通过电子邮件发送给英国前100名的建筑事务所，以及领先的500家建筑产品供应商。他选择了回飞镖网站，当时它提供了30天的免费试用期。虽然该网站附带了一封邮件（提供可能的股权分享），但结果只有12%的回应率使他意识到该服务的潜力比他预期的要小得多，因而他选择成为一个行业供应商，为自己的产品开发一个类似的网站。

---

请记住，如果你在网站上存储了客户的个人数据，那么客户有权了解这些数据将用作什么用途。在欧洲和其他国家都设有关于数据保护的法律，你必须要遵守相关法律。

### 了解数据

最常见的分析数据的方式是围绕一个单一的数字着手，该数字以某种方式代表整个人口总数，通常被称为"平均数"。衡量平均数有3种主要方式，这些是任何商业计划中最常被混淆和经常被误导的一组数字。

要分析从市场调查中收集到的任何信息，你首先需要一个"数据集"，比如表2-5中的数据。

表2-5 竞争者销售价格

| 竞品公司名称 | 销售价格（英镑） |
| --- | --- |
| 1 | 30 |
| 2 | 40 |
| 3 | 10 |

续表

| 竞品公司名称 | 销售价格（英镑） |
| --- | --- |
| 4 | 15 |
| 5 | 10 |

### 平均数

这是最常见的表达信息的方式，被用来粗略检查许多类型的数据。在上面的例子中，将价格相加得出 105 英镑，然后除以竞争者的数量 5，你得出的平均数或平均销售价格为 21 英镑。

### 中位数

中位数是指出现在数据集中心的数值。重构上表数字后，第 4 家公司的销售价格为 15 英镑，就处于这个位置的数字而言，还有两个较高的价格和两个较低的价格。中位数在数据集的离散值在极端的情况下也能发挥作用，就像我们的例子一样，事实上，我们的大多数竞争对手的售价都远远低于 21 英镑。

在这种情况下，中位数将是衡量中心趋势的一个更好的方法。当分布偏斜时，你应该使用中位数。当人口对称时，你可以使用平均数或中位数，因为它们会得到非常相似的结果。

### 模式

模式是数据集中出现最多的观察值；在这个例子中，模式为 10 英镑。因此，如果对整个市场的客户进行抽样调查，我们会期望他们中有更多的人说他们为产品支付了 10 英镑，尽管我们知道平均价格是 21 英镑。

### 范围

除了测量数值如何围绕中心值聚集外，为了充分利用数据集，我们需要确定这些数值可以有多大变化。范围在此可以发挥作用，其计算方法是最大数字减去最小数字。在此例中，这就是：40-10 = 30。30 这个数字让我们了解到数据的分散程度，以及单一平均数字的意义。

> **任务 6 小结：市场研究计划**
>
> 1. 你目前有哪些关于客户、竞争对手、市场的信息？
> 2. 你还需要找到什么信息？为什么特别需要它？
> 3. 为了回答这个问题，你需要进行哪些案头研究？
> 4. 你需要进行哪些实地研究？
> 5. 开展这个市场研究需要多长时间和多少资金？
> 6. 谁将负责研究的每个要素？
> 7. 何时可以获得所有关键的市场研究信息？

## 拓展阅读

1. Brace I (2018) *Questionnaire Design: How to plan, structure and write survey material for effective market research*, 4th edn, Kogan Page, London.

2. Higham W (2009) *The Next Big Thing: Spotting and forecasting consumer trends*, Kogan Page, London.

3. Kaden R (2007) *Guerrilla Marketing Research, Kogan Page*, London.

4. Lawes R (2020) *Using Semiotics in Marketing: How to achieve consumer insight for brand growth and profits*, Kogan Page, London.

5. Marsh S (2018) *User research: A practical guide to designing better products and services*, Kogan Page, London.

6. Struhl S (2017) *Artificial Intelligence Marketing and Predicting Consumer Choice*, Kogan Page, London.

## 第三阶段
## 有竞争力的营销策略

第三阶段　有竞争力的营销策略

> 简介

营销被定义为确保正确的产品和服务在正确的时间、以正确的价格进入正确的市场的过程。这句话的难点在于对"正确"一词的使用。交易必须对客户有用，因为如果他们不想要你提供的东西，游戏在你开始之前就已经结束了。你必须提供商品价值和满意度，否则人们会选择一个明显优越的竞争对手，或者，如果他们从你那里购买，但不满意，他们不会再次购买。有了Trustpilot[①]和猫途鹰（TripAdvisor）[②]这样的在线评论网站，低劣的贸易行为现在已经无处藏身。更糟糕的是，用户可能会对你恶语相向。

对于你这个营销人员来说，正确意味着必须有足够多的人想要购买你的产品或服务，以使你的事业有利可图；而且理想的情况是，这一数字应该逐步上升而非逐渐缩小。因此，对于供应商和消费者来说，营销是一次探索之旅，双方都能从中学习到一些东西，并希望得到改善。

营销的边界从顾客的内心延伸到他们自己几乎没有意识到的情感，再延伸到将产品或服务送到顾客手中的后勤支持系统。从公司到消费者的价值链的每个部分都有可能增加商品价值或扼杀交易。例如，亚马逊商业主张的核心是行动非常高效的仓储和配送系统，以及简单的零成本交易方式，让客户退回他们不想要的产品并立即获得退款。这些因素与亚马逊的产品范围、网站结构、位置或其竞争性定价一样，都是亚马逊营销战略的重要元素。

营销也是一种迂回的活动。当你探索下面的主题时，你会发现在你继续推进之前，你需要获得一些问题的答案，而事实上，一旦你有了一些答案，你可

---

[①] Trustpilot.com 是 2007 年在丹麦成立的丹麦消费者评论网站，提供全球商业评论。每月发布近 100 万条新评论。——译者注

[②] TripAdvisor 为一个国际性旅游评论网站，提供世界各地饭店、景点、餐厅等旅游相关信息，也包括交互性的旅游论坛。——译者注

能不得不返回并回顾早期阶段。

营销组合描述了在你所选择的市场中赢得业务的可用工具。"营销组合"一词的历史可以追溯到 20 世纪 40 年代末，当时的营销经理用此指代混合各种成分制定战略的方式。1960 年，密歇根州立大学的营销教授埃德蒙·杰罗姆·麦卡锡[①]正式提出了这一概念。制定和实施营销战略所需的各种成分组合最初是 4P 模型：价格、产品（或服务）、促销和地点。现在已经扩展到更微妙和不易察觉的元素，这些元素构成了营销领域。现在，人们普遍认为需要考虑 7 个方面，其余三个方面为：我们用来沟通和提供产品的人，客户获得产品的过程，以及企业运营的物理环境的适宜性。

就像烹饪一样，将相同或相似的成分按不同的比例组合，可以产生非常不同的"产品"。改变这些元素的组合方式，可以产生一个量身定做的产品，以满足特定市场群体的需求。

---

① 埃德蒙·杰罗姆·麦卡锡（Edmund Jerome McCarthy）是美国营销学教授和作家。他在 1960 年出版的《基本营销：管理方法》一书中提出了 4P 营销组合的概念。——译者注

## 任务 7
## 产品和（或）服务

在这里，你应当描述你打算推销什么产品或服务，它们处于什么发展阶段，以及它们与现有的供应来源相比具有哪些竞争力。本节中的部分信息是为那些可能不熟悉你的业务的外部读者提供。这些信息也应对你有用处，因为所需的研究和分析将鼓励你将你的产品与你的竞争对手的产品进行比较。

你的商业计划书中本节应探讨这些话题。

### 产品和（或）服务的描述

解释你所销售的是什么东西。要具体，避免不必要的行话。读者最终应对你的产品和（或）服务有更清晰的概念。显然，有些产品和服务需要比其他产品和服务解释得更多。如果你发明了一种分析血液的新工艺，你将需要向读者提供许多细节。另外，如果你销售的是簿记员服务，你可能只需要列出你将提供的服务。这一部分的关键在于，假设读者可以很轻易地理解你的产品，你却没有提供足够的细节和描述。

### 案例分析

#### Eat 17[①]

Eat 17 由西沃恩·奥多内尔（Siobhan O'Donnell）与她的伙伴克里斯·奥康纳（Chris O'Connor）、他的兄弟丹·奥康纳和他们的继兄

---

[①] Eat 17 是位于伦敦和肯特郡的一家独立拥有的餐馆和便利店集团。该公司于2007年1月由创立，它也是培根酱的创造者。——译者注

弟詹姆斯·布伦德尔（James Brundle）在伦敦西北部的沃尔瑟姆斯托（Walthamstow）创立，乍看之下可能像一家普通的便利店，但一旦进入，很快就会发现他们提供的产品非常不同。首先，克里斯是一名训练有素的厨师，他带来的专业知识确保他们的产品能在整个工作日都保持新鲜且吸引力。除了提供由小供应商生产的独立、手作和本地的产品外，他们还开设了一家现场制作的面包店和比萨店，并创造了自己的即食食品系列。每周他们都会尝试一些新产品，并将那些畅销的产品加入他们的核心产品系列中。这种策略使顾客的回头率很高，并吸引了对邻近超市提供的更传统的产品感到厌倦的新顾客。他们最新创造的产品是一种以培根为基础的调味品，他们称为"培根果酱"，通过与便利品牌 Spar① 的合作，与更多传统产品一起在货架上出售。这种果酱将业务带向一个略微不同的方向，因为它已经成为一种产品，现在于英国全国 3000 个商店有库存，包括塞尔福里奇②、维特罗斯和乐购③。它甚至已经扩大到 5 种不同的口味。

2016 年是他们经营的第九个年头，达到了 5724432 英镑的年度营业额。他们最近买下了位于下克拉普顿查茨沃斯路的一个斯诺克大厅，到 2019 年 4 月，对 Eat 17 的投资达到 550 万英镑。布伦德尔认为他们提供的产品是未来的发展趋势。零售商需要一种不同的产品，该产品应更多地依赖于令消费者感兴趣，而不是作为一个完成简单杂事所必用的杂货。

---

① SPAR 成立于 1932 年，总部位于荷兰，在全球 35 个国家经营 1.5 万家超市，年营业额超过 340 亿美元，是世界最大的自愿连锁组织和最大的食品分销企业。——译者注
② 塞尔福里奇百货公司，是伦敦最著名的百货公司之一。创立于 1909 年，距今已有上百年历史，汇聚了数量众多的大众流行品牌及设计师专柜。——译者注
③ 乐购是全球三大零售企业之一，英国 TESCO 集团在中国运营的大卖场的名称。——译者注

## 第三阶段　有竞争力的营销策略

除了列出和描述你的产品和（或）服务外，你应该注意到你的产品的其他应用或用途，读者不容易发现用途。例如，一台复印机除了能复印文件以外，还可以打印高空透明胶片。当你列出清单时，其中显示出你期望的每种产品或服务对整体贡献的营业额比例，如表 3-1 所示。

表 3-1　显示产品/服务及其应用的例子

| 产品/服务 | 描述 | 销售比例 |
|---|---|---|
|  |  | 100% |

## 为市场做好准备

你的产品（或）服务现在可供销售吗？如果尚未出现，你需要做什么来开发？如果你正在销售此类产品，它是否需要更多的设计工作或研究和开发？你实际上是否生产了一个或多个完成的产品？

### 案例分析

#### Strida bicycle[1]

当克兰菲尔德企业项目的参与者马克·桑德斯（Mark Saunders）在风险投资小组面前提出他对斯特丽达（一种革命性的折叠式自行车）的建议时，他唯一能确定的预测是成本。

他寻求支持的商业建议是将他的创意从绘图板变成一个有适当成本的生产原型。为此，他需要时间（大约两年），在此期间的生活费用，使用一个车间和适量的材料。

---

[1] 英国工程师、设计师马克·桑德斯（Mark Sanders）所研发的折叠车品牌，造型极简、具有强烈设计感的自行车，以三角形结构为主的车架设计让车子更坚固。——译者注

桑德斯的商业计划详细说明了他将如何在这一时期开发产品，结果这一概念得到了高尔夫运动员格雷格·诺曼（Greg Norman）的前任经理詹姆斯·马歇尔（James Marshall）的支持。马歇尔将商业计划中的制造和营销要素整合在一起，在18个月内，斯特丽达开始全面生产，并通过哈罗德（Harrods）[1]、Next Essentials、约翰－路易斯（John Lewis）[2]等商店进行销售。大约覆盖了全球40个国家，按字母顺序排列，从澳大利亚到越南。

---

如果你销售的是一种服务，你目前是否有提供这种服务的技能和技术能力？如果没有，你需要做什么？如果在你的产品或服务准备出售之前需要额外的投入，请说明需要完成的任务和需要的时间，如表3-2所示。

表3-2 显示产品/服务和需要的额外投入的例子

| 产品/服务 | 研发状态 | 需要完成的任务 | 完成日期 |
| --- | --- | --- | --- |
|  |  |  |  |

## 专有地位

你的产品或服务是否具有任何特殊的竞争优势？如果是，请解释这些优势，并说明这种专有地位可能会持续多久。你应该说明使你具有竞争优势的任何因素，即使这种优势不受合同协议和法律的保护。例如，别人不容易获得的特殊技能或才能（如果你没有这些技能，而且许多企业也没有，那你不要随便编造）。

---

[1] Harrods百货于1834年由查尔斯·亨利·哈罗德先生创立，迄今已拥有近190年的历史，现已成为享誉全球的购物天堂。——译者注
[2] John Lewis（约翰－路易斯）是指英国伦敦最大的百货商店，成立于1864年，位于英国伦敦牛津街。——译者注

将发明推向市场可能是一项昂贵而耗时的工作，詹姆斯·戴森（James Dyson）很想证实这一点。在世界第一台无袋吸尘器问世之前，他花了 5 年时间，制作了 5127 个模型。因此，戴森与胡佛公司（总部设在英国）进行了为期 18 个月的专利侵权的传奇性胜利之战，这也不足为奇了。

如果像戴森一样，你有一个独特的商业想法，你应该调查四类法律保护：①专利，用于保护某物的运行方式；②商标注册，用于保护某物的名称；③外观设计注册，用于保护某物的外观；④版权，用于保护纸张、胶片和光盘上的作品。有些产品可能被两个或更多的类别所涵盖，例如，时钟的机械装置可能被授予专利，也可能给获得外观设计注册。

每一类都需要一套不同的程序，提供不同程度的保护，并延伸到不同的时间段。但它们都有一个共同点：在发生任何侵权行为时，你唯一的补救措施是通过法院判定，而诉诸法律可能会浪费时间和金钱，无论你是赢还是输。

## 案例分析

### 脸书

2004 年，当时 20 岁的马克·扎克伯格在他的大学宿舍里和两个同学一起创办了 Facebook，他几乎不可能意识到这项业务会如何发展。Facebook 是一个社交网站，用户必须输入他们的真实姓名和电子邮件地址才能注册，然后他们可以联系现在和过去的朋友和同事，交换照片、新闻和八卦。

在最初的三年内，该公司的销售额就有望达到 1 亿美元，部分原因是微软的一个大订单，微软似乎青睐于脸书，将其作为合作伙伴或收购目标。

## 专利权保护某物的运行方式

专利可以被看作发明者和国家之间的合同。国家与发明者达成协议，如果他或她准备以固定的形式公布发明的细节，并且如果他或她似乎取得了真正的进步，那么国家将授予发明者对该发明的"垄断权"，为期20年："保护以公开作为回报。"发明者利用垄断期制造和销售他或她的创新；竞争者可以阅读已公布的参数并为他们的研究收集想法，或者他们可以接近发明者并提出在许可下帮助开发该想法。

你可以为哪些发明申请专利？基本规则是，一项发明必须是新的，必须涉及创造性步骤，必须能够进行工业利用。你不能为科学或数学理论或心理过程、计算机程序或可能鼓励攻击性、不道德的或反社会行为的想法申请专利。新药可以申请专利，但医疗方法不能。你也不能为一个重新发现的、被遗忘已久的想法申请专利（有意或无意）。

如果你想申请专利，至关重要的是不要在非保密的情况下披露你的想法。如果你这样做，你的发明在法律上已经"公开"，这很可能使你的申请无效。

在专利申请过程中，有两个不同的阶段：

- 从提出申请到公布专利。
- 从公布到授予专利权。

该过程的第一部分需要支付两笔费用，第二部分需要再支付一笔费用。整个过程大约需要两年半的时间。关于如何申请专利的表格和细节可从专利局免费获得。

自己也能申请专利，而且更便宜，但不太建议这样做。起草一份说明书，让你在自认为可以脱身的情况下获得尽可能广泛的垄断权，这是专利申请的本质，这也是专业专利代理人的技能。他们也知道专利申请过程中每个阶段的交易技巧。专利代理人的名单可从特许专利代理人协会获得。

你能用你的想法做什么？如果你已经想出了一个有灵感的发明，但没有资源、技能、时间或倾向于自己生产，一旦这个想法获得专利，你可以选择其中一种处理方式。

- 直接出售。你可以把你的专利权和所有权卖给个人或公司。你要求的款项应基于对市场的合理评估。
- 销售和特许权使用费。你可以签订一份协议，将产品的所有权和权利以现金方式转让给另一方，但根据该协议，你可以从每一个售出的单位中获得使用费。
- 许可。你保留权利和所有权，但把生产和销售产品的许可证卖给别人。你和被许可人之间的合同应包含一个履约条款，要求被许可人每年销售最低数量的产品，否则将撤销许可。

无论你选择哪种方案，你都需要一个好的专利代理人或律师在你身边。

## 商标保护某物的名字

商标是一个符号，通过它可以识别一个特定的制造商或贸易商的商品或服务。它可以是一个字、一个签名、一个单字、一个图片、一个标志或这些的组合。

要获得注册资格，商标必须具有显著性，不得具有欺骗性，不得与已经注册的商标相混淆。误导性标志、国旗、皇家徽章和武装部队的徽章不包括在内。商标只能适用于有形商品，而不是服务（尽管要求改变这一点的压力正在增加）。

《1938 年商标法》和《1988 年版权、设计和专利法》以及随后的修正案提供了具有巨大商业价值的保护，因为与其他形式的保护不同，唯一的商标使用权可以无限期地延续。

要注册一个商标，你或你的代理人应首先在专利局的商标处进行初步搜索，以检查是否有已存在的冲突商标。然后，你在官方商标表格上申请注册，并支付一定的费用（目前一个类别的商品或服务为 200 英镑，然后每增加一个类别增加 50 英镑）。注册期最初为 10 年。此后，每次可续期 10 年，没有时间上限。

注册一个商标并非强制性。如果一个未注册的商标已经使用了一段时间，并且可以被客户理解为与产品密切相关，那么它将获得一个"声誉"，这将使它在法律上得到一些保护，同时注册使所有者对任何侵犯该商标的人进行追诉变得更加简单。

### 外观设计注册保护的是"事物的外观"

如果商业产品的形状、设计或装饰特征是新的、原创的、以前从未发表过的或如果以前从未应用于你所考虑的产品，你可以注册。保护的目的是适用于生产数量超过 50 件的工业品。外观设计注册只适用于吸引眼球的特征，而不是物品的功能方式。

要注册外观设计，应向外观设计注册处提出申请，并寄送外观设计的样本或照片以及注册费。该样本或照片将被审查，以确定它是否是新的或原创的，并符合《1949 年注册外观设计法》和《1988 年版权、外观设计和专利法》以及该法的后续修正案的其他要求。如果符合要求，将颁发注册证书，使你作为所有人拥有制造、销售或在商业中使用该设计的唯一权利。

保护期最长为 25 年。你可以自己处理外观设计的注册，但是，最好还是让专家为你做这件事。虽然没有设计代理人的登记册，但大多数专利代理人都精通设计法。

## 案例分析

### 拉面道[1]

  这家位于伦敦的小型餐饮连锁店通过向城市"潮人"出售日本面条而繁荣起来，它将保护其理念的必要性视为其商业战略的主要支柱。创办该企业的丘德威[2]作为一个 11 岁的经济移民从中国香港地区来到了英国。他与他的父亲一起经营着一家诺福克国王林恩的中国外卖。10 年内，他经营两家自己的中餐馆，其中一家靠近大英博物馆。从一开始，他就计划经营一家大型的国际连锁餐厅。他推崇的食品风格是健康、独特和现代。在日语中，"Wagamama"这个名字让人联想到一个有点娇生惯养的人，这个词在丘德威的脑海中留下了印象。他在拉面道旗帜下开设的非正式公共餐厅受到好评，并开始排队，这已经成为拉面道体验的一个重要部分。意识到他有一个具有全球潜力的想法，丘成桐采取了不同寻常的步骤，在全世界注册了他的商标。这花了他 6 万英镑，但在两年内，这项投资开始得到回报。一家大型上市公司开设了一家印度版的拉面道。这些概念看起来很相似，足以让普通人认为这两家企业有关联。由于丘德威觉得自己可能会损失利益，他决定提起诉讼。案件很快得到审理，在 3 个月内，他就胜诉了，他的商业理念得到了保障，至少在他的商标保护期的 5 年内是如此。

---

[1] 拉面道（"Wagamama"）是由中国香港新界沙头角人丘德威在英国创建的企业。——译者注
[2] 丘德威（Alan Yau）——译者注

### 版权用于保护纸质、电影和 CD 上的作品

版权是一个复杂的领域，由于它不可能与大多数企业的营运有关，我们在这里只简单地谈一谈它。基本上，1988 年的《版权、设计和专利法》对原创艺术和创意作品，如文章、书籍、绘画、电影、戏剧、歌曲、音乐、工程图纸等的未经许可的复制提供保护。要申请版权，有关项目应带有这个符号 ©（作者姓名）（日期）。1996 年 12 月在日内瓦举行的一次外交会议上，制定了新的国际版权和表演及录音制品条约，并在 1998 年 1 月生效，这些条约对数据库的保护进行了规定。

你可以采取进一步的措施，登记员那里记录作品完成的日期，并收取一定的费用。不过，这是一种不寻常的预防措施，可能只有在你预计会有侵权行为时才有必要。

英国的版权保护在拥有版权的人去世后持续 70 年，或者在出版后持续 50 年。当你的作品未经你的许可被复制并出售给公众，但你没有正式的版权登记证明你的作品是否受到保护，则通常必须由法院裁决。

### 保护互联网资产

既然你已经费尽心思开发了一个包含你的使命、愿景、目标和文化的商业模式，从而为你的飞速发展做好了准备，如果有人来偷走它，那将是非常遗憾的。

即使在困难时期，这也可能不是一个可以纳入任何成本削减活动的领域。在互联网世界中，所有的价值都被置于从第一天开始的利润预期中，知识产权可能是所有真正值得保存的东西。

更加柔和的术语的出现，如"共享"音乐，而不是偷窃，并没有改变所有通常的知识产权法律适用于互联网的事实，只是执行起来更加困难。你可

以在数字保存中心（DCC）的产出中找到更多关于保护互联网资产的信息，在那里对建立数字权利管理系统（DRM）的实际问题进行了研究。

### 关于保护产品的进一步信息

英国知识产权局拥有申请专利、商标、版权或注册设计所需的所有信息。

有关国际知识产权的信息，请咨询这些组织。欧洲专利局、美国专利和商标局以及世界知识产权协会。

特许专利和律师协会和特许，商标律师协会，尽管他们的名字听起来很专业，但可以在知识产权的各个方面提供帮助，包括为你找到一个本地顾问。

大英图书馆链接到免费的专利搜索数据库，以查看是否有其他人已经注册了你的创意。图书馆愿意为查询者提供有限的建议。

他们的知识产权中心支持小企业主、企业家和发明家。他们的团队每周六天全天待命，以帮助你采取正确的步骤来启动、保护和发展你的企业。

## 与竞争产品或服务的比较

找出那些你认为将与你的产品或服务竞争的产品。它们可能是类似的产品或服务，也可能截然不同，但可以替代你的产品或服务。后者的一个例子是一个销售复印机的企业，它不仅与其他复印机竞争，而且与复写纸和复印店竞争。

一旦你确定了主要的竞争产品，将你的产品与它们进行比较。列出你与竞争对手相比的优势和劣势。以后，当你做市场调查时，你可能会想再次解决这个问题，并修改这一部分。

进行比较后，得出你的结论。如果你的产品或服务将有效竞争，请解释原因。如果不是，请解释你打算怎么做才能让它们竞争。

还要记住，有些产品通过其服务或保修条款将自己与竞争对手区分开来。例如，起亚声称自己是唯一一家提供完全可转让的 7 年 10 万千米保修的汽车制造商。

此外，分销网络中的所有零售商都被提供延长付款期限，为展示库存和存货提供资金，以及为广告提供经销商支持。

同样，大多数"服务"部门的管理顾问确保他们的"产品"，即他们的最终报告，是无懈可击的，就像最好的餐馆和快餐连锁店的场所和设施一样。

### 担保和保证

你是否会在你的产品或服务中提供这两者之一？描述保证或担保的范围，它可能花费的费用，你期望从提供它中得到的好处，以及它将如何在实践中发挥作用。

### 未来可能的发展

如果你的产品或服务适合其他机会，只需相对较小的改动，就能迅速实现，并能增强你的业务，请简要介绍这些想法。

## 一些产品被拒之门外

### 单一产品就够了吗

单一产品企业是发明家的自然产出，但它们极易受到竞争、时尚变化和技术淘汰的影响。只有一种产品也会限制企业的增长潜力。在这些企业能够将其产品基础扩大到最好是相关产品或服务的"家族"之前，必须不可避免地打上一个问号。

## 案例分析

### Osprey[①]

迈克·普福滕豪尔（Mike Pfotenhauer）"喜欢制造产品，为我自己和我的朋友制造东西"，这使他开始为圣克鲁斯的客户制造日用背包和背囊。他当时刚从大学毕业，喜欢设定自己的工作时间，制造装备，"并聆听关于这些装备如何前往一些山峰或世界各地的故事"。Osprey是普福滕豪尔创建的公司，专注于制造一种产品，即背包，但要使这种产品尽可能好。公司的核心是对户外运动的热情，他们以三个关键目标为指导：让他人拥有丰富的户外体验；保护环境，让所有人都能享受环境；让我们自己生活在户外，呼吸在户外。

Osprey成立于1974年，从创始人坐在一台缝纫机前，满脑子的想法，到现在全球数百家零售商都有库存。自2019年春季以来，Osprey的营销总监加里·伯南德（Gary Burnand）声称，由于只专注于背包，他们不会分心，并坚持编织背包，他们的声誉是无与伦比的。它的"全能保证"指出，"如果你发现你的背包在制造方式上有任何缺陷，我们将在其合理的使用寿命内免费维修或更换"。它在澳大利亚、加拿大、中国、欧洲各地、印度尼西亚、以色列、日本、韩国、墨西哥、新西兰、菲律宾、新加坡、南非、马来西亚、泰国、巴西、乌拉圭、阿根廷、玻利维亚、智利、哥伦比亚、厄瓜多尔和秘鲁都设有维修中心和经销商，以支持其维修承诺。

Osprey在单一产品上建立了自己的声誉，并将其做到最好，现在它的产品范围已经扩展到了特定的活动。它制造了数百种不同的背包，针对户外市场的不同需求：旅行、徒步旅行、背包旅行、生活方式、跑步、

---

① OSPREY，美国户外背包品牌。1974年由Mike Pfotenhauer创立于美国加利福尼亚州。产品线有户外系列、城市系列、骑行系列、儿童系列、旅行系列以及附件等。——译者注

骑自行车、登山、雪上运动和潜水。他们也有合适的配件，包括包装箱、防雨罩、包衬、洗衣袋和钱包。Osprey 在 2020 年的重点是与户外和注重环境的慈善机构合作，以保护环境和减少浪费。例如，他们支持慈善机构"Gift Your Gear"，该慈善机构为最需要背包和其他户外装备的青年组织提供垃圾填埋用背包和其他户外装备。

---

### 单卖产品

Medsoft 是一家向医院医生销售个人电脑和定制软件包的企业。不幸的是，管理层不知道每一个单位的销售都需要成本和努力。更糟的是，没有重复销售。这并不是说客户不喜欢这些产品：他们喜欢，但每个用户只需要一个产品。这意味着很大程度地浪费了所有花在建立"忠诚"客户的金钱和时间。

在另一种类型的企业中，例如销售公司的汽车，你可以合理地期望一个满意的客户每两三年回来一次。在餐饮业，重复购买周期可能是两到三个月。

### 非必要的产品

创业者往往被流行、时尚和奢侈品所吸引，因为与它们的推广和销售相关的反应时间短。

为这些市场生产的公司经常因市场的突然变化而遇到财务困难。拥有被视为"必需品"的产品，更容易获得市场安全。

### 太简单的产品

简单，通常是一个理想的特征，也可能是一个缺点。如果一种商业理念是如此基本，以至于成功所需的管理或营销专业知识很少，这很可能使进入的成本很低，附加值很小。这使得每个人都可以很容易地复制这个想法。产品理念，而原公司不可能捍卫其市场，除非通过降低价格。

录像带出租业务是"产品过于简单"现象的一个典型例子。太多的人跳上了这一行列，因为几乎任何有几千英镑的人都可以建立自己的公司。在一年左右的时间里，租赁价格从几英镑降到几便士，数百家企业倒闭。

## 案例分析

### 奔驰汽车

2015年9月16日，法国叫车公司BlaBlaCar[①]宣布，它已经筹集了2亿美元，主要来自美国投资者，这反过来又使该公司的价值达到16亿美元。该公司由弗雷德里克·马泽拉（Frédéric Mazzella）创办，他是两位教授的儿子，一位是数学教授，一位是哲学教授。他来自法国大西洋沿岸的旺代地区，距离巴黎约500千米，他离开大学后一直在那里安家，在旅途的挫折中，他迎来了自己的精彩时刻。2003年12月24日，马泽拉试图从巴黎回家过圣诞节。由于火车已经满员，他的姐姐不得不来接他，这样他们就可以一起开车回家。高速公路和火车走的是同一条路，"我看到火车已经满了，没有座位，车厢里空空如也。我当时想。哦，我的上帝，有座位可以去旺代，但不是在火车上，而是在汽车上"。

BlaBlaCar成立于2006年，旨在连接那些希望分摊长途旅行费用的人，这个概念很简单，而且基本上是在追随其他按需服务的脚步，如乘车预订公司Uber和度假租赁网站爱彼迎[②]。成功是一个缓慢的过程，马泽拉尝试了6种商业模式，在找到正确的模式之前，他忍受了"无数人

---

① 法国拼车公司。——译者注
② 爱彼迎是全球民宿短租公寓预订平台，拥有全球百万特色民宿、短租、酒店、公寓、客栈房源。——译者注

告诉我这是在浪费时间"的声音。2006 年，尼古拉斯－布鲁森（Nicolas Brusson）、弗朗西斯－纳佩兹（Francis Nappez）和马泽拉在欧洲工商管理学院（INSEAD）学习期间写了一份商业计划书。

在巴黎附近的商学院，有一家名为"covoiturage.fr"的公司。共享汽车遵循爱彼迎的模式，即车主从他们的资产中获得更多的里程数，在这种情况下是字面上的。马泽拉的主张是，在法国运行一辆汽车每年要花费 5000~6000 欧元，而且 96% 的时间汽车都是停着不动的……而 4 辆正在行驶的汽车中，有三辆只有一个人在车上。因此，法国的 3800 万辆汽车每年提供了一个 2 亿欧元的优化机会。

名字从 covoiturage.fr 改成了 BlaBlaCar，因为它似乎更有可能在全世界引起共鸣。它超越了欧洲的根基，扩展到土耳其、印度和俄罗斯等越来越多的新兴市场，支持了这一推测。该公司现在有一个令人印象深刻的总部，位于巴黎中北部，靠近谷歌法国。该公司的 360 名员工平均年龄为 29 岁，遵循独特的"有趣和严肃"的态度，BlaBlaCar 的员工认真对待他们的工作，但也知道如何带来乐趣。BlaBlaCar 的小酒馆是周五早上"早餐"的所在地，在此期间，员工们集思广益，制定出下一代的成功战略。

## 产品必备：质量

新公司最大的问题之一是在客户心中建立起产品质量的形象。曾经有一种对"动态淘汰"的近乎疯狂的信念，暗示低质量将意味着频繁和额外的更换销售。日本汽车制造商通过提高质量、可靠性和性价比而对西方汽车制造商取得的进展清楚地表明了这种主张的谬误。

你不能销售你不相信的产品，正如一家啤酒公司的创始人总裁詹姆斯·诺克（James Knock）所解释的那样，"在冷淡的电话中，你和客户的蔑视之间的唯一障碍是你产品的完整性"。

我们所看到的克兰菲尔德企业家都学会了在成本、质量和服务之间进行权衡："我们只对制作最优质和最新鲜的意大利面感兴趣。"法沙·鲁哈尼在描述 Pasta Masters 如何发展成为伦敦零售商和餐馆的主要新鲜意大利面供应商时解释道。同样，大卫·辛克莱（David Sinclair）和他在面包圈快递（Bagel Express）的团队每天凌晨 4 点就开始工作，以确保每天早上只有新鲜出炉的百吉饼供销售。为了显示产品的新鲜度，百吉饼每天都是在顾客面前的开放式厨房里烤制的。

质量不仅是你做什么，而且是你如何做；客户和公司之间的每一个接触点都是至关重要的，无论是在电话、柜台还是在收银台。抱怨的顾客可能是你最好的朋友。Richer Sounds 的创始人朱利安·里奇（Julian Richer）认为，他的关键任务之一是最大限度地增加客户的投诉机会。他这样说当然不是指给他们不满意的理由，只是给他们反馈的机会。在每个商店的门口有一个铃铛，如果你满意你的购物体验，就按铃；每个包装产品中的个人指定的回应卡，都是旨在保持与客户的直接联系。让你的客户帮助你保持你的质量和标准也许是商业成功的关键之一。但这并不容易。据统计，96% 的投诉都没有发生。换句话说，客户不能或不屑于投诉。客户质量的痴迷是明确的，如果你不抓住它，你将无法生存，除非你定期从你的客户那里得到反馈，否则你将永远不会知道。

---

**任务 7 小结：产品或服务**

1. 描述你的产品或服务，就像向新手解释一样。
2. 该服务目前是否可供出售？如果没有，需要做什么，这项工作需要多少成本，需要多长时间？
3. 您是否拥有或计划拥有任何法律保护，如专利？如果是这样，请解释

> 您迄今为止为确立您的权利所做的工作。
>
> 4. 您的产品或服务与市场上已有的产品或服务有何不同？
>
> 5. 您是否会提供任何保证、担保或售后服务？
>
> 6. 是否有可能开发与上述产品或服务互补的新产品或服务？

## 拓展阅读

1. Debruyne M & Tackx K (2019) *Customer innovation: Delivering a customer-led strategy for sustainable growth*, Kogan Page, London.

2. Jolly A (ed) (2013) *The Innovation Handbook: How to profit from your ideas, intellectual property and market knowledge*, Kogan Page, London.

3. Leboff G (2020), *Myths of Marketing: Banish the misconceptions and become a great marketer*, Kogan Page, London.

4. McDonald K (2013) *Innovation: How innovators think, act and change our world*, Kogan Page, London.

5. Narang R & Devaiah D (2014) *Orbit-Shifting Innovation: The dynamics of ideas that create history*, Kogan Page, London.

6. Westwood J (2019), *How to Write a Marketing Plan: Define your strategy, plan effectively and reach your marketing goals*, 6th edn, Kogan Page, London.

## 参考文献

1. Dyson (2001) *Dyson Appliances Limited v Hoover Limited* (No. 2) 11 January 2001, CMS, 22 January, www.cms-lawnow.com/ealerts/2001/01/dyson-applianceslimited-v-hoover-limited-no-2?sc_lang=en (archived at https://perma.cc/CT8D-WM49).

> **任务 8**
> **定价**

第一次确定销售价格时，最常犯的错误是把价格定得太低。这种错误可能是由于未能了解与制造和营销产品相关的所有成本，或者由于在一开始就屈服于压低竞争对手的诱惑。这两个错误通常会导致致命的结果，因此在准备你的商业计划书时，你应该对它们加以防范。

这些是在确定你的销售价格时就需要考虑的重要问题。

## 费用

确保你已经确定了你在制造或营销你的产品时可能产生的所有费用。不要仅仅依靠"猜测"或"常识"为每个主要的买入项目获得几个确定的报价，最好是书面报价。不要落入这样的陷阱，即认为如果你最初在家工作，你就不会有额外的费用。你的电话费会增加（或者你会失败），暖气会整天开着，你会需要一个地方来归档你的所有文件。你也会更多地使用汽车，因此产生更多的费用。

还要确保你分析了营业额的变化对成本的影响。这可以通过将你的成本分解为直接和间接成本来完成（见任务 20 对收支平衡分析的解释，因为这个领域有时被称为收支平衡）。

## 消费者的看法

制定价格时的另一个考虑因素是顾客对你的产品或服务的价值的看法。他或她对价值的看法可能与成本关系不大或没有关系。他们可能对竞争对手的价格一无所知，特别是在产品或服务是新产品的情况下。

事实上，许多消费者认为价格是他们可以预期得到的质量的可靠指南。你付出的越多，你得到的就越多。考虑到这一点，如果戴森以低于同行的价格推出其革命性的吸尘器，并声称其性能优越，那么一些潜在客户可能会质疑这些说法。在其说明书中，戴森说，新的真空吸尘器的灵感来自同一价格区间内现有产品的低劣性能。一个价格是戴森6倍的产品，其性能是戴森试图模仿的。所传达的信息是，尽管价格处于一般普通产品的高端，但其性能却大得不成比例。戴森真空吸尘器的巨大成功将倾向于支持这一论点。

## 竞争

认为新公司和小公司可以压低成熟的竞争者的误解，通常是基于对产品或服务的真实成本的无知，如上面的例子，对间接费用的含义和特点的误解，以及未能理解"单位"成本与经验成正比。如果你把第一次执行一项任务所需的时间与你更有经验的时候所需的时间进行比较，最后一点就很容易理解了（如更换保险丝、更换胡佛袋等）。

间接费用的争论通常是这样的。他们（竞争对手）很大，在梅菲尔有一个豪华的办公室，有很多高薪的营销主管，把公司的钱花在开支账户的午餐上，而我呢？没有。因此，我必须能够压低他们的价格。这种说法的错误在于：第一，梅菲尔办公室可能是对形象创造的投资；第二，营销主管的工资可能比企业家高，但如果他们不能提供源源不断的新产品和新战略，他们就会被能者取代。

显然，你必须考虑到你的竞争对手的收费，但请记住价格是营销组合中最容易变化的元素。对于一个成熟的公司来说，他们可以跟随你的价格曲线下降，迫使你破产，这比你用较低的价格抓住他们的客户要容易得多。

## 需求的弹性

经济理论表明，在所有其他条件相同的情况下，价格越低，需求越大。不幸的是（也可能不是），对所有商品和服务的需求并不是统一的弹性，也就是说，价格相对于需求的变化率并不是类似的弹性。有些产品实际上是没有价格弹性的。例如，如果苹果公司的 iPhone 和宾利汽车将不太可能增加销售，如果他们把价格减掉 5%，事实上，由于失去了"炫耀"价值，他们甚至可能卖得更少。因此，如果他们降价，他们将只是降低利润。然而，人们会很高兴地穿过城镇，以节省一升汽油中的 2 便士。因此，确定你的价格需要对你所销售的商品和服务的相对弹性有一些了解。

## 公司政策

你试图在市场上塑造的整体形象也将影响你的收费价格。然而，在这一政策中，将有高定价以撇开市场和低定价以渗透市场的选择。价格瘦身通常是在新产品很少或没有的情况下采用。竞争，并以富裕的"创新者"为目标。这些人为了成为一个新产品的潮流引领者，会支付更多的钱。一旦创新者被挤出市场，价格就会下降，以渗透到"较低"的需求层次。

这种策略的危险在于高价吸引了新的竞争者的兴趣，使他们看到了一个很好的市场空缺等着他们大赚特赚。

以低价开场，可以让你在初期占领较高的市场份额，而且可以让竞争对手望而却步。这就是克兰菲尔德企业项目的参与者（高级谜题制作人）德里根·洛克（Dragon Locker）在推出其新产品时采取的策略。该产品很容易被复制，而且不可能获得专利，所以他选择了低价作为策略以打击竞争对手并迅速吞噬市场。

## 商业条件

很明显，市场的整体状况将对你的定价政策产生影响。在某些情况下，产品实际上是处于被配给状态，一些产品的总体价格水平可能会不成比例地上升。例如，在 2020 年新冠疫情暴发的早期阶段，据报道，250 毫升的洗手液卖到了 15 英镑，卫生卷纸每卷 1 英镑，卡乐普 10 英镑。通常售价为 1.25 英镑的面包价格翻了一倍多，达到 3 英镑。

季节性因素也可以促成价格总体水平的变化。例如，一只火鸡在平安夜下午的价格比在圣诞周开始的时候要低很多。

## 分销渠道

你的销售价格将必须适应你的行业中普遍存在的加价。例如，在家具行业，一家商店可能希望将销售价格定为其供应商收取的价格的两倍。这个利润率是为了支付其成本，并希望赚取利润。因此，如果你的市场研究表明，顾客将为从商店购买的产品支付 100 英镑，而你作为卖给商店的制造商，只能收取 50 英镑。

## 产量

考虑到市场条件，你"生产"产品或服务的能力将影响你设定的价格。通常情况下，一个新的企业在开始时的能力是有限的。一个有效的进入策略可能是将价格定得很高，以填补你的能力，而不是定得很低，以淹没你。一位提供家庭熨烫服务的家庭主妇在定价政策上吸取了这一教训。她把她的服务定价为每小时熨烫 5 英镑，与竞争者保持一致，但由于她每周只有 20 个小时的销售时间，她很快就没有时间了。她花了 6 个月的时间才把价格提高到每小时10英镑，把需求降低到每周20个小时。然后，她能够招募一些助手，并有足够高的利润率来支付一些外包工，自己也有了利润。

## 利润率和市场

定价可能是最艰难的决定。它部分是科学，考虑到所有的成本。它也是一种艺术，评估市场将承受什么，这个数字受经济状况和竞争环境等因素的影响。在任何情况下，你应该努力确保你的毛利率至少达到40%（销售价格减去用于制造物品的直接材料和劳动力，所得利润率以销售价格的百分比表示）。如果你没有达到这样的利润率，你将没有什么间接资源用来为你的公司推广和建立一个有效的、与众不同的形象。

你的竞争分析将使你对市场的承受能力有一些了解。我们建议你完成与竞争对手的比较（见表3-3），以使你有信心与竞争对手的价格相匹配或有所提高。至少，你将有理由向你的客户，重要的是，向你未来的员工证明你的高价。

### 表3-3 与竞争对手的产品比较

（对每个产品因素从 –5 到 5 打分，以证明你的价格与其他产品相比是合理竞争）

| 评级得分 | 更加糟糕 | 糟糕 | 相同或几乎如此 | 好一些 | 好多了 |
|---|---|---|---|---|---|
| 产品属性 | –5 | –4/–3/–2 | –1/0/1 | 2/3/4 | 5 |
| 设计 | | | | | |
| 业绩 | | | | | |
| 包装 | | | | | |
| 演示文稿 | | | | | |
| 外观 | | | | | |
| 售后服务 | | | | | |

续表

| 评级得分 | 更加糟糕 | 糟糕 | 相同或几乎如此 | 好一些 | 好多了 |
|---|---|---|---|---|---|
| 可用性/分销 | | | | | |
| 交付方法/时间 | | | | | |
| 颜色/味道 | | | | | |
| 气味/触感 | | | | | |
| 图片/街道 | | | | | |
| 规格 | | | | | |
| 支付条款 | | | | | |
| 其他 | | | | | |
| 共计 | | | | | |

价格毕竟是营销组合中可能对你的赢利能力产生最大影响的元素。对于一家新公司来说，在你整理你的组织和产品时，以较高的价格销售较少的商品往往更有利可图；关键是要集中精力获得良好的利润，通常要有一系列的价格和质量（例如，乐购在以较低的价格提供类似类别的标准产品的同时，也以较高的价格提供其"最佳"系列）。如果你不得不提高价格呢？

尽量将涨价与一些新的功能（如新的设计、颜色方案）或服务改进结合起来（如邮局在涨价1便士的同时重新推出周日收款）。

## 实时定价

股票市场通过收集供应和需求的信息来运作。如果想买股票的人比卖股票的人多，价格就会上升，直到供需匹配。如果信息完美流通（也就是说，每个买家和卖家都知道发生了什么），价格就会被优化。对于大多数企业来说，这不是一个切实的主张。他们的客户期望同一产品或服务每次都是相同的价格——他们对特定时刻的需求没有准确的概念。

然而，对于互联网公司来说，计算机网络已经使其有可能在任何时候看到消费者对某一产品的需求量有多少。任何有销售点的人都可以做同样的事情，但报告可能需要几周才能得出。这意味着网络公司每天都可以改变数百次价格，根据特定情况或特定市场进行调整，从而大幅提高利润。easyJet.com 是一家在卢顿运营的廉价航空公司，它就是这样做的。同一架飞机定价不同，你可以为同一旅程支付 30~200 英镑的费用，这取决于对该航班的需求。瑞安航空（斯坦斯特德）和欧洲隧道公司（滑铁卢）也有类似的价格范围，价格制定基于最简单的规则，即早期预订者可以得到低价折扣，而迟到的旅客需支付全额票价！

虽然创始人现在只拥有 Secret Escapes 30% 的股份，但他们拥有一个每年花费超过 1000 万英镑来推广其价格的企业。该公司的最新账目（2018 年 12 月）显示，年收入为 1.212 亿英镑，高于 2016 年的 3090 万英镑和之前三年的 1160 万英镑。他们的邮件列表上有超过 2300 万人。

## 案例分析

### Secret Escapes[1]

一些商业部门，特别是双层玻璃、旅游和酒店因误导性定价而闻名，或许说是臭名昭著更为准确。高街无休止的销售使消费者有理由对以价格为导向的促销活动持怀疑态度。成立于 2010 年的 Secret Escapes 公司，将依靠销售打折的豪华酒店住宿作为其商业模式的核心。该公司的技巧在于使顾客相信所吹嘘的 70% 的折扣是真的。他们通过使用电视广告这一可信的媒体来传达他们的信息，即"即使最好的酒店也不想要空床"。他们在行业中精心挑选了最好的酒店。

---

[1] Secret Escapes 是一家会员制的英国旅游公司，通过其网站和移动应用程序销售大幅折扣的豪华酒店住宿和旅行。

英国、德国、瑞典、波兰和美国是他们经营的市场，他们提供的交易是Secret Escapes独家提供的，确保他们的主张比市场上其他任何人都要便宜得多。创始人圣·埃里克斯（Alex Saint）（42岁）和汤姆·瓦伦丁（Tom Valentine）（33岁）来自相关行业。

圣诺丁汉大学的地理学毕业生，在联合利华开始了他的职业生涯，然后创办了Dealchecker.co.uk，一个聚合的旅游交易网站。瓦伦丁一直在网络市场工作，从易贝开始，然后到在线时尚品牌Koodos。在电视上获得能见度并不便宜；他们第一个月的活动花费了25万英镑。章鱼风投、阿特拉斯风险投资公司（Atlas Venture）和指数创投（Index Ventures）（支持在线服装零售商Asos和被亚马逊收购的在线电影租赁业务LoveFilm的私募股权公司）筹集了价值1400万英镑的资金，使电视广告成为现实。

---

**任务8小结：定价**

1. 列出您在制造或营销产品时可能产生的所有成本。
2. 参考任务20，然后计算与产品相关的固定和可变成本。
3. 使用上面计算的成本和您的利润目标，计算你应该收取的最佳价格。
4. 竞争对手的价格是多少？
5. 与你的产品/服务相比，你的竞争对手的产品/服务有多好/差？
6. 贵公司是否有任何可能的细分市场对价格的敏感性低于其他细分市场？
7. 你对问题6的回答是否使您相信在每个细分市场都有机会以不同的价格销售，从而提高利润？

---

## 拓展阅读

1. Hill P (2013) *Pricing for Profit: How to develop a powerful pricing strategy for*

*your business*, Kogan Page, London.

2. Hinterhuber A & Liozu S M (2019) *Pricing Strategy Implementation: Translating pricing strategy Into results*, Routledge, London.

3. Mackenzie R (2008) *Why Popcorn Costs so Much at the Movies: And other pricing puzzles*, Springer-Verlag, New York.

> 任务 9
> 广告和促销

在你的商业计划的这一部分，你应该讨论你所计划的广告和促销计划。一个重要的决定是选择一种以最低成本覆盖大多数客户的广告策略。

## 促销（广告清单）

广告在某种程度上是一种无形的活动，尽管费用肯定有形。正如前萨奇广告公司[①]（Saatchi & Saatchi）的贝尔勋爵所描述的那样："广告本质上是一种昂贵的、一个人与另一个人交谈的方式！"假设你现在知道希望接触的目标客户是谁。那以下 5 个问题的答案可在商业计划的广告和促销部分予以支持：

- 你想获得的结果是什么？
- 为达到该结果需要多少钱？
- 你需要什么信息？
- 应该使用什么媒体？
- 如何检查结果？

## 你的广告目标是什么？

通知、宣讲或预售毫无意义，除非它能产生理想结果。那么潜在客户必

---

[①] 1970 年，萨奇兄弟与 Tim Bell 创立 Saatchi & Saatchi 公司，总部设在英国伦敦。——译者注

须做些什么才能让你完成销售目标呢？你希望客户访问你的陈列室、网站、给你打电话、给办公室写信、退回卡片或邮寄订单吗？你希望他们有迫切的需求吗？你希望他们现在就做出回应吗？或者你希望他们在需要你所销售的某一商品时想起你？

你越能识别网络点击、订单、访问、电话或文档请求方面的具体回应，你就越能细化定制促销活动以实现你的目标，也能更清楚地评估促销的有效性及其成本与收益。

一些特定的宣传支出似乎与具体目标并不相关，例如"改善形象"或"在公众面前宣传公司名"，那么它就越有可能是一种无效的花钱方式。

### 实现目标值需要多少钱？

一旦你清楚自己希望一个特定的促销活动得到什么结果，那么在商业计划中列出一个促销活动就能变得更容易。在实践中，最常用的有4种方法，每种方法都有各自的优点，除了第一种。

"我们能负担得起什么？"该方法是对促销活动的完全误解，这一观点意味着打广告是一种奢侈行为。形势好的时候，多余的资金会花在打广告上，形势不好的时候，广告预算是第一个被削减的成本。事实上，所有的证据都表明，在一段经济衰退期内增加促销支出的企业取得了成功，吝啬的竞争对手通常是其成功的代价。

"销售额百分比"。该方法通常来自企业家或其同事的经验，或来自预算。因此，如果一家企业去年花费了10%的销售额，如果一切顺利的话，那么它将计划在下一年花费10%。这种方法有一定的逻辑性，为制定总体预算提供了良好的起点。

当他们着力于促销活动时，"让我们与竞争对手竞争"成为一个特别重要的标准。要么会导致你失去销售额，要么会令你感到威胁。在任何一种情况下，你都会想要报复，增加或改变促销策略是一个明显的选择。

当你有明确具体的促销目标和经验基础时,"成本/收益"方法就应运而生。如果你的工厂有多余的产能,或者你想在商店里售出更多产品,你可以计算出这些额外销售的"利润"值多少钱。假设一个价值 1000 英镑的广告预计将产生 100 个关于产品的询问。如果我们的经验告诉我们,平均 10% 的询价会产生订单,并且利润为每一产品 200 英镑,那么我们可以预期额外的 2000 英镑利润。这一"利润"远大于广告所花费的 1000 英镑成本,因此这似乎是一项值得的投资。

实际上,你应使用最后三种方法来决定要在推销产品上花费多少。

### 什么信息将有助于实现目标?

要回答这个问题,你必须从客户的角度来审视企业及其产品或服务,并能够回答假设的问题"我为什么要购买你的产品?"最好分两个阶段考虑答案。

1. "我为什么要买你的产品或服务?"通过分析影响选择的因素,自然可以找到答案。对购买动机或满意度的分析是促销策略的重要基础。

2. "我为什么要买你的产品或服务?"唯一合乎逻辑且令人满意的答案是:"因为它是不同的。"

差异可以通过以下两种方式产生:①我们——卖方——是不同的。建立你的特定利基。② It——产品或服务——是不同的。每个产品或服务都应基于事实,具有独特的卖点。

你的宣传信息必须围绕这些因素构建,并且必须包括关于公司和产品的事实。

此处的重点是"事实"一词,你和产品周围可能会存在多种类型的事实,但客户只对两个方面感兴趣:影响他们购买决定的事实,以及企业及其产品在竞争中脱颖而出的方式。

这些事实必须转化为利益。有一种假设是,有时每个人都只是出于明显的、合乎逻辑的原因购买产品,而无数的例子都表明情况并非如此。一个女人只有在旧衣服穿破的时候才买新衣服吗？老板的桌子比下属的桌子大吗？是因为他们有更多的文件要放在桌子上？

在确定了目标和信息之后，现在便要选择最有效的传递信息的方法。

## 你应该使用哪些媒体？

你的市场调查应该清楚地了解你的客户是谁？这一步骤也有助于帮你找到接近潜在客户群体的方法。但即使你知道广告信息的目标对象是谁，打广告的过程也并不会总是一帆风顺。例如 Fishing Times，能有效地接触到喜欢钓鱼的人，但若是想要说服他们的伴侣在圣诞节或生日为对方购买渔具绝非易事。在提供潮汐表的页面上发布一个网络广告，以避免与竞争对手正面交锋，或者列入礼品目录以吸引市场注意力。

在选择媒体时要考虑的另一个因素是营销人员所说的"影响力的上升规模"。这是一种对媒体进行排名的方法，按最有可能对客户产生积极影响的顺序。最重要的是个人推荐，推荐人的意见是可信且无偏见的。例如商品或服务的现有用户，他们在同一个部门作为潜在客户的业务线。虽然这种方法非常有效，但很难实现，而且成本高、耗时长。再往下一步是你作为销售人员的方式。虽然你可能看起来很有见识，但如果开展销售工作，你显然会获益，因此你很难不带偏见。无论如何拨打销售电话，这都是一种联系客户的昂贵方式，尤其是当订单量很少时。

更进一步的是普通媒体的广告：网站、媒体、广播、电视等。然而，虽然这些方法的辐射范围可能较广，但它们可以覆盖更多的市场，如果做得好，可能也是一个有效的方法。

### 如何检查结果？

表3-4中的广告分析将告诉你如何解决这个问题。它显示了在伦敦开设的一个小型企业课程的广告结果。乍一看，在周日的报纸中刊登的广告产生了最多的询单。尽管它的成本最高，为3400英镑，但每次查询的成本仅略高于使用的其他媒体。但这种广告的目的不仅仅是培育兴趣。它旨在出售课程名额。事实上，75次询问中只有10次转化为订单——每人的广告费用为340英镑。在此基础上，周日报纸的价格比任何其他媒体都要贵 2.5~3.5 倍。

表 3-4　衡量广告效果

| 使用的媒体 | 每次广告费用（英镑） | 查询数量（个） | 每次费用询价（英镑） | 顾客数量（个） | 每位客户广告费用（英镑） |
|---|---|---|---|---|---|
| 周日报 | | | | | |
| 每日报 | | | | | |
| 邮报 | | | | | |
| 当地周报 | | | | | |

### 衡量互联网的广告效果

从互联网广告中看到价值可能是一个困难的主张。第一个困难是准确地看到你的钱得到了什么。使用表 3-4 衡量广告效果、新闻广告可以获得一定的空间，在电视和广播中您可以获得广播时间。但在互联网上，至少有 3 种衡量观众价值的新方法，除了在很大程度上声名狼藉的"点击量"，只是因为没有其他技术可用。（点击量衡量网页上的每个活动，因此页面上的每个图形以及页面本身都算作点击。）

- **独立访问者**：这或多或少是它所说的——网站的新访问者。他们在该网站做了什么以及停留了多长时间都没有考虑在内，所以这有点像跟踪通过广告牌的人数。可能有用，但也许他们只是偶然发现了该网站。此外，如果用户清除他们的 cookie 并清理他们的硬盘驱动器，则无法识别新老访问者。

- 花费的时间：很明显，如果访问者在网站上停留几分钟，他们更有可能对您的产品和服务感兴趣或至少了解您的产品和服务，而不是停留一两秒钟。
- 页面浏览量：就像在网络世界中一样，现在可以识别网络上的页面并计算查看者的数量。

市场领先的受众和市场研究测量公司尼尔森（Nielsen）认为，"花费的时间"是衡量广告有效性的最佳方式，当然不是实际销售，如果您可以追溯到它们的来源。世界顶级网站的顺序利用这一措施发生了根本性的变化。例如，2008 年 1 月，谷歌在"独立访问者"和"页面浏览量"方面排名第二，但在所花费的时间方面仅排名第三位。

## 广告和促销选项

在实践中，大多数新企业在广告上花费很少，而且有很多选择。例如，如果消费者已经知道他们想买什么，只是在寻找供应商，那么据统计，绝大多数人会在网上搜索。只有 3% 的人会求助于朋友。但是，如果你试图说服消费者考虑在特定时间购买产品或服务，传单或传单可能是更好的选择。再次回到你的广告目标。它们越明确，选择媒介就越容易。

### 印刷的力量

每年用于邮寄英国家庭的费用超过 15 亿英镑。它被认为是继社交媒体和电子邮件之后的第三大最有效的促销工具。阅读纸质印刷品的消费者记住内容的可能性是仅在线阅读的消费者的两倍。印刷文字可能仍然是大多数组织与公众交流的方式。写作规则也适用于广告文案。内容需要是:

- 条理清晰,英文直白,单词短,最多三个音节,短句,不超过25~30个单词。文本应该布局简单,易于阅读。
- 简洁,尽量少用词,不使用行话或晦涩的技术术语。
- 正确,因为拼写错误或不正确的信息会破坏你和你的产品或服务的信心。提供满足你的广告目标所需的所有信息。

## 名片和办公用具

你发送的所有内容都需要附有你的所有联系方式以及解释你所做工作的消息或口号。这包括发票、账单、价目表和技术规格。这可能是任何人所见过的关于你和你的企业的全部内容。如果它有效,他们会记住你。更好的是,他们会记得将信息传递给他们认识的任何可能成为客户的人。

## 直邮(传单、传单、小册子和信件)

这些是新企业与潜在客户沟通的最实用方式。这些通信方式的优点是成本相对低廉、操作简单、快捷,可以集中到任何地区,可以邮寄或手工分发。而且很容易监控结果。

### 案例分析

**戈德史密斯(北方)有限公司**

马克·戈德史密斯(Mark Goldsmith)和西蒙·赫什(Simon Hersch)在曼彻斯特大学读书时就在宿舍开始了他们的餐饮批发业务。利用一次餐饮罢工,他们开始向学生会供应来自罗伯特冰箱工厂的蛋糕,这是他们所熟知的一家位于伦敦的小型制造商。受到最初成功的鼓舞，他们制作了一张单页传单，题为"赚更多的面包是小菜一碟"，上面有一个聪明的 Goldsmith's Ltd 标志，背面列出了他们可以提供的各种小食品。这被分发到大学附近的小吃店，并成为他们的主要营销工具和电话卡。Goldsmith's（Northern）Ltd 继续为 Simon 和他的 40 名员工提供有趣且有益的生活方式，直到以七位数的高价出售该业务。

---

这些组织可以提供信息，帮助你制作传单、小册子和所有其他形式的直邮：

- Data HQ 列出了消费者和企业的数据库。他们的名单涵盖了大约 90 个主题的 3600 万名消费者。
- Fast Print 为传单设计和书写提供了有用的指南。
- Listbroker 网站提供所有类型的列表，包括消费者和企业对企业，主要在英国，但也有一些在海外。所有列表的详细信息，包括价格，都可以在网站上找到。该数据库每天更新，并提供超过 16 亿个出租名称的消费者和企业对企业列表。

### 报纸、杂志和分类广告

你可以从"新闻公报"的"受众数据"选项下获取读者人数和发行量以及读者资料。全国读者群调查受众数据生成大约 260 种英国图书的平均读者数据和大量其他数据，其中大部分是免费的，非订阅者可以在线获取。

然而，除了分类广告部分，全国性报纸可能超出大多数新企业的预算。如果是这样的话，也请不要失望，因为当地报纸拥有大量读者（大约 4000 万名），而且他们做广告的成本大大降低，读者群也更加集中。Hold The Front Page 网站中有200多份当地日报和周报的链接，从《阿伯丁晚间快报》到《约克先驱报》。

### 海报、广告牌和标志

如果你知道你的观众可能会经过哪里，你可以在他们的视线范围内放置一张海报或广告牌。这可能是像当地报刊亭窗口、公共汽车候车亭或超市留言板中的A4纸一样简单且便宜的东西，或者路边看到的更昂贵和更精致的结构。

大多数企业在他们的门外都有一个标志，告诉路人他们做了什么。如果该场所的人流量很大，有很多人经过，这可以用很少的钱获得很多可见度。显然，你没有空闲的时间来放置你喜欢的任何尺寸或颜色的标志；它需要与当地环境保持一致。当地的规划部门将能够就你所在地区的现行规则和规定向你提供建议。

你还可以考虑在出租车和公共汽车上做广告，这些地方的成本都在小公司的预算之内。有关所有户外广告事宜的信息、建议、事实和数据，请访问Outsmart网站，这是海报、广告牌以及所有户外媒体的集合。

### 使用其他媒体

随着数字技术的引入，电视和广播等媒体逐渐降低了价格区间，从而进一步细分了自己的市场。

### 本地广播、电视和电影

这些媒体是按每个听众或观众的成本来定价的，你需要确定受众概况与你所针对的细分市场相匹配。由于这些媒体与书面文字不同，不会在活动结束后保留，因此你还需要通过当地媒体广告或目录中的条目来支持这些媒体，你也可以在该目录中为人们指明路标。"请参阅我们在黄页中的条目/我们在本周的康沃尔人中的广告"是广播、电视和电影观众可以保留并采取行动的信息。

Radiocentre[1]是商业广播的行业机构，代表英国 300 多家获得许可的广播电台工作，可以提供有关这些媒体的更多信息以及在该领域运营的专业公司的联系方式。Rajar（Radio Joint Audience Research Ltd）[2]每季度发布广播听众统计数据。

### 参加贸易展览和展览

展览是一种让你的产品或商业理念在潜在客户面前面对面的方式。这使你可以最先了解人们真正想要什么，并提供一种收集竞争对手市场研究数据的方法。

英国贸易投资署是负责所有贸易促进和发展工作的英国政府机构。它提供了未来两年或更长时间在英国主要场馆举办的所有消费者、公共、工业和贸易展览的综合列表。你可以按展览类型、展览日期、展览组织者或展览地点搜索列表，还可以通过主题类别和主题词的完整列表搜索，主要英国展览场地和展览组织者。数据每月定期更新两次。

### 创造有利的宣传

这是以对你的各种"公众"有利的方式展示你自己和你的业务，以很少的或零成本实现。它是一种比一般广告更有影响力的交流方式，因为人们相信社论。

---

[1] Radiocentre 是英国商业广播的行业机构。它的存在是为了维护和建立强大而成功的商业无线电产业。该组织代表 40 多个利益相关者开展工作，这些利益相关者运营着英国 300 多个持牌广播电台，在收听和收入方面占商业广播的 90%。——译者注

[2] 无线电联合受众研究有限公司成立于 1992 年，为英国的无线电行业运营单一受众测量系统。RAJAR 由 BBC 和 RadioCentre 共同拥有。RAJAR 的前身被称为无线电听众研究联合行业委员会。——译者注

## 撰写新闻稿

为了取得成功，新闻稿需要立即引起关注，并且要快速且易于理解。研究和复制你希望新闻稿刊登的特定报纸、杂志或网站的风格，可以提高发表的可能性。

- **布局**。新闻稿应打印在一张 A4 纸上。使用双倍行距和宽边距使文本更具可读性和易于编辑。大胆地将其标为"新闻稿"或"新闻发布"并注明日期。
- **标题**。这必须说服编辑继续阅读。如果它不能引起人们的兴趣，很快就会被"秒杀"。编辑们正在寻找文章的话题性、原创性、个性，有时甚至是幽默感。
- **介绍性段落**。这应该是有趣和简洁的部分，并且应该概括整个故事；它可能是引用的形式，也可能是唯一发表的文章。不要包括以销售为导向的宣传，因为这会"冒犯"记者的诚信。
- **随后的段落**。这些应该扩展和细述开头段落中的细节。大多数故事最多可以用三到四段来讲述。编辑们一直在寻找合适文章，因此短版本最有可能被发表。
- **联系方式**。在新闻稿的末尾列出你的姓名、手机号码和其他电话号码以及电子邮件地址作为联系方式以获取更多信息。
- **风格**。使用简单的语言、简短的句子并避免使用技术术语（非常专业的技术杂志除外）。
- **照片**。通过电子邮件发送一张你自己、你的产品或与所宣传故事相关的任何其他内容的标准照片。
- **跟进**。有时，通过电话或电子邮件跟进了解编辑是否打算使用该版本可能很有用，但你必须根据自己的判断来判断这样做的频率。

找出编辑或相关作家（记者）的姓名，并亲自将信封寄给他或她。请记住，你的新闻稿的目标受众是专业编辑，由他或她决定打印什么。因此，新闻稿不是"销售信息"，而是旨在吸引编辑注意的事实说明。

> **任务 9 小结：推广和促销**
>
> 1. 准备一份向你的主要客户描述你的产品或服务的传单。（如果你不打算使用传单，请不要担心——该练习将有助于确保你的报价符合客户的需求，而不仅仅是技术规范。）
>
> 2. 撰写一份新闻稿，宣布你的企业成立。列出你将向其发送新闻稿的媒体。
>
> 3. 准备来年的广告和促销计划，解释：
>
> （1）你希望因广告而发生的事情。
>
> （2）做到这一点对你来说有多大价值。
>
> （3）你将使用什么信息来实现这些结果。
>
> （4）你将使用什么媒体以及为什么。
>
> （5）如何监控你的广告效果。
>
> （6）你会花多少钱。
>
> 4. 如果你已经做过一些广告或促销工作，请描述你所做的工作和取得的成果。你在这项任务上的工作是否为你提供了未来行动的任何指示？

## 拓展阅读

1. Cluley R (2017) *Essentials of Advertising,* Kogan Page, London.

2. Dowson R & Bassett D (2018) Event Planning and Management: Principles, planning and practice, Kogan Page, London.

3. Hughes T, Gray A & Whicher H (2018) Smarketing: How to achieve competitive advantage through blended sales and marketing, Kogan Page, London.

4. Mullin R (2014) Promotional Marketing: How to create, implement and integrate campaigns that really work, Kogan Page, London.

## 任务 10
## 地点和分销

"地点"是 4P 营销组合中的第四个因素。商业计划涉及这一部分时，你应准确描述你将如何为客户提供商品。例如，假设你是一个零售商、餐馆老板或车库老板，那么你的客户就会不请自来。此时，店铺位置很可能是成功的关键。你如果经营的是制造领域的企业，则更有可能出去"寻找"客户。在这种情况下，你的分销渠道将是至关重要的环节。

即使你已经开展业务并计划留在同一地点，也可以借此机会审视该决定的正确性。如果你正在寻找额外资金来扩充你的业务，那么你所在的位置无疑将成为未来金融家想要探索的领域。

### 地点

通过市场研究数据，你应能提出一个对你选择位置很重要的标准列表。以下是你在确定店铺位置时需要权衡的一些因素：

- 你所计划的特定业务类型是否有市场？如果你正在销售针对特定年龄或社会经济群体的产品或服务，请分析该地区的人口特征。相关年龄和收入群体的人数是否充足？人数正在减少还是增加？
- 如果你需要熟练或专业的劳动力，那他们是否随时可用？
- 是否有必要的支援服务？
- 原材料、组件和其他供应品的可获得性如何？
- 与其他地区相比，店铺、费率和公共设施的成本如何？
- 公路、铁路、空中交通站点的运输便捷性如何？

- 运输路途中是否有任何可能对贸易产生不利影响的变化，例如：一条绕过城镇的新高速公路，是否会改变交通服务，导致一家大型工厂关门？
- 附近是否有竞争对手？这些会产生影响（有益或有害）吗？
- 选址是否有利于塑造良好的市场形象？例如，一位高级时装设计师可能在一个以重工业而闻名、以肮脏和污染而臭名昭著的地区进行交易时缺乏可信度。
- 一般而言，该地区处于低增长还是高增长？该地区赞成商业化吗？
- 你和你的关键员工能否轻松快速地到达该地区？

你甚至可能已经发现了一个"榜样"，即一个成功的竞争对手，也许他就在另一个城镇并且似乎已经找到了适合他或她的位置。

使用这些标准，你可以快速筛选出最不适合的区域。在筛选出它们之前，你可能必须在一天或一周内不同时间多次访问其他地址。

## 案例分析

### Phoenix Training

Phoenix Training 由比尔·奥斯蒙德（Bill Osmond）[1]创立，营业三年半后蒂姆·霍姆斯（Tim Holmes）加入。最初，他们定址于靠近伦敦桥的皮革市场，兴许是认为酒香不怕巷子深。该公司因选址问题付出了巨大的代价，但从战略上讲，他们选择的是一个正确的位置。中小企业是他们的最佳客户，占伦敦桥地区当地商业人口的最大部分。但是，该位置也足以吸引大型公司。

目前，Phoenix Training 拥有一批蓝筹客户，包括财富管理公司拉斯

---

[1] 比尔·奥斯蒙德，Phoenix Training 的创始人。——译者注

伯恩（Rathbone）[①]、三星和 Superdrug[②]。然而，随着时间的推移，Phoenix Training 发现，客户越来越不愿意去伦敦市中心的昂贵培训中心了，他们更愿意去自己家或离自己家更近的其他培训中心。虽然其公司仍留在伦敦，但该公司不再认为有必要选址于市中心。

---

在撰写商业计划的这一要素时，请记住以下几点：

- 几乎每一个优点都有与之相关的成本。公司位置尤其如此。确保根据预期收益仔细评估每个选定位置的成本。每月节省几百英镑的租金可能会导致数千英镑的销售损失。另外，除非你确信该位置会带来更高的利润，否则不要选择高租金的地域。更高额的成本并不一定意味着更大的收益。
- 选择与业务有关的位置。不要认为店铺地址是给定的，不可更改的。你可能认为将书店安置在朋友的音乐商店的空闲区域很聪明，因为该空间的边际成本为零。但这一方法的问题在于，你将业务强制安排到一个可能合适也可能不合适的位置。如果业务是"给定的（即已经决定）"，那你也不应指定位置。你应为企业选择一个最佳位置（即产生最多利润的位置）。如果业务并不合适，那么所谓的"免费"位置则可能会变得非常昂贵。
- 当你将商业计划书作为融资工具时，通常来看，你可能在商业计划书完成之前都不会选择具体的营业地点。这是一个很好的习惯，

---

① Rathbones Group Plc 是英国一家为私人投资者和受托人提供个性化投资管理和财富管理服务的公司，包括酌情投资管理、单位信托、信托和公司管理、养老金咨询和银行服务。该公司在伦敦证券交易所上市，并且是 FTSE 250 指数的组成部分。——译者注
② Superdrug Stores Plc 是英国的保健和美容零售商，是仅次于 Boots UK 的第二大零售商。该公司隶属于沃森集团。——译者注

因为你很清楚，在你有资金开展业务之前，浪费时间在选择地点上没有意义。此外，即使你在获得资金之前选择了位置，但在你完成贷款申请流程并与商业公司签署租赁或购买协议时，该位置很可能已经为他人捷足先登。另一个因素是：如果你由于缺乏资金而养成在最后一刻退出交易的习惯，你可能会失去房地产经纪人的热情招待。

总而言之，你要是能准确解释你需要的位置类型，那一切都会轻松很多。在明确这一点后，你就能在成本和销售估算方面做出大差不差的预计，即使店铺的具体位置尚未确定。

## 外包

在开始规划你在创业时需要多少空间前，最重要的选择是决定你将在店内做什么生意以及你将购买什么。让其他人为你工作而不是简单地为你提供材料供你工作的过程称为"外包"。几乎没有什么业务是不能外包的。至少在最初将任何需要大量资金的活动外包给他人是一个谨慎的做法。

你可以在德勤网站上阅读小型家庭企业可以外包的活动种类、如何选择外包合作伙伴以及如何与外包供应商签订供应协议。

### 案例分析

#### 外包

不制造。不雇用推销员。不负责研发业务。吉尔·布朗（Jill Brown）通过决定不做什么和实际做什么这两个选择，在短短五年内将她的业务从零发展到每年200万英镑营业额。她创立的公司 Brown Electronics 为计算机设备提供开关，这种小工具可以让 6 台个人计算机使用 1 台打印机。

她说："我不想负责制造业务，这为我自己省去了麻烦。只要我的基本业务正确，我为什么要开发制造业务？营业额只是虚荣的表征，利润才是理智的选择。我曾为其他只想为了荣誉而扩张的人工作。"吉尔将生产外包给其他工厂。她觉得即便如此，仍然可以控制质量，因为任何不符合标准的商品都可以退回。她还有撤销业务合作的终极威胁，这将使得她的供应商在质量方面更加精益求精。"如果供应商质量不过关，我们就会取消合作。许多制造商的生产潜力尚未得到充分利用。"

吉尔以佣金为利聘请自由推销员。她解释道："我并非想要一支庞大的销售队伍。大多数销售经理都窝在车里，在路边填写诈骗单。研发是另一个开支巨大的领域。我们有从事特定产品的自由设计团队。我们给团队简介，让他们报价。成本仍然是预期的两倍，但至少你对报价有了一定的控制力。我无法负担雇用全职的研发人员，我也不需要他们全职工作。我的系统将风险降至最低，并为我们提供了小企业无法企及的品质。"间接地，吉尔为大约 380 人提供了工作，同时她仍然能在不比两居室公寓大多少的店铺内经营。

---

## 场所

在商业计划中，你需要解决与场所相关的这些问题。

### 预期的场所可以经营你预期的业务吗？

场所的"用途"的主要是零售、办公、轻工业、一般工业和特殊类别。如果你的企业与以前的店铺属于不同类别，那你可能必须向地方当局申请

"更改用途"。

有个不是很愉快的例子如下：一个来自西方国家的建筑商买了一家二层设有居住设施的食品店。他想在一楼出售油漆和装饰产品，并将二层作为家人的住所。在他创办企业的前三个月，却被告知，由于他的店铺库存高度易燃物品，因而房子需要防火地板、天花板和门，即使是自己完成装修工作，该项成本也需 20000 英镑。因而他的业务在开始之前就被扼杀了。

营业场所的使用有很多规定。你应该联系健康安全管理部门，以确保你计划做的任何生意都被法律允许。

### 你会做任何结构上的改变吗？

如果你想改变店铺结构，那可能需要规划许可，并且必须遵守建筑法规。任何结构改动、增加交通量、增加噪声、增加气味、营业时间不合理或任何可能影响附近房屋或其他企业的干扰都需要获得许可。

在提交申请之前，你可以了解是否可能以非正式方式从地方政府获得批准。你还可以获得参与规划的大多数组织的详细信息以及规划系统的指南。

获得更改房产或其用途的许可需要时间，并且你应在现金流预测中将之纳为成本。

### 场地大小合适吗？

你总是很难计算出需要多少空间，因为你最初的关注点可能只是为了生存。通常，你不想使用宝贵的现金来购买不必要的大型场所。然而如果你度过了艰难的起点，你必然会获得成长，如果没有扩展空间，你将不得不重新开始寻找场所。此类花费可能很昂贵，更不用说其对商业计划所具有的破坏性。

若要计算空间需求，请准备一个设计图，指明设备的理想位置，并留出足够的流通空间。比如商店需要柜台、展示架、制冷装置等。在工厂中，机器需要仔细定位，你可能还需要仔细考虑电缆、废水管、抽气机等用具的安全定位。

计算空间要求的最简单方法是制作各种物品的剪裁比例模型，并将它们放置在不同大小的场所比例图上，例如 400 平方米、1000 平方米等。

通过反复试验，你应获得一个灵活的、易于操作的、令人愉悦的空间布局、易于维护且让员工和客户都感到舒适。或者，你可以使用诸如 Instant Planner、Autodesk 或 plan 3D 等空间规划软件，所有这些软件都具有免费或成本极低的工具来测试你的空间布局。

只有现在你才能计算出可能包含在你的业务计划中的场所成本。

### 场所是否符合现有的消防、健康和安全法规？

《工作健康与安全法》（1974 年）、《工厂法》（1961 年）、《办公室、商店和铁路场所法》（1963 年）和《防火法》（1971 年）规定了大多数工人（包括个体户和广大公众）的工作条件（健康安全委员会在其网站上附有一份在线建议表）。

### 你会居家工作吗？

如果你打算居家工作，你是否检查过房屋契约有没有相关禁止条令，或者你的工作类型是否可能会打扰邻居？这种营商途径非常有利于债务融资，因为它可以降低脆弱的初创期风险。另外，风险资本家可能会将其视为"格局太小"的标志，并绝口不提该建议。尽管如此，居家工作仍然意义不凡。

创业心法：商业计划完全指南

## 案例分析

### Road Runner Despatch[①]

例如，20岁的彼得·罗伯逊（Peter Robertson）创立了快递公司Road Runner Despatch，他在埃塞克斯郡布赖特灵西家中开始经营事业，就像处理家务一样。他的母亲负责接听电话，他的父亲经常开家里的车去收钱。两年内，他雇用了10名全职摩托车手。直到此时，罗伯逊才制订了一项计划，其中涉及筹集10万英镑的资金，在市内中心区域设置一个办公室，并配备最先进的无线电话系统。

### 租房还是买房？

对于已成立的、正在营业的企业来说，直接购买办公场所通常是一个增加其资产基础的方式。但对于初创企业而言，借款的利息和还款通常会超过租金本身。但租赁本身可能就是一个陷阱。例如，每年5000英镑的租赁租金似乎比永久购买产权所需的5万英镑更可取。但请记住，依照目前的法律，如果你签署租约并为新的21年期租房合同提供个人担保（按要求，你将如此），你就需要在整个租约期限内独自负责付款。房东不愿改变担保人，就像他们接受小企业契约一样。在这种情况下，你可以承诺自己至少花费10.5万英镑。一些金融家认为，你的商业理念应该能够获得比你期望的财产回报更多的利润。在此基础上，你应该将要筹集的资金投入到"有用的"资产中，例如厂房、设备、股票等。

但也有一些人认为，如果你将资金用于改建或装修租赁房屋，那么你只

---

① Road Runner Dispatch Ltd 成立超过38年（1983年），是一家独立的当日快递公司，总部位于中东部地区。——译者注

会增加房东的投资并浪费你（他们）的钱。除非你确保装修租屋不受租金审查约束，否则你甚至可能会被收取额外的租金。

在任何情况下，你的支持者都希望看到时间足够长的租约，以使你的业务稳固建立并足够安全，这对业务的生存至关重要，如此一来，你就可以继续经营下去。在短期租赁场所开办餐厅实际上可能是一种明智的方式，可以以最小的风险测试业务，也可以作为简单测试市场的一种手段。有时，如果碰上房东遇到了困难，你就可以获得一种理想情况，即谈判短期租约（例如一年或两年），并可选择在到期时续签。新加坡和马来西亚的所有租约均为两年，可选择按现行价格续约，这似乎更有利于鼓励新企业创业。最好让测量员帮助你检索房屋和谈判（他们的佣金通常为1%，仅按你支付的款项收费）。

### 如果合适，你可以考虑在一个有同情心和支持性的环境中工作

例如，大学和学院通常都在校园内设有科学园，为高科技企业提供场地和启动单元。企业通常设有办公室、车间和附属的小型工业单位。如有此类设施，你便可以使用电传、传真、计算机、会计和商业咨询服务，按使用量付费。这可能会被潜在投资者视为一个加分点。英国科学园协会（UKSPA）拥有孵化器或创新中心的名单，因为这些对创业型企业友好的场地众所周知。

### 你打算选择哪些营业时间（工作时间），为什么

许多新零售商靠漫长的工作时间生存；要警惕许多新的购物中心，它们的营业时间受到严格控制，从而防止你因营业时间异常而"与众不同"。

### 检查保险

你拥有的任何个人保险单都不会涵盖商业活动，因此你必须告知你的保

险公司你打算做什么。你可以从英国保险公司协会了解更多关于商业保险的信息以及在哪里可以找到保险公司。

## 分销渠道

如果你的客户不来找你做生意，那么你可以通过以下方式向他们提供产品或服务。你的商业计划应说明你选择了哪些产品和为什么选择这些产品。

- 零售店。该名称涵盖了各种类型的商店，从街角商店到哈罗德。有些零售店提供特殊产品，如高保真设备，它们的客户希望员工提供专业帮助。其他的零售店，如玛莎百货和乐购，主要是自助服务，客户自己决定选择什么产品。
- 批发商。在过去的20年里，批发分销的模式已经发生了翻天覆地的变化。它仍然是一个极其重要的渠道，其中物流、股票持有、金融和散货仍是其营业的功能。
- 现金和提货。这条略显混乱的路线已经取代了传统的批发商，成为小型零售商的供应来源。作为支付现金和自己提货的回报，"批发商"与你分享其部分利润。对批发商的吸引力在于优化现金流，而对零售商来说则是更大的利润和更广泛的产品范围。大卖场和折扣店也介于制造商和市场之间。
- 邮购。这种专业技术为客户提供了直接渠道，并且是新的小型企业越来越受欢迎的途径。

## 案例分析

### Rohan[①]

保罗·豪克罗夫特（Paul Howcroft）开始了他的服装业务，旨在制作"具有韧性和耐用性的休闲装"，罗汉从账户里只有 60 英镑开始，不到 10 年就发展成了 700 万英镑的业务，他的成功大部分应归功于改变了分销渠道。在最初的两年里，他的大部分销售任务都在零售商店进行的，这些商店要么没有足够的产品，要么购买时没有付款。他建立了自己的邮购分部，基于他多年来积累的问卷和信件箱制作邮寄名单。如今，Rohan 拥有 56 家门店，年营业额达 3000 万英镑。他在两个月内完成了一年的销售额，预先获得了所有现金。

---

其他直接从"生产者到客户"的渠道包括：

- 互联网。通过互联网创收是一项大生意，而且规模越来越大。在某些领域，如广告、书籍、音乐和视频中，互联网已成为市场的主要途径。请参阅任务 12 中的"建立网站"，了解在线操作的具体细节。

## 案例分析

### Liberty Control Networks

这是一家位于康沃尔的网络公司，成立仅 12 个月后就从南非赢得了一份价值 15 万英镑的高科技设备订单。"Liberty"意味着自由，但对于

---

① Rohan 是英国户外服装和鞋类的设计师和供应商，拥有 50 家店铺，年营业额为 3000 万英镑。他们的产品由白金汉郡米尔顿·凯恩斯设计。——译者注

非洲监狱中的数千名罪犯来说，他们很快就会被 Liberty Control Networks 提供的锁定系统禁锢起来。大卫（David）和莎朗·帕克尔教授（Sharon Parker）在康沃尔市中部的圣奥斯特尔镇（St Austell）建立了他们的公司，并通过该网站获得了南非的大订单。数千千米外的一个监狱管理团队正在"上网"搜索可以提供最先进的监狱锁定系统的人。Liberty Control Networks 是应对挑战的四家公司之一，帕克尔为他们提供了最佳解决方案。

帕克尔先生说：与任何新公司一样，我们的预计工作时间很长，一月份的一个星期五晚上，大约 11 点 30 分，临睡前，我检查了一遍电子邮件，并为工作收尾。我发现了这个来自南非的询价单。他们需要 500 个这种商品，100 个那种商品等。不用说，我没去睡觉，而是选择整合我们公司的所有提案。熬夜为我们创造了丰厚的利润红利，签成了第一个订单，而且后续还将有一系列订单，每个订单的价格都超过 15 万英镑。

- 上门销售。一般而言，真空吸尘器经销商和百科全书公司才会使用这一方法，现在保险公司、空心墙绝缘公司、双层玻璃公司和其他公司也开始使用。许多人强硬推销产品给客户，使得"挨家挨户推销"名声一落千丈。然而，雅芳化妆品的销售策略则没人指责其为一种不道德销售行为。
- 派对策划。这是上门销售的一种变体，并且这一方式的热度不断攀升，新派对策划的电子来自美国。公司注册的代理商邀请他们的朋友参加聚会，在聚会中展示产品并邀约合作订单。中介从中获得佣金。派对策划对雅芳和其他以这种方式销售的公司而言效果很好。再举个小例子，一个男人将制作松木书柜和香料架的爱好变成了一项有利可图的生意，他让妻子邀请邻居喝咖啡，他的商品在聚会上得到了充分的展示。

- 电话销售。这也可以是一种将商品从"制造商"转移到消费者的方式。很少有产品可以通过这种方式轻松销售，但是通常可以通过拨打电话留住回头客。

## 选择分销渠道

你在选择分销渠道时就具体业务应考虑的因素：

- 是否满足客户的需求？你必须了解你的客户，你应弄清楚他们希望如何交付产品或服务，以及他们为什么需要该特定方式。
- 产品本身能在运输途中存活吗？例如，新鲜蔬菜就需要迅速从种植地转移到消费处。
- 这一分销渠道卖出的产品"足够"达到你的期望值吗？"足够"代表你希望卖出多少产品。

☞ **案例分析**

### TWS[①]

窗户系统制造商 TWS 希望增加销售额，其委托进行的一项客户调查显示，80% 的 TWS 客户没有配备叉车，因而其员工需要在手动卸货。TWS 为此提出的解决方案是订购配备自家公司叉车的送货车辆，便于在 15 分钟内（而不是两个小时）卸货，可提供更快的周转时间且无须客户协助。

---

① TWS 位于英国伍斯特郡，是一家定制家居装修产品安装商。自 1992 年以来为当地社区提供服务，拥有 25 年的双层玻璃行业经验。——译者注

相对而言，这一方案也并没有浪费客户员工的宝贵时间，且鼓励现有的 TWS 客户增加额外订单以及增加开辟新客户的可能性。

---

☞ **案例分析**

Atrium

Atrium 是一家年营业额 500 万英镑的公司，其高管参加了克兰菲尔德学院的业务增长课程。该公司运用一个积极管理的网站进行定期销售。其主要分销渠道是通过建筑师销售现代家具，这些建筑师被聘请来建造或翻新营业场所。Atrium 在其伦敦展厅展示产品，为了给新设计腾出空间，这些产品不时就会出售。但是，让数百人在拍卖会上四处奔波寻找便宜货，并不是一种有利于建筑师及其客户审视新项目计划的气氛。所以，"待售"产品将在 Atrium 网站的销售框上展示和销售足够的"产品"，并在不干扰正常展厅活动的情况下销售。

---

- 分销方式与品牌形象兼容吗？如果你销售的是奢侈品，那么挨家挨户地上门销售可能会破坏你在其余营销工作中试图创造的品牌形象。
- 你的竞争对手如何销售？如果他们已经存在了一段时间并且做得非常成功，那么你应当看看竞争对手如何分销，你便可利用这些知识为你带来优势。
- 分销渠道是否具有成本效益？小型制造商会发现向布里斯托尔西部的零售商销售产品并不划算，因为直接"缩减"订单尺寸（即每个订单的装载量），会使得售卖不值得。
- 加价是否足够？如果你的产品不能获得至少 100% 的加价，那么你就不太可能借由百货商店销售产品。你的分销渠道必须要能从产品销售中获利。

- 推拉策略。通过分销渠道售卖产品需要两种销售活动。"推"意味着在商店中销售产品。"拉"代表你帮助商店销售产品所做的努力，助力其将你的产品从该商店中销售出去。这种拉动可能是由全国范围内的广告、营销活动或产品的独特性引起的。你需要知道你正在考虑的分销渠道需要多大的推拉动力。如果你并没有准备好帮助零售商销售你的产品，而他们又需要帮助，那么你选择的可能是一个糟糕的渠道。

- 实物配送。在选择渠道时，将产品转移给最终客户的方式也是一个重要的权衡因素。除了运输成本等因素外，你还必须决定包装材料的选择。根据一条粗略的经验法则，分销渠道中所需阶段越多，你的包装就必须越坚固，花费也越昂贵。

- 现金流。并非所有分销渠道都能迅速结清账单。例如，邮购客户将提前付款，但零售商最少可能需要 90 天或更长时间。你需要在现金流预测中考虑此结算期。

---

**任务 10 小结：地点和分销**

1. 企业需要什么类型和规模的场所？
2. 描述企业位置。
3. 为什么需要这种类型的场所和位置？它给你带来什么竞争优势？
4. 如果终身保有房产，那么以下指标为多少：

——房产价值？

——未偿还的抵押贷款？

——每月还款金额？

——与谁抵押？

> 5. 如果是租赁：
>
> ——未到期的租赁期限是多久？
>
> ——是否可以选择续订？
>
> ——目前的租金是多少？
>
> ——支付租金的日期是什么时候？
>
> ——下一次租金审查的日期是什么时候？
>
> 6. 你的营业场所应支付哪些费用？
>
> 7. 保险细节：
>
> ——保额？
>
> ——溢价？

## 拓展阅读

1. Baker P, Croucher P & Rushton A (2017) *The Handbook of Logistics and Distribution Management: Understanding the supply chain*, Kogan Page, London.

2. Bruel O (2016) *Strategic Sourcing Management: Structural and operational decision-making*, Kogan Page, London.

3. Dent J & White M (2018) *Sales and Marketing Channels: How to build and manage distribution strategy*, Kogan Page, London.

4. Gee R, Sloan D & Symes G (2019) *The Retail Start-Up Book: Successfully plan, launch and grow a business*, Kogan Page, London.

5. O'Brien J (2017) *The Buyer's Toolkit*, Kogan Page, London.

6. McKinnon A, Browne M, Whiteing A & Piecyk M (2015) *Green Logistics: Improving the environmental sustainability of logistics*, Kogan Page, London.

## 任务 11
## 工作人员、过程和有形展示

根据管理大师彼得·德鲁克（Peter Drucker）的说法，"商业目的只有一个有效的定义，即创造客户"。因而人们相信，除了4P组合之外，还有3个要素也同样重要，故而出现了7P组合模型的概念。这些额外的因素是：

- 员工（People）——友好、乐于助人的员工比粗鲁无礼的员工要好。
- 过程（Process）——产品或服务的交付方式很重要。如此复杂的订购系统、混乱的网站和无益的退货政策可能对企业不利。
- 有形展示（Physical Evidence）——有形展示需要具有吸引力和适宜性，尤其是对零售企业而言。所以，对于麦当劳来说，一个游乐区是一个加分项，但对于银行来说可能不合适。

最初的营销组合只有4P模型——产品、价格、地点和促销。然而，这一组合已经扩充至7P，增加了员工、过程和有形展示，以适应客户对关注业务的日益重视。额外3个要素的提出者考虑到营销具有的独特问题，即提供了无形服务。但由于几乎每一个"产品"都有一个主要的服务元素，7P组合模型已被纳入主流营销组合分析。

### 了解员工在营销中所起的作用

营销经理通常认为，营销最重要的阶段在于创造轰动一时的广告活动、推出创新和精心设计的产品或创造品牌形象。无论如何都不要低估这些因素，营销策略失败的一个最普遍的原因在于实施以及执行营销任务的人员。员工通常被称为营销组合的第5个要素，即选择实施战略的人员以及他们的组织方式，他们对成功业务的贡献最大。这样说听起来是一项相当简单的任务。只需按照这些标题进行操作，你就应该能够获得所需的结果。可惜，人们（无论是个人还是集体）都极少具有可塑性，而且他们对情境的反应变化莫测，使他们的行为难以预料。

德国著名的军事战略家莫尔特克（Moltke）曾提出一个有用的观点："没有任何作战计划能在与敌人的第一次交锋中幸存。"这也适用于商业领域（如果将"敌人"这个词换为"企业"）。然而，通过在领导力、激励和团队建设领域中理解和应用以下基本原则和概念，你作为一个 MBA 学生，可以提高企业实现目标的机会。

### 案例分析

#### 百安居（B&Q）[①]

一般而言，让员工恰当地反映客户群的基本信息（比如价格、促销、产品或公司地址的变化等），这些都会改变你的业务主张。1989 年，英国和欧洲最大的、世界第三大的家居装饰和园艺中心零售商百安居对其员工构成做出了重大改变。为反馈客户的评论，他们希望由住在自己家中并且对家居装修有所了解的人为他们服务，百安居将其 330 家英国商店中的每一家分店都设为目标社区，从而雇用能反映当地人员构成的员工，其招聘重点是雇用 50 岁以上的工作人员。这一举动为该公司带来了高于 18% 的利润，员工流动率是之前水平的六分之一。不仅股东满意，百安居

---

[①] 百安居（B&Q），是一家跨国的大型 DIY 用家庭与园艺工具材料连锁店与大卖场，1969 年成立于英国南安普敦，由理查·布洛克与大卫·奎勒共同创办，B&Q 的公司名称来自两位创始人姓氏布洛克与奎勒的英文首字母缩写。

以及翠丰集团（Kingfisher）旗下的其他主要零售品牌包括Castorama[①]、Brico Dépôt[②]、Screwfix[③]和Koçtas[④]的员工也是如此。该公司是世界上仅有的8家连续三年获得盖洛普最佳雇主奖（Gallup's Great Workplace Award）的公司之一，得分为4.24分（满分5分），接近"世界级"成就。

## 有形展示

有形展示需要具有吸引力和适宜性，尤其是对零售企业而言。因此，当蒂芙尼（Tiffany）伦敦旗舰店于2018年开业时，他们在店内设置了鼓励创意互动和娱乐的功能，包括店内蒂芙尼香水自动售货机。当你思考营销服务时，很大程度上你能想起的都是无形的服务。但是，客户倾向于依靠物理线索来帮助他们在购买产品之前对其进行评估。

为了使客户能获得有形的服务，营销人员开发了所谓的有形展示来代替服务中的这些物理线索。营销人员的角色是设计和布置这些有形的线索，并在营销组合过程中适当地改变。

例如，氛围可用于帮助客户体验所提供的服务。在俱乐部里，响亮的音乐和闪烁的灯光将成为一天中的主旋律；而在水疗中心，蜡烛和气味可以用来营造一个平静的疗愈环境。营销人员的任务是烘托氛围支持和增强正在销

---

[①] Castorama是法国DIY和家庭装修工具及用品的零售商，总部位于法国的Templemars，是英国集团Kingfisher Plc的一部分，该集团在法国拥有101家商店，在波兰拥有90家。

[②] BricoDépôt是一家法国DIY和家庭装修商店连锁店，总部位于奥尔日河畔隆格邦（Longpont-sur-Orge）。

[③] Screwfix是英国最大的贸易工具，配件和硬件产品的多渠道零售商。该公司成立于1979年。

[④] Koctas是英国商品零售商翠丰集团（Kingfisher）旗下的家装零售品牌。——译者注

> 创业心法：商业计划完全指南

售的服务。

## 流程

如何交付产品或服务（流程）是营销组合中的另一个要素，你可以对其进行改变或改进，从而为你的企业带来竞争优势。复杂的订购系统、混乱的网站和无益的退货政策可能对你的业务不利。例如，参加一揽子度假计划的客户将亲身体验已简化的流程，以确保他们满意旅行中的所有流程要素。他们希望能够在网站上预订假期，通过电子邮件签发电子客票，无须排长队办理登机手续和领取行李，体验从机场到酒店的顺畅交通，并迅速解决任何手续问题。

如今，流程是营销组合中的一个关键元素，以至于从中阐发了一个全新的学科，即业务流程再造（BPR）。这一重新设计过程涉及对业务流程进行根本性的重新思考和彻底的重新设计，以实现成本、质量、服务和速度等关键绩效指标的显著改进。

## 案例分析

### Ingredient Solutions Limited[①]

正确的营销组合与使其食品原材料达到 Ingredient Solutions Limited 公司的严格标准同样重要。作为领先食品行业的创新奶酪配料生产商，Ingredient Solutions 于 2000 年首次营业，当时公司创始人兼总经理伊恩·加莱利（Ian Galletly）从英国移居爱尔兰，在食品行业工作了 14 年。到 2020 年，公司通过成功满足当今越来越挑剔的消费者日益多样化的口

---

① Ingredient Solutions Limited 是一家奶酪供应商，成立于 2000 年，在食品行业为奶酪和乳制品的领先生产商。

味，实现了接近 5000 万欧元的年营业额。公司选址于爱尔兰奶酪产区的中心科克郡博赫布，无疑对业务发展有所裨益。

加莱利还有一种有趣的管理方法，可以让他的所有员工充分了解真正重要的事情。透过一面全覆盖的窗户墙，负责管理和维护客户关系的团队可将工厂一览无余。每个人都可以看到工厂生产时是否保持了最高的卫生标准，没有什么比食品质量问题更能扼杀食品行业的企业了。即使是规模最大、业务最成熟的企业也可能在这个领域被失败。通往工厂车间的窗口还可以让 Ingredient Solutions Limited 的支持团队实时查看工厂正在进行的订单和新产品试验，从而为他们与客户的沟通提供可信度和信心。

Ingredient Solutions Limited 的客户服务部门、技术支持部门和新产品开发团队与客户和供应商精诚合作，以便从伟大的想法中研发出可赢利的产品。事实上，公司致力于通过满足当今瞬息万变的奶酪市场的需求来弥合并超越客户的需求。与现有供应商相比，Ingredient Solutions 最近还赢得了英国的大单合同，这要归功于其不仅能够满足还能超过客户要求的能力。该公司希望通过提供卓越的产品和服务质量来继续吸引新的订单。

---

### 任务 11 小结：人员、过程和有形展示

1. 所有与客户接触的员工都是从事此类工作的合适人选吗？他们是否接受过适当的培训？
2. 是否为客户提供了一定水准的售后支持和建议？
3. 客户是否知道他们的订单在生产—发货—交付过程中的实时进度？
4. 客户能否通过电话、电子邮件或网站联系到你，并快速有效地获得问题答案？

> 5. 你能否以某种对你的客户和员工可见的方式证明你达到了一定的质量标准？

## 拓展阅读

1. Chartered Institute of Marketing. Marketing and the 7Ps, www.cim.co.uk/files/7ps. pdf (archived at perma.cc/78M6-272P) .

2. Tutor2U, Extended Marketing Mix (7P's), www.tutor2u.net/business/reference/the-extended-marketing-mix-7ps (archived at perma.cc/25Y2-CRKY) .

## 任务 12
## 在线竞争

如果没有在线业务，几乎没有企业可以生存，更不用说竞争了。然而，对于许多新企业而言，他们的营销工作的开始或停止与网站相关。

根据国家统计局的数据，2020年2月，互联网销售额占零售总额的百分比为22%，高于2006年11月的2.5%。2020年新冠疫情大流行使这一比例升至25%以上。研究表明，许多零售商报告，大约三分之二的网站浏览发生在智能手机和平板电脑上，并且越来越多的消费者以网络形式完成购买。在线销售的产品范围正在显著扩大，企业销售业务的方式也随之发生变化。例如，过去，购车者在下定决心前会拜访经销商5次或更多次，但现在，根据白金汉大学的研究，86%的消费者都在网上购买产品，几乎在做出决定之前没有亲自去一次展厅。因此，商品陈列室已被Facebook和Twitter等平台上的网站和社交媒体工作所取代。

当然，互联网商业世界和"真实"世界是重叠的，在某些情况下现实世界的订单也会超过网络世界。例如，Jessops于2013年1月在英国大街上闭店，总共关闭了187家商店，直到当年3月28日才重新开业，占据了30家商店和互联网上的主要业务，在新老板彼得·琼斯（曾在《龙穴》上名声大噪）的领导下。许多进入电子经济的旧经济体既保留了核心业务，又获得了"点击量"。信任源于客户能够亲眼看到公司代表什么。总部位于英国的国际零售商乐购使用专门开发的软件提供智能互联网购物工具，该工具可以根据客户的购物习惯，推荐与他们感兴趣的主题或产品相关的不同网站。通过这种方式，乐购希望通过建立互联网获得与在其商店中感受到的相似信任度。该公司使用当地商店进行"挑选和包装"，并使用型号较小的车辆在当地交付。因此，在线形象的有效性至关重要。本部分将为你提供利用互联网前所需了解的良好基础。

创业心法：商业计划完全指南

## 👉 案例分析

### Minerva Tutors

总部位于伦敦的 Minerva 由休·维奈（Hugh Viney）于 2014 年创立，他与 60 多名老师合作，通过辅导班和家庭教育的形式帮助 5~18 岁的孩子通过考试并完成教育。维奈是 Stowe 学校的前校长和顶尖学术学者，在伦敦大学学院就读古典学科并在毕业后不久开始辅导业务。他对自己的从业经历感到十分沮丧，他将公司的使命定为"提高父母和导师的标准和专业水平"。

《好学校指南》将其描述为"导师界的纯真饮料[①]"，事实证明，这项业务取得了成功。他们在 2019 年 6 月提交的最新账目显示，该项目在业务之初就获得赢利，短暂的营业时间中积累了 25 万英镑的利润。

2020 年 2 月，当新冠疫情大流行对整个商业世界造成重创时，像 Minerva 这样以面对面、近距离接触辅导为中心的企业不得不重塑业务，否则它们面临的就是死亡。维奈因而完全转向在线辅导领域，通过谷歌环聊[②]（Google Hangouts）与他的导师保持联系，并使用在线白板让学生参与课程。幸运的是，Minerva 的运营客户端已经上线。他们自己研发的技术平台 Temple 旨在让家长可以通过详细的个人课程报告登录并监控学生的学习进度。

---

① Innocent Drinks 前文有介绍，为三名剑桥大学毕业生创立，该产品不含任何人造成分，由天然水果制成。因而此处用来比喻佐证 Minerva Tutors 提供的优良服务。——译者注
② Hangouts 是谷歌在 2013 年的 Google I/O 大会上发布了统一消息服务，整合了此前的 GoogleTalk、Google+Messenger 和 Hangouts 视频聊天服务等产品。——译者注

## 注册域名

拥有互联网身份意味着你需要一个域名，即企业在互联网上的知名度，人们可以通过在浏览器地址框中输入你的姓名找到你，例如：example.com。理想情况下，你需要一个能够巧妙地捕捉到业务本质的域名，以便提高你在搜索引擎上出现的概率，并且注册一个尽可能接近公司名称的域名（请参阅任务3，我们将为你介绍公司名称的相关事宜）。

域名形式和大小各种各样。诸如".com"，是国际/美国类型，而".co.uk"则暗示着英国域名。慈善机构通常选择".org"或".org.uk"，网络服务提供商则使用".net"或".net.uk"。企业经常使用".biz"，但你使用什么样的域名并不重要：你想要的是被用户看到。一些域名则很受限。例如，英国高等教育机构使用".ac.uk"，英国政府部门则使用".gov.uk"。如果你的企业名称已注册为商标（参见任务7），你可能（随着当前判例法的发展）能够阻止其他企业将其用作互联网上的域名。在你选择域名后，你的互联网服务提供商（ISP）（你用来将公司计算机连接到互联网的组织）可以代表你提交域名申请。或者，你可以使用：

- Nominet UK，英国互联网域名的注册机构，你可以在其中找到能帮助你注册的成员列表（如果你了解网络，你也可以自己注册）。
- 如果你想在国际上运营，你应选择Internet域名注册世界目录上有的名字，例如，通过使用".com"后缀或特定国家/地区。
- 销售域名的公司，例如Own This Domain和123 Domain Names，提供在线域名注册服务，通常还具有带有搜索功能，你可以查看你选择的名称是否已经注册。Electric Names在其网站上有详细的域名注册步骤，并提供当日注册服务，价格在每年10英镑到25英镑之间。
- 通过在互联网社区注册获得的免费域名和免费网络空间。这些组织为你提供其社区空间内的网页以及免费域名,但大多数社区只提供在末尾标记了自己社区域名的免费域名,这种添加可能会使你的域名变得很长,很难记住,而且不专业。

## 案例分析

### Moonpig

尼克·詹金斯(Nick Jenkins)发现,口碑宣传也是公司名称所具有的理想属性。他想要一个易于记忆且足够有趣的域名,客户会很愿意将其分享给朋友们。他正在寻找一个双音节域名,但找不到合适的组合,也不想从其他人那里购买现成的域名。尼克上学时曾有一个昵称叫作"Moonpig",这确实是一个可行的名字。如果你在谷歌中搜索"Moonpig",那你什么都搜不到,而且它还有一个额外的优势,那就是它很适合作为一个标志,人们很容易就能记住一只戴着太空头盔的猪。

## 建立网站

你可能会认为网站仅适用于从事网络销售的人,这个观点也能理解。然而,这只是网站的众多用途之一。

事实上,正如下面所展示的那样,一个经过深思熟虑的网站是几乎任何规模的企业运营职能的核心:

招聘。建立网站后,你能在自己的网站上发布招聘员工的信息。通过这种方式,你可以确保求职者对贵公司的业务有所了解,并且你可以节省大部分招聘成本。

市场调查。通过进行市场调查，你可以了解有关客户需求的更多信息，检验新产品或服务是否会吸引他们，并监控客户投诉以防止这些投诉产生问题。

节省沟通成本。企业会接到几十个电话和信件，询问的都是基本相同的问题。通过在网站上设置一个常见问题解答（常见问题）部分，你可以避免回答大部分重复问题并节省时间和金钱。

## 设计网站

良好的网站设计至关重要：加载时间短（使用图形，而不是照片）、标题简短、画风甜美、文本易读和布局有吸引力。市场调研意味着在点击三下鼠标的短时间内，网站内容必须能吸引访问者，否则他们将离开。清晰的页面指示必不可少，包括每个页面上的菜单，以便访问者只需单击便可返回主页或转向其他部分。

以下是网站设计中的注意事项。

必做项：
- 思考设计：创造和谐统一的视觉主题分组元素，方便你的读者轻松地跟随呈现的信息。
- 准备内容：内容应该着眼于目标受众的需求，并且是可信的、原创的、最新的和多样化的。
- 规划网站导航：网站应依照直观感觉安排界面，以便用户导航。
- 考虑可用性和可访问性：谨慎地在网站上使用图形，因为不是所有人的电脑都有超快的访问速度。
- 优化超文本标记语言（HTML）：特别是在主页上，通过删除多余的空格、评论、标签和注释最小化文件大小和下载时间。

- 优化搜索：内置关键字、标签和标记，以便轻松找到你的网站。

禁做项：

- 页面过长：人们通常会忽略超过一页半到两页长度的内容。
- 无意义的动画，会令人分心，且颜色和字体的设计也不够赏心悦目，平白增加了文件大小、减慢了读者的搜索速度。
- 使用错误的颜色：颜色的选择很重要；白色背景上使用黑色文本最容易阅读，而红色、绿色等其他颜色则难以阅读（登录 VisiBone[①] 的网站以获取模拟网页设计师的浏览器安全颜色调色板）。
- 到处充斥着过时的信息，尤其是出现在主页上：没有什么比看到与早已不复存在的事件相关的信息（例如，在复活节时发布圣诞布丁的食谱）更让读者反感的了。
- 浪费读者的时间：读者在网站上注册可能对你很有用处，但除非你的网站能提供一些令人信服的价值，否则不要（又或者如果你非要这么做）将注册细节变为几行信息保留其中。

查看 Bad Website Ideas 网站，了解如何避免最大的嘈点，以及如何让正确设计一个网站。

## 自己动手

你的商业软件可能已经装有一个基本的网站编写工具。你还可以找到数百个从 10 英镑到 500 英镑不等的套餐，这些套餐将为你提供不同程度的支持，可以帮助你创建自己的网站。网站建设专家会审查最新出现的网站，并

---

① VisiBone 为网页设计参考指南网站。——译者注

提供工具、资源和文章来帮助新手入门；如果新手陷入寻找网页设计师接管的困境，他们也会提供帮助。

## 获得外部帮助

成千上万的顾问声称能为你创建网站。价格从 150 英镑起，到 5000 英镑左右为止，现成的网站套餐将根据你的需求进行轻微调整，以便为你量身定制更符合的产品。

网页设计目录（The Web Design Directory）列出了数百名顾问，有些是个体户，有些则是规模更大的公司。你可以查看他们的网站，判断是否喜欢他们的作品。它还提供了一些关于选择设计师的有用建议。

如果你在设定的预算范围内工作，便可以考虑拍卖你的网页设计项目。通过 Freelancer 等网站，你可以标明你准备支付多少报酬，并附上项目描述，世界各地的自由职业者都会以低于你的报价的价格索取酬劳，价格最低的自由职业者即可中标。另请查看 Fiverr、People Per Hour 和 Upwork 等网站。

## 被人看见——搜索引擎

90% 的访问者通过搜索引擎或相似工具访问互联网站点，因此你需要在网站首页填写搜索引擎可以锁定的"关键术语"，这个过程被称为 SEO（Search engine optimization，搜索引擎优化），"优化"你的网站，以提高其在搜索引擎中的排名。

## 列入名单

如果你想确保网站能被搜索引擎适当列出，那你首先便要列出你认为搜索者在寻找你的产品或服务时最有可能使用的词。例如，一个位于彭赞斯[①]的维修车库可以在主页中列出汽车、维修、廉价、快速、可靠、保险、碰撞和彭赞斯等关键字，以吸引寻找物美价廉、维修快速服务的搜索者。就经验来看，每300个单词中需要一个关键字或短语出现10~15次。搜索引擎的内容产业蓬勃发展，所以主页内容与关键字越相关越好。你可以使用Good Keywords提供的产品，该产品提供一个免费的Windows程序，可帮助你查找与业务相关的单词和短语，并提供使用频率的统计信息。关键字也有付费产品（售价35英镑），该付费产品附有几个额外的过滤器和工具帮助你优化关键字列表。

搜索引擎算法也更青睐重要的、权威的和声誉好的条款。因此，虽然你可能无法用"经皇家任命"自夸，但如果你的新闻稿能被英国《金融时报》引用，你的文章将出现在热门博客的帖子中，专业机构和协会会员将会进入你的主页，那么你的机会被"蜘蛛"会相应上升。

策略列表中的下一个是将你的网站链接到具有相关但不竞争信息的其他网站。因此，如果你在销售花盆，那么销售植物、园艺工具、围栏或堆肥的网站可能会吸引对你有价值的人。链接到数十个其他网站可以提高你被搜索引擎发现的概率。你可以向有问题的网站提供指向你网站的链接作为交换条件，并且你们都可以从这种关系中受益。

## 使用提交服务

你可以在你的网站中内置关键词，从而帮助搜索引擎发现你的公司。你

---

[①] 彭赞斯（Penzance）属于英格兰西南部的康沃尔郡，距离伦敦约490千米，离普利茅斯约125千米。——译者注

也可以寻求专业人士的帮助，比如 Submit Express[①]、Rank4u[②] 和 Wordtracker[③] 等。这些公司配有优化流程，旨在帮助你进入主要搜索引擎的榜单前 10 名。"目标"是搜索引擎优化的关键词。这些服务并不做出任何保证，就像证明这是一块布丁的证据在于品尝一样。如果这些公司的服务有效，你也可以回去寻求第二次帮助。

付款方式各不相同。例如，Rank4u 提供无排名、无费用的交易，你只有在达到你想要的排名后才付费。并非所有企业都始终提供此服务，因此你需要自己核实。123 Ranking 有针对小型和新企业的优化套餐，每年 344 英镑起。搜索引擎指南包含搜索引擎营销各个方面的信息。

## 付费排名

如果你不想等着搜索引擎来找你的网站，你可以付费让网页出现在搜索引擎的目录中。这并不能保证你能有一席之地，因此，如果你的网页在谷歌引擎的排名为 9870，那么客户主动访问网页的概率就为零。确保你出现在搜索引擎排名的第一页或第二页的唯一方法是在付费展示位置列表中做广告。Google AdWords 和微软的必应等主要搜索引擎会邀请你以每次点击的固定金额为你希望出现的关键词出价。

## 跟踪流量

就谁访问了你的网站这一点，你可以获得大量信息：他们来自哪里，包

---

① Submit Express 是加利福尼亚州格伦代尔的一家领先的搜索引擎优化公司，成立于 1998 年。——译者注
② Rank4u 是位于澳大利亚堪培拉的一家搜索引擎优化公司。——译者注
③ Wordtracker 是一家位于伦敦的搜索引擎优化公司。——译者注

括地理位置、使用的搜索引擎和使用的搜索词；登录网站后浏览的界面（主页、常见问题解答、产品规格、价目表、订单页面）以及他们在网站的各个部分停留的时间。该信息不包括你从下订单、查询或电子邮件联系人自动收到的基本信息。

你可以使用访问者数据来调整网站页面和内容，以改善用户体验，从而实现你的目标。例如，你可能会发现许多访问者通过搜索引擎上的链接进入你的网站，该链接将他们带到网站的不适当部分，例如价目表，而你希望他们从产品的好处或成功案例开始浏览。通过更改优化网站的关键词，或在网站上放置更多可见链接，你可以沿着你选择的路径增加流量。

衡量网站成功与否的一个好方法是利用谷歌网站上提供的免费谷歌分析（Google Analytics）软件包。谷歌分析跟踪来自所有推荐人、电子邮件营销、搜索引擎、按点击付费下载、广告以及 PDF 文档中链接带来的流量。在此过程中，谷歌分析会收集并显示网站运行情况的数据，并使你能够理解所有信息。该软件包还提供统计信息，提供有关访问网站的人员的详细信息，允许你跟踪登录网页的质量并查看你的访问者正在查看的特定页面。

各个分析针对的是营销人员和业务类型，而不关注网站管理员、技术人员和技术人员类型，这使得它易于操作。

### 管理电子邮件、论坛、博客和网站

电子邮件是最早的在线营销工具，用于向一个人或多人直接发送消息。可以被一群人阅读的消息后来称作 Usenet 新闻组，并最终成为当前基于网络的在线论坛形式。在快速的技术变革中，人们的交流方式发生了重大变化。社交网络和其他多媒体和社交媒体工具和平台非常受欢迎，但传统的在线交流工具仍然具有很大的价值。

## 电子邮件

电子邮件仍然是目前现行的、最重要的在线营销工具，它比以往任何时候都更容易与各种计划相结合。交易包括反馈、互动和行动，因此电子邮件可以发挥重要作用。当你发送电子邮件时，你和其他人可以做出反馈、回复、互动并采取以下行动：

- 将电子邮件发给其他人。
- 下载电子邮件的附件。
- 单击链接访问网站。
- 播放嵌入的音频或视频文件。
- 填写嵌入电子邮件正文的表格。
- 进行嵌在电子邮件中的投票或调查。
- 连接到某人的社交网络账户。
- 单击链接开始在线购买。

电子邮件不仅仅是信息载体。它是一种对话启动器，也是一种多媒体和多功能通信工具，除了简单的来回通信之外，还可以吸引其他人参与。

## 在线论坛（组）和博客

当人们聚集在网上讨论共同话题时，你就有了建立在线社区的种子。你拥有网络社群，拥有行动、反馈和互动的潜力。当出现以下几个因素时，在线论坛组运作良好：

- 一个集中的主题领域或主题。最好的论坛中的交流也仍和主题相关。
- 志同道合或感兴趣的人。人们根据自己的兴趣和需要自愿加入团体。

- 强大的社区领导力。一个好的主持人可以轻松地主持讨论，让每个人都感到很受欢迎。
- 明确的社区规则。每个团体都需要公开发布的指导方针，定义正确的行为并阐明不良行为的定义。
- 公平执法。许多在线社区实行自我监督，警告或删除不当发布的个人，而其他用户可让管理员禁用用户。

你可以在 Blogpress 找到更多关于你可以访问的在线社区和博客的信息。

## 社交媒体

我们一般将社交媒体定义为"使用户能够创建和共享内容或参与社交网络的网站和应用程序"。社交媒体可以看作致力于基于社区的输入、交互、内容共享和协作的在线通信渠道的集合。社交媒体可能仍处于起步阶段，但它多产且有影响力。使用社交媒体开展业务已成为一种主流趋势，这一点显而易见，因为社交媒体选择众多且扩展迅速。除了常见的网页如 Facebook、LinkedIn 和 Twitter 之外，还有数百个特定行业的网站。例如：Pinterest 是一种用于收集和组织激发你灵感的事物图片的工具。YouTube 为人们提供了一个论坛，通过免费发布视频并推送给全球数十亿人。eHarmony、Match.com 和 6000 个其他约会网站旨在帮助孤独的人找到爱情。社交书签网站，包括 Digg、Delicious、Newsvine 和 Reddit，允许用户推荐在线新闻故事、音乐和视频。然后是口碑论坛，包括博客、公司赞助的讨论板和聊天室，以及消费产品或服务评级网站和 Skytrax 航空公司评级、TripAdvisor 和本地商业评论网站 Yelp 等论坛。

社交媒体网站至少占全球大部分地区前 20 名网站的一半。今天，即使是规模最小的企业也可以将社交媒体纳入他们的营销计划中，在 Social Media Examiner 内，你能找到有关如何开始使用 Facebook、Twitter、Instagram、

LinkedIn、Google+、Pinterest 和 YouTube 的提示，以及如何启动你的第一个博客（人们记录和分享意见的网页）和播客（包含可以在线访问的视频或音频材料的数字文件）。

## 案例分析

### Hotel Chocolat[①]

使用社交媒体引起关注是一回事，你还可以从社交媒体中获得更多，你更可以借由社交媒体拉高实际销售额。在最近对 60 多个 Facebook 营销活动的分析中，49% 的人称投资回报率超过 5 倍，70% 的投资回报率超过 3 倍。论坛，对你的产品感兴趣的在线社区，你不仅可以向其中输入想法。如果你的提案还不错，你甚至可以引导他们放弃预付现金。

Hotel Chocolat 曾荣获《泰晤士报》"Fast Track 100" 第一名、零售周 "年度新兴零售商" 和英国著名的 "酷品牌" 之一等著名奖项。巧克力饭店的联合创始人安格斯·瑟尔维尔（Angus Thirlwell）成立了一个巧克力品尝俱乐部，用于研发食谱和创意。要加入 "俱乐部"，你必须先订购价值 9.95 英镑的巧克力，较于零售价可节省 60%。随后，你将获得一盒巧克力、一本品尝笔记和 Munch & Nibble 提供的免费礼物。然后，你可以继续参加俱乐部活动并成为品酒俱乐部的会员，俱乐部会定期将新品送到家门口。与单独使用的打折策略相比，瑟尔维尔的社交媒体策略是以一种更简洁、更有效的方式获得客户的第一笔订单。品酒俱乐部的 100000 名会员展示了作为在线营销策略一部分的强大社交媒体的力量。

---

① Hotel Chocolat 是英国的巧克力制造商和可可种植商，由首席执行官安格斯·瑟尔威尔（Angus Thirlwell）共同创立。英国有 100 多家商店，日本有 31 家商店。——译者注

> **任务 12 小结：在线竞争**
>
> 1. 为了获得知名度，请对你的网站或网站与竞争对手的性能进行竞品分析。使用 Alexa 或任何类似的网站比较工具。
> 2. 集思广益，列出人们在网上搜索你的产品或服务时可以使用的关键词。然后看看如何在你的网站上构建和重复这些内容。
> 3. 确定你的域名，首先确保你可以使用它。在线测试以确保可以轻松找到它，不会与可能"窃取"网络流量的类似名称冲突，并且不会有利于你的直接竞争对手。
> 4. 查看提交服务，检验它们是否有用。
> 5. 查看所在市场的社交媒体活动，查看当前玩家最常使用哪些渠道：Instagram、Pinterest、Twitter、Facebook、LinkedIn 等。
> 6. 使用谷歌分析来跟踪和分析网站流量。

## 拓展阅读

1. Croxen-John D & Van Tonder J (2017) *eCommerce Website Optimization*, Kogan Page, London.

2. Gil C (2019) *The End of Marketing: Humanizing your brand in the age of social media and AI*, Kogan Page, London.

3. Kingsnorth S (2019) *Digital marketing strategy: An integrated approach to online marketing*, Kogan Page, London.

4. Rowles D (2017) *Mobile Marketing*, Kogan Page, London.

5. Ryan D (2014) *Understanding Digital Marketing: Marketing strategies for engaging the digital generation*, Kogan Page, London.

6. Van Dyck F (2014) *Advertising Transformed: The new rules for the digital age*, Kogan Page, London.

# 第四阶段
## 运营

## 第四阶段 运营

> 简介

运营是实施战略所需的所有活动的总称。例如：一旦你决定出售什么产品、卖给什么类型的客户以及以什么价格出售，你可能仍然需要为企业寻找销售、制造和分销产品的员工。当然，你对这项任务的每个要素的重视程度完全取决于业务性质。商业计划不需要显示如何实施每项运营活动的完整细节。但是你和你的同事需要知道，商业计划足以表明你已经考虑了与企业有关的所有主要事项，并且手头有一个可行的解决方案。本部分将讨论商业计划中要解决的一些最重要的运营问题。任务 13 至任务 15 旨在帮助你更加清晰地关注你的客户、竞争对手和市场，并确定你尚未研究的领域。

> **任务 13**
> **销售计划**

任何考虑支持你的计划的人都会仔细研究你的销售计划。令人难以置信的是，这是一个在商业计划中经常被忽略的领域。仅这个错误就足以让大多数投资者望而却步，仅仅是因为客户知道你在市场上本身并不足以让他们向你购买。即使你以具有竞争力的价格提供优质产品，它们也可能逃过你的网。让人们在虚线上签名涉及销售，这是任何一个倡导新主张的人都必须在许多情况下使用的过程，而不是说服客户购买。他们必须向银行经理"推销"借钱是值得的想法，向潜在合作伙伴"推销"他或她应该与他们合作；最终对员工来说，为他们的公司工作是一个很好的职业发展。

### 销售如何运作

有一种错误观点，即销售人员与艺术家和音乐家一样，生而能之，而不可后天培养。事实上，正如任何其他商业活动，销售技能可以学习、改进和增强。首先，你需要了解销售的三个要素。

- 如果要取得最好的销售结果，必然要经过某些特定阶段。首先，你需要了解客户的意见，了解他们希望通过购买你的产品或服务获得什么；你应该展示你将如何满足他们的需求。通常，企业家从一开始就一味宣传他们的产品，而没有先倾听顾客的声音。这通常会导致他们错失特定相关利益的机会，或者更糟一点，疏远潜在客户，因为他们留给客户的印象是他们将客户的需求放在次要地位。销售过程的下一阶段是处理问题和投诉，这是一个好兆头，因为它表明客户有足够的兴趣参与你的业务。最后是"结束销售"。这只不过是在一定程度上要求订单。许多业主经理再次感到尴尬，无法得出结论。这个阶段有点像钓鱼，在鱼上钩之前拉动鱼竿，鱼就会跑掉，因而你需要放一个鱼饵，即一个买入信号。

- 销售需要计划，因为你需要保留客户和潜在客户的记录和信息，以便你知道他们何时准备购买或重新订购。如果你必须要长途跋涉去拜访他们，这一点尤其重要。你需要规划你的行程，以便你的时间得到有效利用，并且你不能在全国毫无目的地乱转，浪费数个小时的旅行时间。其次，你需要计划好每一次推销活动，尽量提前预测顾客需求和反对意见，这样一来，你就可以掌握信息并完成销售。
- 销售是一种可以通过培训和实践来学习和提高的技能，如案例研究所示。Free Index 列出了 7400 多家销售培训提供商，可按地点和专业进行搜索。

## 案例分析

### 1E[①]

当苏米尔·卡拉伊（Sumir Karayi）拥有华威大学（Warwick University）的工学学士和理学硕士（IT）学位时，在他位于伦敦西伊灵（West Ealing）的公寓的空闲房间里开始创业时，他希望自己的企业与众不同。他是一名微软的技术专家，他和两个同事一起成立了 1E 作为公社，目标是成为各自领域的顶级技术专家。公司名称来自计算机崩溃时屏幕上显示的提示。成立一年内，该团队吸取了两个重要的教训。如果企业要快速发展和繁荣，企业需要领导者，而不需要公社；他们还需要有人负责销售工作。

---

[①] 1E 由 Sumir Karayi 于 1997 年成立，是一家位于英国的私有 IT 软件和服务公司。——译者注

在顾问的推荐下，卡拉伊开始学习销售课程，并在几个月内赢得了第一个蓝筹客户订单，随后还有一系列客户。该公司现在是泰晤士河谷增长最快的 10 家公司之一，年营业额接近 2500 万英镑，利润为 30%，其合作伙伴和经销商合作伙伴遍布全球。

如今，1E 总部位于伦敦，在纽约、都柏林和新德里设有地区办事处。他们在全球发布了超过 2600 万个许可证，帮助 42 个国家和地区的 1700 家组织更高效、更可持续地工作，并产出更多成果。

## 聘请代理

如果你不打算成为企业的主要销售人员，你每年需要准备好大约 50000 英镑的成本，以确保一名优秀的销售人员工作，其中，你还应将工资、佣金和费用考虑在内。雇用销售人员的关键在于，最初销售人员的销售量不足以支付他们的成本，而且你可能会选错人，因此你最终可能只会收到一大笔账单而没有额外的销售单。

风险较小的销售途径是将销售业务外包给自由销售人员。就这一点而言，你有两个选择。

- 聘请销售外包公司，例如 Pareto's Sales as a Service。聘请 Pareto 后，你将获得一支经过全面评估和基础培训的研究生销售团队。他们进入业务链后就做好准备开始工作，不会增加你的固定销售成本，但你可以灵活地将他们聘为永久员工，或随时发出终止合同的通知。对于更灵活和更具成本效益的路线，你还可以考虑聘请 People per Hour，它可以在短期内为你找到和管理销售人员。

- 自己寻找一个代理，最好与你所在的领域有所关联，他们了解买家需求并且可以从销售之初就取得成功。制造商代理协会有一份在所有业务领域销售的佣金代理名录。你必须支付30英镑（含增值税）才能在制造商代理协会网页上进行，一次最多可以联系20位代理商。

## 案例分析

### 霍华德·法比安（Howard Fabian）

霍华德·法比安的业务是设计和销售贺卡。其主要市场是伦敦和英格兰东南部，那里有120家重要商店可供出售。他打算亲自向这些商店销售。这意味着他从一开始就要访问所有商店一次。他每天可以打4~5个电话，因此需要4~5周的时间才能拜访所有目标客户。之后他会每个月拜访最重要的30个客户，他每两个月会不时打电话或拜访其余的30家商户，并寄出新设计的样品以激励商家订购。在克兰菲尔德的企业计划中，他参加了专业的销售技能课程。

在伦敦和东南部以外的地区，霍华德建议在主要省级城市中任命代理人。为了招募这些代理人，他计划寻求贸易出版社和制造商代理协会的帮助。每一次任命都将以3个月的试用期为基础，他已经起草了一份解释业务关系的代理合同。他建议根据该区域的人口为每个代理设定一个销售目标。销售额在目标额度的25%以内尚可接受；超出该限额，他将审查代理人的合同。

起初，他在寻找10名代理人，他将每季度上门拜访并与他们约见一次。由于商店的在售时间很短，因而他和代理人必须有一套要点议程去应对这一情况，并有一个销售演示者在柜台处快速轻松地展示他们的销售时间，这一点很重要。

## 获得报酬

但销售过程仍不完整,正如一位极为谨慎的销售主管所说:"客户付款后使用了你的产品,而且并没有因此死亡。"你确实对涉及业务的每个人(包括客户)的安全负有责任,本部分末尾将讨论其法律方面的问题。新业务失败的三大原因之一是客户未能全额或按时付款。你可以采取一些措施来确保这种情况不会发生,可行的方法是制定审慎的贸易条款,并在向客户销售产品之前确保客户信誉良好。

### 检查信用度

对于复杂程度不同的个人和企业而言,大量有关信用状况的信息,价格从 5 英镑(基本信息)到 200 英镑(非常全面的信用状况图片)不等。因此,无须在不知情的情况下与存在信用风险的个人或企业进行交易。

汇总并销售个人信用记录和小企业信息的主要机构是 Experian[1]、Dun & Bradstreet[2] 以及 Creditgate.com[3]。他们在网上即时提供全面的信用报告,包括关于信用额度和地方法院判决(county court judgements)的建议。

### 设置交易条款

你需要确定销售条款和条件,并确保将条款打印在订单接受信上。条款应包括你需要何时以及如何获得付款,以及在什么条件下你可接受取消订单或提供退款。Law Donut 网站包含有关贸易关系的大部分信息。

---

[1] Experian 是一家美国跨国消费者跨信用报告公司。——译者注
[2] Dun & Bradstreet 为美国邓白氏公司,是一家国际企业资讯和金融分析公司,总部设在美国新泽西州。——译者注
[3] Creditgate.com 是一家位于英国的跨信用报告公司。——译者注

第四阶段 运营

> 示例

一位不幸的企业家认为他的业务是管理培训。当他的第一位客户，美国一家大型计算机公司向他预订三门课程时，这家公司就开了个好头。就在课程开始的前三周，他完成所有准备工作并准备好相关示例、讲义等之后，客户取消了订单。原因是海外母公司规定的培训"政策"发生了变化。

如果这位企业家在其标准条款和条件中加入了取消条款规定，那么他将获得足够的补偿费用。事实上，其经营业务的方式就注定该企业不大可能成功（wing and a prayer）[1]。没有贸易条款，他甚至不知道有行业"规范"。其大多数竞争对手会向3周内取消的订单收取100%的取消费，6周内收取50%的取消费，8周内收取25%的取消费，提前取消的则不收取任何费用。

## 现金支付或支票支付

现金支付的吸引力在于，如果你在交付产品或服务时收款，肯定会得到报酬，而且你无须进行任何额外工作密切关注顾客的欠款。然而，在许多交易中，现金支付并不实际，除非是在零售业，客户购买商品时你本人在场。假设银行担保有效，那么使用银行担保卡承保的支票与现金支付一样安全。但支票支付需要时间处理。实际操作中，在核对客户的信用证明前，你最好先等待支票结算，然后再发货。

你在理解银行术语时需要多加小心。银行可能会声明支票已"结算"，而实际上此时只是进入系统传输环节。"给定价值"是银行术语中唯一能表

---

[1] wing and a prayer 的韦氏词典释义：without much chance of success（On a wing and a prayer Definition & Meaning – Merriam–Webster）。——译者注

示钱确实在结算的术语。如果你有任何疑虑，请致电银行并具体询问你是否可以从相关支票上安全提取资金。

## 信用卡

信用卡付款会更容易激励客户购买产品，并确保你几乎可以立即收到款项。使用商家账户的原因在于商家账户接受转账的过程耳熟能详。只要你遵守规则并获得授权，现金（减去信用卡公司的 1.5%~3%）就会在你收费的当天进入你的银行账户。

你可以使用一个没有交易历史的商家账户作为新企业的账户，当然这取决于你的信用记录。请参阅 Streamline[1]（Worldpay 的一个部门），Worldpay[2] 由风险投资公司贝恩资本[3]、安宏资本[4]、巴克莱银行[5] 和汇丰银行拥有。

## 处理欠款

无论你的贸易条款如何审慎，信用检查是否严格，最终都会有拖欠付款的客户，最坏的情况就是完全不付款。有一些方法可以处理此类情况，但经验表明，一旦出现问题，情况通常会变得更糟。有一句古老的投资谚语，"第一次损失就是最好的损失"，在这里也适用。

---

[1] Streamline（Streamline.com）是一家大型的商业账户提供商，成立于英国，总部位于英国。——译者注

[2] Worldpay 是美国的付款处理公司和技术提供商。它于 2019 年 6 月被收购并并入富达国家信息服务部。——译者注

[3] 贝恩资本（Bain Capital）是美国一间私人股权投资公司，于 1984 年由母公司贝恩策略顾问公司的合伙人米特·罗姆尼等三人成立，总部设于美国马萨诸塞州波士顿。——译者注

[4] 安宏资本（Advent International）是一家全球私募股权公司，专注于收购西欧和中欧，北美，拉丁美洲和亚洲的公司。——译者注

[5] 巴克莱银行（Barclaycard）在英国拥有超过 1000 万名客户。——译者注

最具成本效益和成功概率的方法是让逾期付款者知道你清楚他们在欠款。90% 的小企业不会定期发送提醒信，告知客户他们错过了付款日期。在付款到期后的第二天发送礼貌的提醒，收件人即负责付款的人，如果你与大型组织做生意，那很大概率是由会计部门的人负责此类工作。你还需要在 5 天内通过电话跟进此事，稳定保持并提高给予对方的压力，直到你得到报酬。

如果你礼貌并专业地不断提醒他们贸易条款的规定，你的商业关系将不会受到损害。在任何情况下，你追讨欠款的人或许并不是获得产品的人。如果你仍然在追讨欠款方面存在困难，请考虑：

- 雇用收债公司。你可以在信用服务机构（Credit Service Agency）网站上找到注册代理的目录。
- 如果你的索赔额度低于 100000 英镑并且是固定的金额，那么你可以使用英国政府的 Make a money claim 在线服务。对于小额欠款，费用大多低于 100 英镑，最高约 3000 英镑。超过 10000 英镑的索赔额，其服务费用为索赔金额的 5%。Make a money claim 的服务能降低法律成本和花销。

---

**任务 13 小结：销售计划**

此处将简要描述确保销售策略成功实施所涉及的主要运营问题。你尤其应该考虑以下这些因素：

1. 谁将为企业进行销售，他们是否接受过专业的销售培训？
2. 他们会采用什么销售方式？
3. 你会使用促销物料（例如传单、小册子或视频）吗？
4. 谁将管理、监控和掌控销售工作，他们将如何做到这一点？
5. 描述转变潜在客户为确定客户的销售过程，包括识别决策者、战胜异议、获得同意等。

6. 公司有哪些处理客户投诉的程序？

7. 有什么激励措施可以帮助实现销售目标？你将如何激励他们这样做？

8. 谁将指导、监督和掌控销售工作，他们有哪些经验或技能？

9. 从了解你的产品或服务到做出购买决定、收到产品或服务并最终付款需要多长时间？这将对你的现金流和初始销售预测产生重要影响。

10. 你为每个销售人员或销售方式设定了哪些销售量和活动目标，例如每天的通话次数等？

11. 你将使用哪些程序确保按时获得报酬？

## 拓展阅读

1. Barnes C, Blake H & Howard T (2107) *Selling Your Value Proposition*, Kogan Page, London .

2. Denny R (2013) S*elling to Win*, Kogan Page, London .

3. Hazeldine S (2013) *Neuro-sell: How neuroscience can power your sales success*, Kogan Page, London.

4. Johnston M W & Marshau G W (2016) *Sales Force Management: Leadership, innovation, technology*, Routledge, London .

5. Kolah A (2013) *The Art of Influencing and Selling*, Kogan Page, London .

6. Maes P (2018) *Disruptive Selling: A new strategic approach to sales, marketing and customer service*, Kogan Page, London.

第四阶段 运营

> **任务 14**
> **制造、外包和供应**

事实上，公司通常总是在为购买的资源增加价值。这一行为可能和通信用具、软件包装一样微不足道，也可能与制造计算机或汽车所需的许多零件一样复杂。

你的商业计划需要表明你是如何解决这些关键问题的，因为你必须先证明你已经考虑过如何将现阶段有效的概念转化为"具体"的产品或服务，推向市场。你还需要表明，商品增值本身取决于对成本的谨慎管理。

### 制作和组装

如果你需要特定的机器，一般而言，你应当尽可能用最低的价格购买较少的东西，因为新企业有一个确定的规律：经过几周或几个月的交易后，它便会越来越与你的原定计划背道而驰。这反过来也意味着，当你发现需要重新组装产品时，你很可能会在设备上浪费初始投资。回顾任务 10 中关于"外包"的部分，并思考是否有任何风险较小或成本较低的方法可以帮助产品上市。

对于器械和设备而言，你应当借助行业杂志寻找供应商。Friday-Ad[①] 和 Machinery Classified[②] 都有出售各种型号的二手机械和工具信息。

如果你的业务涉及制造或组装产品，那么你应该在商业计划中解决以下问题：

---

[①] Friday-Ad 是一家免费购买和出售二手货和新产品的英国网站，其母公司为 Friday Media Group Ltd。——译者注
[②] Machinery Classified 也是一家售卖二手材料的网站。——译者注

> 🖐 **案例分析**

### 生产方式

克兰菲尔德的一个研究生商业计划有以下不同类型的实操示例：

- 珍妮·罗（Jenny Row）设计了自己的针织衫品牌，但由外包工厂制作。通过这种方式，她可以快速扩大或收缩产量，这一变动只需支付额外的材料和生产成本，即可获得更多订单。这也让她可以自由地设计新产品从而添加到现有的产品系列中。

- 蒂姆·布朗（Tim Brown）出售专为进行律师转易工作而设计的电脑系统。他委托软件编写人员编写程序，再从制造商那里购买计算机，并选择了全系列打印机以满足个别客户的要求。其最终产品即一个完整的系统，他从各个分包商那里购买了"配套"部件。除了通用汽车公司和少数几家巨头之外，没有一家公司可以独立生产所有这些组件。

- 格雷厄姆·戴维（Graham Davy）设计并制造了自己的家具系列。他租了一个蜂巢车间，购买了切割、车削和抛光工具，以及一个精加工喷涂室。他还购入木头，自己动手，将每一个家具设计生产三到四个批次。设计和原型工作所需的设备也足以进行小批量生产。

- 你是自己制造产品，还是购买后准备出售或将之作为组装部件？你还应在商业计划中解释为什么你选择了这一制造路线。

- 描述将要采用的制造过程，并适时解释主要竞争对手如何制造产品。

- 你需要什么厂房和设备，它们有什么输出限制？（见表 4-1）

- 提供制造单元布局的粗略草图，需要显示所需设施的整体规模、设备的定位等，以及材料和成品的路径。

- 你需要哪些工程支持（如果有）？
- 你将如何监控和控制质量？

表 4-1　展示所需商品、用途和成本的示例

| 厂房/设备 | 制造过程（制造什么样的产品） | 最大产量 | 花费 | 你已经拥有成品了吗？ |
|---|---|---|---|---|
|  |  |  |  |  |

有许多广受好评的质量标准可以帮助你监控和控制产品质量。BS/ISO 9000 也许是最著名的质量标准。它们可以确保生产程序提供一致且可接受的产品或服务标准。如果你向大公司供货，他们可能会坚持要求你满足其中一项质量标准，或"审核"工作场所以满足自己公司的要求。英国标准协会[①]可以提供这些质量标准的详细信息。

许多商业组织将提供用户友好的指南和系统，以帮助你达到必要的标准。使用"质量标准"（或"测量"）等关键词搜索网络会为你带来一些有用的网站。

## 材料和供应来源

你的商业计划还应说明你需要哪些外购材料，你将从谁那里购买，以及它们的成本是多少。寻找供应商并不难；找到好的不是那么容易。企业对企业目录，例如 Kelly Search、Kompass 和 Applegate，拥有 190 个国家和地区超过 240 万家工商企业的全球数据库，列出了超过 23 万个产品类别。你可以按类别、国家和品牌名称进行搜索。你应该检查供应商的：

---

① British Standards Institution 全称为英国标准协会，属于英国国际标准法定团体，英国标准协会在制定产品和服务范围标准，也提供了供应证明和标准相关服务和业务。——译者注

- 贸易条件。
- 服务水平。
- 客户列表，获取其他客户的反馈。
- 提供的保证和保证。
- 价格，确保价格具有竞争力。
- 兼容性，即你会喜欢与他们做生意。
- 你需要哪些主要的外购材料或服务？
- 谁可以提供这些，销售条款和条件是什么？
- 你为什么选择现在的供应商？

保留存货卡，以便你可以分辨出哪些是移动快速的库存，哪些移动缓慢。

### 其他购买选择

除了通过企业名单和口碑搜索供应商外，还可以考虑以下一种或多种策略。

网上易货

你可以通过将产品和服务与其他企业的产品和服务进行易货来避免现金流的耗尽。Bartercard 可以帮助你以物易物。

网上购物

有超过 200 个比价网站，涵盖计算机硬件和软件、电话、旅行、信用卡、银行账户、贷款、公用事业、电子产品、包括喷墨和打印机耗材在内的办公产品，以及企业可能购买的数千种物品。Paler.com 是一个由 Petru Paler 运营的奇怪网站，其网页名单中列出了这些网站，并附有简要说明和有用的评论页面，用户可以在其中插入更多网站和其他信息。

装修办公室

你还需要一个"办公室"用于工作，但在创业一开始并不应该是一件昂贵的事情。有很多以低成本提供优质办公家具和设备的来源。亚马逊和宜家是为大多数欧洲国家和世界各地提供新家具的供应商，他们拥有家庭办公（Home Office）类别。如需二手办公家具便可在 Wantdontwant.com 和 Reuse Network 上搜索，Reuse Network 是一个全国网站，出售再利用库存中心、平价办公家具、电器、IT 设备等。

> **任务 14 小结：制造、外包和供应**
>
> 简要描述确保战略成功实施所涉及的"制造"方面的要素。特别是，你应当考虑以下问题：
>
> 1. 你计划在室内生产多少产品或服务？
>
> 2. 如果你正在制造产品，请描述生产过程，并解释你的主要竞争对手是如何制造的。
>
> 3. 你需要什么类型的厂房和设备，它能做什么，需要多少成本，你从哪里能得到这样一个场所？
>
> 4. 你需要购买哪些材料和（或）服务，你将从哪里购买以及成本是多少？
>
> 5. 你将如何装修你的办公室？

## 拓展阅读

1. Lefteri C (2012) *Making It: Manufacturing techniques for product design*, Laurence King, London.

2. Vagadia B (2011) *Strategic Outsourcing: The alchemy to business transformation in a globally converged world*, Springer, Germany.

> **任务 15**
> # 法律和监管因素

企业和组织的经营均受法规约束。无论企业属于营利性企业、慈善或非营利部门，还是公共服务部门。

所有法规都对现金流、所需的启动资金和可获得的利润率产生重大影响。例如，选择以现金为基础缴纳增值税可以降低现金需求并加快现金流，这对任何企业而言都具有吸引力。然而，需要许可证的赊销会增大资金需求并增加管理成本。但是，如果赊销是你计划进入的业务领域的常态，或者是竞争战略的关键组成部分，那么你就必须面对并准备好应对赊销带来的负担。

这些规定可以粗略地分为两个条目：面向客户（处理与消费者关系相关的规则）和税收（是指企业必须直接支付或向用户收取的向国家缴纳的各种费用）。在商业计划中忽略这些监管事项的影响将严重削弱商业计划的可行性，甚至可能在随后产生财务上的影响。

其他具体的监管事项，如法律形式、知识产权、财产同意和雇用事项，均在本指南的相关章节中进行介绍。

## 面向客户的法规

从一些商家声明和他们给客户提供的劣质服务来看，你可能认为制订买者须知（让买家自己当心）是营销的规则，但并非如此。事实上，企业几乎在其运营的每个领域都受到严格监管。以下是你在经营任何企业时需要考虑的主要面向客户的法规。

### 获得执照或许可证

一些企业，例如从事食品或酒类行业的企业、职业介绍所、小型出租车公司和美发店，需要执照或许可证才能开展业务。当地规划部门可以告诉你什么法规将适用于你的业务。

### 遵守广告和描述性标准

就业务及产品和服务进行的任何广告或促销活动，包括包装说明、传单和说明以及口头说明，都必须遵守相关规定。不能只提出你认为适合你业务的声明。此类声明必须是得体的、真实的，并考虑到你对消费者和可能受到影响的其他人的更广泛责任。如果你说出了任何具有误导性或未能满足任何这些测试的内容，你可能会让自己面临被起诉的风险。

### 处理退货和退款

购买产品的客户有权期望商品"符合期待"，便于他们可以按照自己的要求行事。此外，如果客户已经告知你特定需求，产品便必须符合该目的。商品还必须具有"令人满意的质量"，即耐用且没有会影响性能或妨碍客户使用的缺陷。对于服务，你必须以合理的技能和谨慎的态度工作，并在合理的时间内提供服务。"合理"一词没有定义，适用于每种类型的服务。例如，修鞋可能需要一周时间，3个月就不合理了。

如果商品或服务不符合这些条件，客户可以要求退款。如果他们在投诉前更改了产品或等待了过长的时间，或者以任何其他方式表明他们已经"接收"了货物，他们可能无权获得退款，但仍然可以在接下来长达6年的时间内索赔一些款项。

### 远程销售和在线交易

通过邮购、互联网、电视、广播、电话、传真或目录进行销售，除了上述有关商品和服务销售的规则外，你还需要遵守一些附加规则。总而言之，即你必须提供书面信息、订单确认和取消合同的机会。在冷静期内，客户有权在 7 个工作日内无条件取消订单，前提是客户已经通过信函、传真或电子邮件书面通知你。

但是，取消权的豁免范围很广，包括住宿、交通、食品、报纸、音频或视频记录以及按照客户要求制造的商品。gov.uk[1] 在其网站上发布了远程销售业务指南。

### 保护客户数据

如果你在计算机上存有任何在世人员、客户或员工的个人信息，那么你很有可能需要根据《数据保护法案[2]》进行注册。保护法规定，任何人所持有的信息必须是公平获得的、准确的、仅在必要时保存并且仅出于合法目的持有的。

你可以查看你是否需要在 gov.uk 网站上注册。

### 获得消费信贷许可证

如果你打算为客户提供赊购服务，或为个人或企业出租产品，那么你必须申请提供赊购的许可证。如果你认为企业需要执照，请阅读金融行为

---

[1] gov.uk 是一个英国公共部门信息网站，由政府数字服务创建，以提供对英国政府服务的单一访问站点。——译者注

[2] 《数据保护法案》（Data Protection Act），是 1998 年由英国颁布的一部法案，明确规定，公民拥有获得与自身相关的全部信息、数据的合法权利，并允许公民修正个人资料中的错误内容。——译者注

监管局网站上的规定。企业必须获得英国金融行为监管局授权或获得临时许可才能提供消费者信贷服务。

## 计算税费

任何存在金钱交易的组织都有责任代表自己和可能雇用的任何员工向当时的政府缴纳一定数量的税款和其他会费，并且是负责最终消费者的未缴税款支出。

轻罪和逾期付款都会受到处罚，而任何可能被视为逃税的行为都会受到更严厉的处罚。逃税与避税相反，属于犯罪的一种，请谨慎安排你的业务，以尽量减少应缴税款。你需要将会计记录保存6年之久，因此，如果税务机关在任何时候怀疑你的账目，即使他们对账目数据并无异议，他们也可以挖掘过去的账目。在涉嫌欺诈的情况下，挖掘过往账目的回溯年限没有限制。

### 增值税（VAT）

增值税是一种在整个欧洲非常常见的税种，虽然收取的税率不同，但它是一种由企业征收的消费者支出税。基本上，类似于一个传包裹①的游戏，注册增值税的企业（见下文）相互收取增值税并扣除所收取的增值税。在每个会计期间②结束时，已支付的增值税金额将从收取的金额中扣除，余额将支付给英国税务海关总署（HMRC）。

在英国，标准税率为20%，而某些类型的企业收取较低的税率，有些则完全免税。向其他欧洲国家出售和购买的商品和服务的增值税处理方式受另一套

---

① 传包裹，儿童游戏，听音乐传包裹，音乐停止时拿着包裹的儿童可打开一层包裹皮。——译者注
② 会计期间是指在会计工作中，为核算经营活动或预算执行情况所规定的起讫期间。——译者注

规则和程序的约束。英国税务海关总署提供有关增值税的完整详细信息。

## 支付方式

增值税通常每季度支付一次，但小企业可以利用一些计划来简化程序或维护他们的现金流。年度会计计划允许你支付每月或每季度的估值，在年底提交一份年度报表，并支付余额。现金会计方案允许你延迟支付任何增值税，直到你从客户处实际收取。统一税率方案允许你以总销售额的统一百分比来计算增值税，而无须记录个人购买和销售金额的增值税。

## 会计利润

你将为业务中获得的任何利润纳税。支付的费率取决于所选的法律形式。如果是个体经营者或合伙企业，你将按个人边际税率（20%或40%）纳税；有限公司将按利润的20%支付。税率每年都会发生变化。

## 财政年度和付款日期

用于税收目的的财政年度通常为去年4月6日至今年4月5日，但如果某些企业更适合其业务类型，则使用不同的日期，例如日历年末。如果你希望英国税务海关总署计算应缴税款，你需要在9月30日之前将你的纳税申报表返回给该机构，或者如果你更乐意由自己或会计师进行计算，则需要在1月31日之前将你的纳税申报表返回给英国税务海关总署。税收本身在7月底和1月分两个阶段缴纳。公司必须计算自己的应缴税款，并在年终后9个月内缴纳。逾期将被罚款并收取滞纳金的利息。

## 为公司提交账户

公司的财务事务属于公共领域。除了让英国税务海关总署了解情况外，公司还必须向公司注册处（Companies House）[1]提交账户。账目应在公司财政年度结束后的 10 个月内提交。小型企业（营业额低于 560 万英镑）可以提交缩略账目，其中仅包含有限的资产负债表和损益表信息，这些信息不需要进行审计。逾期提交账户可能会被处以最高 1500 英镑的罚款。你应当了解如何在线提交公司账户和完成纳税申报表。

### 估计应缴税款

企业利润也应缴纳税款，但金额可能不同于损益表中的数字。例如，你将在损益表中囊括折旧、娱乐和其他费用。虽然知道花费了多少以及因什么而花费对你而言很重要，但出于税务目的，这些费用并不应计入。你的会计会在这方面给你很好的指导。Bytestart.co.uk[2]这个小型门户网站对业务费用做出了一个有用的概述，能在某种程度上澄清什么是"允许的"和"不允许的"费用。

### PAYE[3]（现收现付）

雇主有责任从雇员工资中扣除所得税并向英国税务海关总署支付相关款项。如果是一家有限公司，那么作为一名董事，你收到的任何工资都将受到现收现付制度的限制。你需要计算出应交的税款。英国税务海关总署在其网

---

[1] 公司注册处是英国的公司注册机构，是英国政府的行政机构和营运基金。隶属于商业、能源和产业战略部，也是公共数据组的成员。——译者注

[2] ByteStart 成立于 2004 年，目前是英国最受欢迎的小企业信息网站之一，已被 700 多万人使用，为初创企业和小型企业提供无意义的指导和实际帮助。——译者注

[3] 现收现付税或即用即付税是对支付给员工的所得税的代扣代缴。预提金额被视为应缴所得税的预缴款项。如果超出了根据报税表确定的税额，则可以退款。现收现付可能包括代扣雇员缴纳的保险费或类似的社会福利税。在大多数国家，它们由雇主确定，但要经过政府审查。雇主应从每笔工资中扣除现收现付，并且必须将其迅速汇给政府。——译者注

站上有关于 PAYE 的指导，以及所有必要的表格。还有一系列 PAYE 工具可供雇主进行所有烦琐的计算。

### 处理国民保险（NI）

几乎每名员工都必须缴纳由英国税务海关总署征收的单独税款——国民保险（NI），至少就理论而言，这些税款可用于国家养老金和其他福利。国民保险以不同的税率支付，自雇人士支付每年根据自我评估税表计算的第四类缴款。

支付的国民保险金额取决于许多不同的因素：已婚妇女、志愿发展工作者、共享渔民、个体经营者和小额收入等，均在 1%~13% 波动。英国政府网站提供了计算和支付适当的国民保险所需的所有信息。

### 税务方面的帮助和建议

英国税务海关总署的主页链接可以直接转向有关雇主、企业和公司的在线指南。Tax Café 可提供一系列指南，每本价格约为 25 英镑，主题包括利用公司节省税款、工资与股息以及节税策略等主题。

---

**任务 15 小结：法律和监管因素**

1. 你的企业是否需要经营许可证？
2. 你是否会持有客户、供应商和员工的数据？如果是，《数据保护法案》对你的计划有何影响？
3. 你使用的印刷广告和网站广告是否符合各种广告法规？
4. 你将如何处理退款？
5. 你是否必须注册增值税，或者这样做对你有利？
6. 如果你必须注册增值税，哪种方案最适合你？
7. 你预计要缴多少税？

8. 你是否需要为员工收税和缴税?

9. 你将负责支付多少国民保险?

10. 你是否在财务预测中考虑了这些运营法规的成本影响?

## 拓展阅读

1. Kolah A (2014) Essential Law for Marketers, Kogan Page, London .

2. Pink A (2020) Practical Tax Planning for Business, Pink Proactive Publishing LLP, Tunbridge Wells, Kent.

# 第五阶段
## 审查融资要求和方式

# 第五阶段  审查融资要求和方式

> ▶ 简介

一旦你为你的企业制定了基本的或新的战略，你将不得不尝试对可能产生的结果做出一些预测。这些预测对于说明你需要多少现金和可以赚取多少利润，以及制定一个安全的财务策略都是至关重要的。这是你的商业计划中最吸引潜在支持者和其他任何重要支持者的部分。

你的预测很可能是错误的（至少在最初阶段），你可能会对实现预期目标没有信心。但是，从做出这些预测中获得的经验将有助于增加你最终制订有信心的计划的机会，并且很有可能实现确保企业生存的结果。

预测的任务是让你的业务有一个可控范围，而不是第一次就击中靶心。一旦范围确定，你可以通过随后的投掷来纠正你的目标。请记住，这些预测是在你运用资源之前进行的，因此你可以在此阶段进行任意次数的尝试，而不会受到由此产生的损失。

本阶段的最后一个任务是对你的业务预测进行压力测试。

## 拓展阅读

1. Allen F, Meijun Q & Xie J（2019）*Understanding informal financing*, Journal of Financial Intermediation, 39, 19–33, 52.76.234.106/media/ abfer-events-2013/annual-conference/corporate-finance/track2-understandinginformal-financing.pdf (archived at https://perma.cc/Y2G5-M59Q) .

2. Arundale K (2007) *Raising Venture Capital Finance in Europe: A practical guide for business owners*, entrepreneurs and investors, Kogan Page, London.

3. Bloomfield S (2008) *Venture Capital Funding: A practical guide to raising finance*, 2nd edn, Kogan Page, London.

4. Cumming D J & Johan S (2013) *Venture Capital and Private Equity Contracting: An international perspective*, Academic Press, Massachusetts.

5. Parsons N (nd) *Do You Need a Business Plan? Scientific Research Says Yes, Bplans*, articles.bplans.com/do-you-need-a-business-plan-scientific-researchsays-yes/ (archived at https://perma.cc/C4C9-44ZJ).

## 任务 16
## 销售预测

> 数字的准确性通常与事实无关。
>
> ——丹尼斯·希利（Denis Healey），英国前财政大臣

销售预测可能是商业规划过程中最重要的一组数字。一个企业需要持有多少库存、雇用多少员工、购买多少材料，都取决于销售预测。这些销售数据还用于预测现金流，从而估计企业的资金需求。

这些预测也是评估一家企业业务的关键，它们将决定银行家是否放贷和投资者是否投资。此外，他们还将就企业投资者期望从投资中获得多少利润提供一些指导。

当然，潜在的投资者不会接受一个看起来能轻松完成的销售预测，因为根据他们的经验，新企业几乎总是达不到预期的目标。

虽然预测可能会被证明是错误的，但重要的是要在你的商业计划中证明你已经考虑了将对你的业绩产生影响的因素。即使其中许多因素可能对你不利，你也应该展示你将如何提供令人满意的实际结果。投资者将衡量下行风险，以评估最坏的情况及其可能的影响，并寻找最终的退出路线。

以下是一些指导方针，可帮助你做出初步的销售预测。

- 观察其他人的表现：你的整体预测必须可信。大多数提供贷款方和投资者对类似的商业提案都拥有丰富的经验。与你不同的是，他们擅长事后定论，并能够回顾几年来他们支持的其他企业，观察它们在实践中的表现与最初的预测相比如何。你可以通过研究归档的公司账户和行业杂志，或与不会成为你的直接竞争对手的此类企业的创始人交

谈，自己收集一些类似企业的有用知识。关于如何研究竞争对手的表现，请回顾任务 5 和任务 6。

### 案例分析

#### Scoops

埃德蒙·布拉德利（Edmund Bradley）估计，在公司运营的第一年，Scoops 将产生价值 50000 英镑的糖果销售额。该预测基于他对竞争对手巴斯（Confetti）商店在一周内的销售数量的观察。巴斯商店每小时的顾客数量在 34 人（雨天）和 140 人（晴天）之间变化，顾客每次购买的平均支出金额为 1 英镑。与糖果店老板的交谈显示，糖果在夏季 6 月、7 月和 8 月以及圣诞节期间（12 月）的销售额占全年销售额的一半。在其他月份，周六的购买量占每周销售额的一半。

- 计算市场份额：你的产品或服务的市场份额有多大？这一份额是在增长还是收缩？每年的利率和百分比是多少？它的经济地位和竞争地位如何？这些都是可以为预测提供市场份额基础的因素。

如果一家企业能占有市场份额的百分之几，那就很不寻常了。尽管大肆宣传，但经过十多年的努力，互联网书商在图书销售总额中所占的份额仍不到 10%，亚马逊只是众多主要参与者之一（仅基于英国的图书销售情况）。注意不要将该论点颠倒。

许多销售预测的前提是："如果我们只占潜在市场的 1%，我们将取得巨大成功。"做出这样的论断是为了不浪费时间进行基本的市场研究，毕竟，企业只需要向这一小部分可能的买家出售产品！

第五阶段　审查融资要求和方式

事实上，这种思维方式导致企业失败的概率比任何其他单一因素都要高。如此巨大的市场，只占有 1% 份额都非常有利可图，不可避免地会出现大型且成熟的竞争对手。对于一家小公司来说，在这种情况下试图与大型成熟公司正面竞争几乎是自取灭亡。但这也不是不可以做到，前提是全面的研究已经清楚地确定了市场利基。没有任何投资者会相信对未经证实的猜测，诸如"在每年 10 亿英镑的市场中，我们可以轻松获得 1% 的市场份额，即每年有 10 万英镑的销售额"。

- 将客户考虑在内：你知道有多少客户和潜在客户可能会向你购买产品，他们会购买多少？你可以使用多种类型的数据作为合理销售预测的基础：你可以采访潜在客户样本，发布新闻稿或广告以评估反应并在贸易展览会上展示产品以获得客户反馈。

### 案例分析

#### 维尔纳·赫克

在安排英国供应商和安装团队在德国安装了一个维多利亚风格的温室后，工程师和克兰菲尔德工商管理硕士维尔纳·赫克成立了一家公司，并在德国领先的电视广告杂志上投放了一则小广告。赫克收到了超过 15 条回复，并且知道了安装一个温室的平均安装成本至少为 25000 英镑，赫克能够准确预测第一年的销售额，并因此成为一家成功的公司。

- 注意订单周期和时间表：如果你的产品或服务需要在批准列表中才能购买，那么预测中应该确认你已获得批准。
- 考虑季节性：你应该考虑可能导致一年中某些时期销售额或高或低的

季节性因素。例如，80% 的玩具在一年中的某 3 个月内销售额高，剩下的 9 个月销售表现非常平淡。如果你销售该玩具，这将对现金流预测产生重大影响。

## ☞ 案例分析

### 使用经验法则：蒂姆·布朗

蒂姆·布朗在私人投资者的大力支持下在洛杉矶创立了他的第二家餐厅阿拉莫，此时，他使用了一条规则。根据他的经验，一旦一家餐厅为 25000 名客户提供服务，它就可以期待足够的回头客来实现收支平衡。在他运营餐厅的前 8 个月里，该数额已达到 20000 名。

- 尽可能使用经验法则：对于某些企业，可以使用经验法则来估算销售额。在零售业尤其如此，因为位置研究、交通量和人口密度都是已知因素。
- 计算出你想要的收入：预测将适应业主的现实目标。你甚至可以说，战略的全部目的是确保实现某些预测。在拥有成熟产品和市场的成熟公司中，比在初创公司中更可能出现这种情况。然而，"我们需要赚多少钱？"的一个要素，必须在预测中发挥作用，即使只是在某个策略不值得追求时发出信号。
- 将销售预测与活动联系起来：无论是如何得出的，销售数据无法说服任何人，除非数据与业务的具体活动相关联。例如，如果企业中，销售人员必须进行访问以生成订单，那么了解需要拨打多少电话才能获得一份订单，以及平均订单规模可能是你的销售预测中包含的重要信息。

## 第五阶段　审查融资要求和方式

- 你应该预测多久？在未来 3~5 年存在分歧。然而，我们采访过的金融家，虽然经常要求 5 年内的看法，但只认真关注前 3 年。

展望未来的论据是双重的。首先，大多数新企业在最初几年面临的风险最大，因此投资者和贷方希望看到所有者拥有深思熟虑的策略来应对这一时期。其次，风险投资家尤为希望能够实现投资并继续推进。通常，他们的退出路线必须在第 3 年到第 5 年之间实现——他们希望在这 3 年中最早的时候。

销售预测的前两年应按月进行，其余 3 年按季度进行。

下面的示例提供了新企业营业最初几年可能出现的结果范围。

### 案例分析

#### 星巴克——预测就是相信

大多数人认为霍华德·舒尔茨是星巴克的创始人，但这一荣誉属于杰里·鲍德温、泽夫·西格尔和戈登·鲍克这三个对新鲜咖啡有着共同热情的朋友。他们于 1971 年在西雅图开设了第一家分店，1981 年汉马普拉斯 Hammarplast 的塑料销售员舒尔茨看到推出业务的机会时，星巴克是华盛顿最大的咖啡企业，有 6 家零售店销售新鲜咖啡豆。创始人预测未来 10 年左右的增长速度类似，但舒尔茨的愿景是创建像意大利大咖啡馆这样的社区聚会场所，并将其移植到美国。

这个想法并没有引起鲍德温的共鸣，他聘请了舒尔茨作为他的营销经理，但他让舒尔茨在自己的一家商店尝试了按杯出售浓缩咖啡的概念。鲍德温仍然不相信，所以舒尔茨开始自己创业，开了一家他命名为 Il Giornale 的咖啡馆，以意大利当时最畅销的报纸命名。

1987 年，星巴克的所有者将其出售给了舒尔茨，舒尔茨说服一群当地投资者出资 370 万美元，目标是在接下来的 5 年内开设 125 家门店。舒尔茨放弃了 Il Giornale 这个名字，转而使用星巴克，并在世界各地开设了 15000 多家零售店。

### 开始交易后预测销售额

虽然商业计划将包含你的销售目标（即你希望在未来 3 年左右实现的目标），但考虑到过去发生的情况，基本预测是最有可能的未来结果。该预测为支持你投入现金流和利润预测的销售数据提供了动力。图 5-1 显示了第一年到第三年的示例销售历史、未来 3 年的销售趋势以及未来 3 年将用于商业计划财务的销售目标。你可以看到目标远远领先于趋势，而你的营销策略需要证明的正是填补这一空白。

#### 预测工具

有了销售历史，有许多技术可以使预测更容易得出并提高可信度。

- 移动平均线。这种方法从过去 6 个月的销售额中获取一系列数据，将它们加起来，除以月数，然后将该数字用作最有可能预测第 7 个月会发生什么的数据。这种方法在一个静态的、成熟的市场中运行良好，在这个市场中变化发生得很慢，如果有的话。
- 加权移动平均线。这种方法使最近的数据比早期的数据更重要，因为它可以更好地表示当前的业务状况。因此，在将一系列数据相加之前，每个数字都会通过将其乘以一个越来越高的因子来加权，因为你越来越接近最新数据。

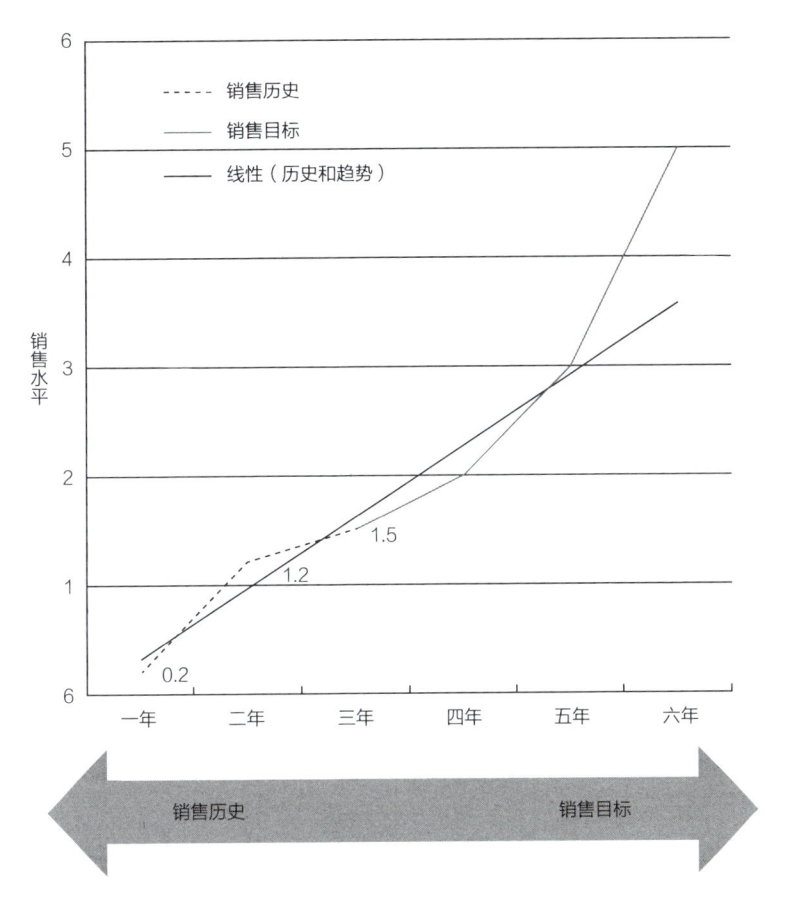

图 5-1 销售历史、趋势和未来目标

有许多更复杂的预测技术，但出于业务规划的目的，这些足以表明你已经对销售预测进行了认真的思考。巴尔的摩大学的 Hossein Arsham 教授提供了一个有用的工具，可以让你输入历史数据并查看不同预测技术的表现（Arsham，1994—2015）。

任务 16 小结：销售预测
1. 提供手头任何确定订单的详细信息。
2. 提供你希望在预测期内向其销售的所有客户的详细信息，以及你希望

> 向每个客户销售多少产品。
>
> 3. 提供支持或验证这些预测的市场研究数据。这对于零售领域的企业来说尤其重要，例如，不一定事先知道客户姓名时。
>
> 4. 在整个商业计划期间为每个主要产品组（例如酒店：卧室、餐厅、非营业执照）按价值和数量编制销售预测——例如最长 5 年（第一年和第二年每月一次，每季度一次）。
>
> 5. 用其他类似新创企业的例子来支持你的预测，并从公司账户和其他来源中汲取灵感。
>
> 6. 估计这些预测预计的可能的市场份额。

## 拓展阅读

1. Berry T (2010) *Sales and Market Forecasting for Entrepreneurs*, Business Experts Press, US.

2. Leventhal B (2018) *Predictive Analytics for Marketers: Using data mining for business advantage*, Kogan Page, London .

3. Mason R (2013) *Successful Budgeting and Forecasting in a Week (Teach Yourself)*, Hodder & Stoughton, London.

## 参考文献

1. Arsham H (1994—2015) *Time-Critical Decision Making for Business Administration*，home.ubalt.edu /ntsbarsh/stat-data/Forecast.htm（achieved in https://perma.cc/E22F-FPTA ）.

> 任务 17
> 现金流量预测

### 现金流与利润

商业的目的是赢利，这是一个广为人知的原则。然而，还有一个更重要的目的——生存。短期来看，一个企业即使没有赢利，只要有足够的现金储备就可以生存，但如果没有现金，即使可能赢利，它也无法生存。现金流量预测的目的是计算企业实现其目标可能需要多少现金，以及企业何时需要现金。这些预测构成与任何潜在资本提供者谈判的基础。

### 现金流假设

预测未来的结果不可能非常准确，但可以通过建立安全边际来预测可能的结果并准备好应对突发事件。预测的起点是对你想要实现的目标做出一些假设并测试它们的合理性。

以 High Note 为例，这是一家新成立的企业，向学校和学院出售乐谱、小型乐器和 CD，预计将获得贸易信贷，由公众支付现金。业主计划投资 10000 英镑，并从银行长期借款 10000 英镑。该公司最初将在毗邻他们家的改装车库中运营，需要 11500 英镑来安装窗户、暖气、灯光、电源、储物架和桌椅。一台电脑、相关软件和一台打印机还需要 1000 英镑。应预留大约 7500 英镑来支付即时交易费用，例如花费 1500 英镑购买股票和初始广告。

#### 现金流量预测

客户的付款迅速到位，以支付其他费用，例如记账、管理和履行订单的一些工资。根据已经进行的谈判，前 6 个月的销售额预计为 60000 英镑，加上一些似乎总是出现的现金销售额。业内的经验法则似乎是股价上涨了 100%，因此，30000 英镑的购入商品以 60000 英镑的价格出售。

### 预测现金需求

基于上述假设，可以做出表 5-1 中所列的现金流量预测。为了便于理解，它已被简化并省略了增值税和税收等一些要素。

**表 5-1　High Note 公司 6 个月现金流量预测**

| 月份 | 四月 | 五月 | 六月 | 七月 | 八月 | 九月 | 总计 |
|---|---|---|---|---|---|---|---|
| 收款人 | | | | | | | |
| 销售额 | 4000 | 5000 | 5000 | 7000 | 12000 | 15000 | |
| 所有者现金 | 10000 | | | | | | |
| 银行贷款 | 10000 | | | | | | |
| 总额 | 24000 | 5000 | 5000 | 7000 | 12000 | 15000 | 48000 |
| 支付 | | | | | | | |
| 购买 | 5500 | 2950 | 4220 | 7416 | 9332 | 9650 | 39108 |
| 利率、电费、燃气费、电话费、网费等 | 1000 | 1000 | 1000 | 1000 | 1000 | 1000 | |
| 工资 | 1000 | 1000 | 1000 | 1000 | 1000 | 1000 | |
| 广告 | 1550 | 1550 | 1550 | 1550 | 1550 | 1550 | |
| 固定装置／配件 | 11500 | | | | | | |
| 电脑等 | 1000 | | | | | | |
| 总提现 | 21550 | 6500 | 7770 | 10966 | 12882 | 13240 | |
| 每月现金盈余／赤字（－） | 2450 | （1500） | （2770） | （3966） | （882） | 1760 | |
| 累计现金余额 | 2450 | 950 | （1820） | （5786） | （6668） | （4908） | |

表中所需的数学知识很简单，各种来源的现金收入和付款都被计算在内。从另一个表格中删去有关月份的现金盈余或赤字。底行显示累积金额。

例如，虽然公司在 4 月底还剩下 2450 英镑的现金，考虑到 5 月的 1500 英镑现金赤字，到 5 月底只剩下 950 英镑现金。

根据这些预测，该业务将需要至少 6668 英镑的现金才能实现其业务计划中的目标。安全边际应谨慎划分，因此该合资企业的融资需求将介于 8000~10000 英镑。

## 避免过度交易

在上面的示例中，根据所做的假设，企业现金不足。一个局外人，也许是银行家，会发现 8 月的数据中销售额增长得越快，现金流赤字越大。通过预测，我们知道这一情况将从 9 月开始有所改善，如果客户只能再坚持几个月，他们应该会消除现金赤字，甚至可能会有盈余。如果他们在一开始就做出现金流预测，或者筹集更多资金（可能通过透支），减少翻新车库的花费，或者设定一个更稳定的销售目标（这意味着他们需要减少库存和广告），他们的企业本来会经营得很好。这些数字表明一家企业的交易额度超出了其财务资源，这种情况被称为过度交易，这对全世界的银行家来说都是深恶痛绝的。

## 估算启动现金需求

上面的示例将现金流预测延长至 6 个月。你应该将你的现金需求预测到未来 12 至 18 个月。你可以使用不同的假设进行一些预测（例如，如果你的订单减少、人们需要更长的时间购买，或者你的办公室成本增加了，看看会发生什么）。最后，当你得出一个有信心的预测，并且你相信自己可以证明所需现金的合理性时，将该数字纳入你的商业计划的融资需求部分。

如果该预测需要的资金超出了你自己准备的资金和从外部筹集的资金，

请不要一味坚持并希望得到最好的结果。很可能当你到达想要获得的位置时，银行会因撤资而阻止你的前进。在 MrSpreadsheet 中有一个有用的电子表格，它会提示你最常见的成本。

## 交易前现金流预测

通常，一个新的企业需要几个月的时间才能开始产生收入。现金流预测需要从预计产生成本或产生收入的那一刻开始。换言之，零日是产生花费或销售的日期，即使此类费用或销售基于信贷基础，并且在未来一个月或更长时间内无须支付钱款。

> **任务 17 小结：现金流量预测**
>
> 使用上文给出的现金流电子表格：
> 1. 为"开盘"日之前的交易前期间构建现金流量表。
> 2. 假设你达到了销售预测中的销售水平，请为第 1~第 5 年构建现金流量表。
>
> 请记住，你应该在第 1 年和第 2 年每月制作表格，第 3~第 5 年制作每季度的表格。不要忘记说明你在得出数据时所做的关键假设。

## 拓展阅读

1. Barrow C (2011) *Practical Financial Management: A guide to budgets*, balance sheets and business finance, 8th edn, Kogan Page, London.
2. Barrow C (2017) *Understanding Business Accounting for Dummies*, 4th edn, Wiley, New York.

## 第五阶段 审查融资要求和方式

### ▶ 任务 18
### 损益表

如前一任务所述，您现在可能会担心 High Note 的财务状况。但这家公司毕竟已经卖出了价值 60000 英镑的商品，而它只支付了 30000 英镑，因此它有可观的利润空间。虽然已向供应商支付了 39108 英镑，但仅售出了 30000 英镑的成本商品，这意味着价值 9108 英镑的乐器、乐谱和 CD 仍有库存。销售也存在类似情况。High Note 的账单为 60000 英镑，但只支付了 48000 英镑；余额为债务人所欠。现金流量预测末尾的数字显示 High Note 处于赤字状态，达到 4,908 英镑，这似乎遗漏了一些重要事实。

本次任务主题的损益表，以及下一次任务中的资产负债表，将帮助我们对该业务财务状况有一定了解。实际上，现金流量预测和损益账户预测是并行的任务，基本上从相同的数据中得出。几乎可以被视为同一枚硬币的"正面"和"反面"，假设销售收入和销售成本都是"在同一个月匹配"；现金流量表是从现实的角度来看相同的交易，即销售成本首先发生（并支付），最后大约在一周到三个月后收到收入。

显然，在进行销售和接收付款以及使用服务或购买商品和付款之间的这种延迟对非现金业务的影响是至关重要的，尤其是在营业第一年和业务快速增长时。

### 一些基本规则

损益表旨在将收入和支出"匹配"到适当的时间段。唯有如此，才能实实在在地计算当期利润。在我们查看损益表的结构之前，先了解一下会计概念可能有助于我们应用匹配原则。

## 实现理念

一位特别谨慎的企业家曾经说过，在客户的支票兑现、他消费了产品后没有因此而死亡，并且最终表现出想要再次购买的迹象之前，这个订单都不算完成。

我们大多数人都认识完全不同的人，他们可以"预测"最不可能的销量。会计认为，收入通常在货物（或服务）发货和发票发出时确认为已赚取。这与收到订单的时间、订单的稳固程度或客户及时付款的可能性无关。

也有可能某些发货的产品会在以后被退回——可能是出于质量原因。这意味着收入和利润可以在一个时期内进入企业，并且必须在以后提取。显然，如果这些收益能够被准确估计，那么就可以对当时的收入进行调整。

因此，损益表顶部的"销售收入"数字是在相关期间向客户开具和发送发票的货物价值。

## 应计概念

例如，假设你正在计算一个月所获的利润，这时季度电话费来了。那损益表可能类似于表 5-2。但这显然是错误的做法。首先，3 个月的电话费应与 1 个月的销售额"相匹配"吗？同样错误的做法是，在一月的收入中收取除一月份电话费以外的任何费用。不幸的是，像这样的账单很少在你想要账目时就出现，实际上电话账单在不断"累积"。一个数字（当你有电表时，可能这是一个绝对正确的数字）作为准备金，是为了应付到期的债务。

表 5-2 不匹配账户示例

单位：英镑

| 2020—2021 年损益表 | 金额 |
|---|---|
| 1 月份销售收入 | 4000 |
| 减去电话费（上季度） | 800 |
| 利润 | 3200 |

## 利润和现金的区别

现金是即时的,不考虑其他任何因素。然而,利润是对经济活动的衡量,它考虑了可以赋予价值或成本的其他因素。支配利润的会计原则被称为"匹配原则",这意味着收入和支出与其发生的时间段相匹配。因此,对于 High Note,前 6 个月的损益表如表 5-3 所示。

表 5-3　High Note 公司前 6 个月内损益表(4—9 月)

单位:英镑

| 类别 | 金额 | 金额 |
| --- | --- | --- |
| 销售量 |  | 60000 |
| 减少待售商品的成本 |  | 30000 |
| 毛利 |  | 30000 |
| 热、电、电话、互联网等 | 6000 |  |
| 工资 | 6000 |  |
| 广告 | 9300 |  |
| 总费用 |  | 21300 |
| 税前利润、利息和折旧费用 |  | 8700 |

(有关折旧的解释,请参见任务 19。)

## 构建损益表

损益表通常会针对企业进行更详细的设置,以便更为详细地了解企业的表现。例如,虽然在示例中显示的利润是 8700 英镑,但实际上会更低。由于借钱能为现金流提供资金,因此将产生到期利息,就像 10000 英镑的长期贷款一样。

在实践中,有 4 个利润水平需要注意:

- 毛利润是从收入中扣除所有与制造商品相关的成本后剩下的利润。
- 营业利润是从毛利润中扣除营业费用后剩下的利润。
- 扣除任何融资成本后的利润是税前利润。
- 税后利润是企业所有者可以用于支出或再投资的部分。

对于 High Note 公司,可能与表 5-4 中列出的差不多。

表 5-4 High Note 的扩展损益账户

单位:英镑

| 类别 | 金额 |
| --- | --- |
| 销售额 | 60000 |
| 减去待出售商品的成本 | 30000 |
| 毛利润 | 30000 |
| 减去营业费用 | 21300 |
| 营业利润 | 8700 |
| 减去银行贷款和透支利息 | 600 |
| 税前利润 | 8100 |
| 减 21% 的税费 | 1827 |
| 税后利润 | 6723 |

## 进行利润预测

通过使用 QuickBooks[①] 网站上的在线电子表格,你可以使上述任务变得更加容易实现。该网站提供了一个可下载的 Excel 电子表格,使你能够根据

---

① QuickBooks 是由 Intuit 开发和销售的会计软件包。QuickBooks 产品于 1983 年首次推出,主要面向中小型企业,提供内部会计应用程序以及接受业务付款,管理和支付账单以及工资表功能的基于云的版本。——译者注

自己的需要定制现金流量表。你可以在资源中心中查找信息并找到电子表格，自由现金流量表模板、示例和指南。

---

**任务 18 工作小结：损益账户**

使用前文给出的电子表格：

1. 假设你达到了销售预测中的销售水平，请为第 1~第 5 年构建损益表。包括对所做关键假设的陈述。

2. 为整个 5 年（每年）的损益账户制作一个四行摘要（销售额、毛利润、营业利润和税前利润）。

3. 进行敏感性分析，注意以下各项必须改变多少才会影响商业计划的可行性：

（1）销售额下降百分比。

（2）固定成本增加百分比。

（3）商品销售成本增加百分比。

---

## 拓展阅读

1. Barrow C (2011) *Practical Financial Management: A guide to budget, balance sheets and business finance*, 8th edn, Kogan Page, London.

2. Barrow C (2017) *Understanding Business Accounting for Dummies*, 4th edn, Wiley, New York .

## 任务 19 资产负债表

到目前为止，示例中花费在"资产"项目上的钱都被忽略了。例如在电脑上花费的 12500 英镑以及用于将车库改造成适合商业用途的场所的钱，价值 9108 英镑的等待出售的乐谱以及尚未付款的客户所欠的 12000 英镑。假设在何处弥补现金赤字是商业计划中很有必要的部分，最合理的短期来源是银行透支。资产负债表是一种会计报告，可随时显示所有长期财务状况。

对于 High Note 公司（我们在其他任务中一直使用的示例）而言，9 月底的资产负债表列于表 5-5。

表 5-5 截至 9 月 30 日 High Note 资产负债表

单位：英镑

| 资产 | 金额 | 金额 |
|---|---|---|
| 固定资产 | | |
| 车库改造等 | 11500 | |
| 计算机 | 1000 | |
| 固定资产总额 | | 12500 |
| 营运资金 | | |
| 流动资产（CA） | | |
| 股份 | 9108 | |
| 债务人 | 12000 | |
| 现金 | $\dfrac{0}{21108}$ | |
| 减去流动负债 | | |
| 透支 | 4908 | |

续表

| 资产 | 金额 | 金额 |
|---|---|---|
| 债权人 | $\dfrac{0}{4908}$ | |
| 营运资金（CA−CL） | | 16200 |
| 总资产 | | 28700 |
| 负债 | | |
| 引入业主资本 | 10000 | |
| 长期贷款 | 10000 | |
| 留存利润（来自损益账户） | 8700 | |
| 负债总额 | | 28700 |

此资产负债表应包含许多未显示的项目，例如尚未支付的税款和增值税，应显示为流动负债。

## 资产负债表的语言

财务报表中使用的术语通常看起来很熟悉，但它们的使用方式通常将非常特殊且可能令人困惑，例如下述的资产负债表，"资产"和"负债"这两个词。你可能认为所有者投入的资金和多年交易保留的利润绝不会是负债，但在会计中，"负债"是用来说明资金来源的术语。相应地，"资产"在会计语言中是指用这笔钱做了什么。

你还会注意到，资产和负债在中间混杂在一起，以抵消流动资产和流动负债，因此最终得出了营运资金的数字。会计上的"流通"是指交易周期内，通常以一年为单位。存货将在一年内用完，债务人将在一年内按要求偿还透支，而随时可偿还的透支也表现为短期负债。

## 资产

资产是"企业拥有的宝贵资源"。可以看到其定义中有两个关键点：

- 为了让资产存在价值，则资源必须为现金，并在当前或未来产生利润方面有一定用途。例如，债务人（因提供的商品或服务而欠企业钱的人）通常会偿还资产。当他这样做时，债务人就会变成现金，从而符合此概念。如果没有希望得到付款，那么你很难将这笔款项视为资产。
- 所有权，在其法律意义上，可以视为不同于占有或控制。该词的会计用途与占有或控制相似但不相同。在企业中，拥有和控制不足以使资源成为资产。例如，租用的机器可能由企业拥有和控制，但归租赁公司所有。因此，它不是资产，而是出现在损益表上的常规费用。

## 负债

这些是企业以外的人的主张。在这个例子中，只显示了债权人、透支和税收，但它们可以包括应计项目和递延收入等项目。我们的资产负债表示例中"融资方"部分也被部分视为负债。

### 流通的现金

这是用于资产和负债的术语，表示这些资产将转换为现金，或流通时间较短（一年以下）。

现在让我们来看看资产负债表的主要元素。

### 使用的净资产

这一部分讲的是"我们用钱做了什么"。一个企业只能用资金做三件事：

- 购置固定资产，如厂房、机器、汽车等。这些是企业打算长期保留的资产。它们将用于帮助赚取利润，但不会在短期内消失（除非出售和更换，例如汽车）。
- 资金可以同营运资本捆绑，即直接与企业产品（或服务）相关的"事物"产生联系，这些事物会在短期内消失。如股票被卖出并被替换；债务人偿还，债权人得到偿还；和现金流通。营运资金的计算方法是从流动资产中减去流动负债。这是企业必须为营运资金提供资金的净资金总额。在资产负债表中称为净流动资产，但在大多数其他情况下，使用术语"营运资本"。
- 最后，企业可能因地方政府债券或投资其他企业而将长期资金放在一边。在后一种情况下，这可能是收购的前奏。在前者中，它可以作为未来资本投资的现金储备。账户类别称为投资。在这个例子中没有显示，因为它在新成立的或小型企业中是一种相当罕见的现象，这些企业通常缺少现金。

**资助者**

资产负债表的这一部分显示了资金的来源。它通常至少有两个子标题，尽管大公司可以有更多。

- 股本。这是各类人投入资金以换取部分业务份额的总称。如果企业成功，他们可能每年都会获得股息，但他们的主要回报将来自企业价值的预期增长以及随之而来的股票价值的上升。
- 每年的损益是在股东投资中加减。最终，一旦企业赢利，每年都会有一些资金用于储备。这个词让人联想到以备不时之需的大量储蓄现金。重要的是要记住，不一定如此。企业中唯一的现金是流动资产中该条目下显示的现金。与所有其他资金一样，储备金用于为企业融资，并与固定资产和营运资金挂钩。

- 为企业融资的最终资金来自外部各方的长期或中期贷款。这些贷款的形式可以是债券、抵押贷款、租购协议或银行的长期贷款。所有此类贷款的共同特点是无论企业是否成功，企业都必须为这笔钱支付利息并最终偿还本金。相反，如果企业取得巨大成功，与股东不同，贷方不会分享额外利润。

## 一些基本规则

会计师在编制资产负债表时通常会遵守这些基本规则。

### 货币计量

在会计中，只保留可以用货币表示的事实记录。例如，你的健康状况，或者你的主要竞争对手就在对面开了一家更有竞争力的门店，这些都是重要的商业事实。然而，没有针对它们进行的会计记录，它们也不会出现在资产负债表上，仅仅是因为无法为这些商业事实分配客观的货币价值。

用金钱来描述商业事实具有一个巨大优势，即提供了共同点。试想一下，如果你要购置笔记本电脑、汽车以及一个 4000 平方米的车间，并得到一个总数。你需要一个通用术语才能执行基本的算术函数，并将一组账户与另一组账户进行比较。

### 商业实体

这些账户为企业本身保留，而不是为所有者、工人或与公司相关的任何其他人保留。如果所有者向其业务注入短期现金，它将在业务账户中显示为流动负债中的贷款。在他或她的个人账户中，将显示为一种资产，即其他人所欠的钱。因此，根据你采取的观点，相同的金额可以是资产或负债。并且在这个例子中，所有者和企业基本上是同一个人，极有可能混淆。

必须扼制混淆的来源，业务实体概念正具有这一用途。该概念表明资产和负债始终是从企业的角度来定义。

### 成本概念

资产通常以成本入账。由于各种原因，资产的真正"价值"可能会随着时间而改变。资产价值是一种主观估计，两个人不可能对此达成一致。因为资产本身通常不对外出售，所以交易将变得更加复杂和有操作性。因此，在寻求客观性的过程中，会计师已将成本作为记录的数字进行结算。这意味着资产负债表不显示企业的当前价值。

### 折旧

固定资产通常在其使用寿命内折旧，而无须计入损益表中。根据会计规则，不同资产折旧的适当时期通常在3~20年。如果我们认为计算机的使用寿命为4年并且规则允许，我们将通过折旧的方式将每年250英镑的成本作为相关年度损益表中的费用项目。折旧虽然对管理账户至关重要，但从税收角度来讲，该费用并不受规则允许。税务机关允许每年将资产成本的25%的"减免"免税额设置为税收项目。有时政府想刺激企业投资（比如电脑），它会相应地提高减免津贴。这个数字几乎肯定不符合你对折旧的估计，因此你需要用于税收目的的利润和用于管理目的的利润。可以在表5-6中看到折旧对账户的影响。固定资产折旧减少125英镑，年度留存利润相应减少，从而确保资产负债表余额。

表5-6 资产负债表

单位：英镑

| 资产变动 | 金额 |
| --- | --- |
| 按成本计算的固定资产 | 12500 |

续表

| 资产变动 | 金额 |
| --- | --- |
| 减去 6 个月的折旧 | 125 |
| 账面资产净额 | 12375 |
| **责任变更** | |
| 损益账户利润减少 125 英镑后的金额 | 8575 |

你将保留资本登记册，用于记录所有固定资产的成本和折旧。另一个会计规则，即"重要性"，在此处生效。就技术而言，价值 5 英镑的袖珍计算器是一种固定资产，因为它是买来使用而不是用于售出，且其使用寿命超过一年。它被视为一项费用，却因为所涉及的金额太小而不能成为实质性的账目。关于成本在什么时候可以归为实质性的账目没有明确的规则。对于大型组织来说，它可能是价值几千英镑的物品。对于小型企业，100 英镑可能差不多。

其他资产，例如永久业权的土地和建筑物，将不时进行重估，股票将按成本或市场价值（以较低者为准）入账。

QuickBooks 网站提供了一个可供下载的 Excel 电子表格，让你能够根据自己的需要定制资产负债表，你可以通过资源中心找到电子表格、免费的资产负债表模板、示例和指南。

## 持续经营

会计报告总是假设企业能在未来无限期地继续交易，除非有充分证据证明企业无法继续经营。这意味着企业的资产被简单地视为利润来源，而不是可供出售的资源。

例如，一辆汽车可能以 3000 英镑的价格记录在账户中，已从其购买成本中扣除。如果我们知道这家公司将在几周内倒闭，那么我们对汽车的转售价值会比它的"账面"价值更感兴趣；这辆车可能只卖到 2000 英镑，这是一个完全不同的数字。

一旦企业停止交易，我们就不能以同样的方式现实地看待资产。它们不再被用于业务中来帮助产生销售和利润。最客观的数字是他们在市场上可能意识到的。做过机械销售的人都知道账面价值和市场价值的区别。

## 两方面

为了保持任何商业交易的完整记录，我们需要知道钱从哪里来，以及用它做了什么。例如，仅仅说某人在他们的业务中投入了 1000 英镑是不够的。我们必须展示这些钱是如何被用来购买固定装置、交易股票等的。

---

**任务 19 工作小结：资产负债表**

1. 为你的业务构建一个资产负债表，就像开始交易前一天一样；你应该这样做。
2. 列出并解释支持财务预测的假设。
3. 假设你达到了销售预测中的销售水平，请在第 1 年、第 2 年和第 3 年末构建资产负债表。这些应该在你构建损益表（任务 18）和现金流量预测（任务 17）后完成此项任务。

---

## 拓展阅读

1. Barrow C (2011) *Practical Financial Management: A guide to budget*, balance sheets and business finance, 8th edn, Kogan Page, London .
2. Barrow C (2017) *Understanding Business Accounting for Dummies*, 4th edn, Wiley, New York.

# 任务 20
# 盈亏平衡分析

## 计算盈亏平衡点

举一个简单的例子：一家企业计划只销售一种产品，并且只有一种固定成本，即租金。

在图 5-2 中，纵轴以千英镑为单位显示销售额和成本，横轴表示已售出的"单位"数量。第二条水平线代表固定成本，即不随数量增加而变化的成本。在这种情况下，租金为 10000 英镑。从固定成本线顶部延伸的斜线是可变成本。在此示例中，企业计划以每单位 3 英镑的价格购买，因此它销售的每个单位都会增加其固定成本。

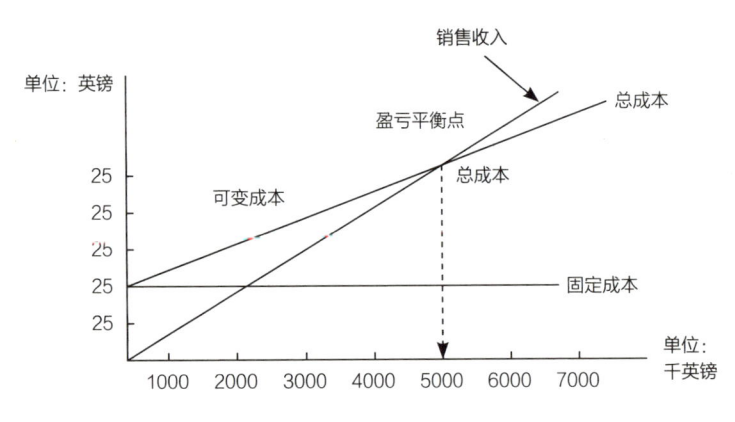

**图 5-2 盈亏平衡点**

计算盈亏平衡点只需要一个元素——销售线。这是从图表左下角以一定角度向上移动的线。该企业计划以每单位 5 英镑的价格售罄，因此这条线的计算方法是将售出的单位乘以该价格。

盈亏平衡点是企业开始赢利的阶段，那是当销售收入开始超过固定成本和可变成本时。图 5-2 显示该示例的盈亏平衡点是 5000 个单位。

从图中推导出的公式将为你自己的计算节省时间。

$$盈亏平衡点 = \frac{固定成本}{售价-单位可变成本} = \frac{10000}{5-3} = 5000 个单位$$

## 有利可图的定价

为了完成收支平衡图，我们需要再增加一个维度，即利润。倘若将利润当作年底计算时的特殊因素则大错特错。这是你一开始就需要具体且可量化的目标。

让我们回到之前的例子。你计划在企业的固定资产上投资 10000 英镑，你还需要持有另外价值 5000 英镑的股票，共为 15000 英镑。只需将钱存入银行或建筑协会，你就可以获得 1500 英镑的利润。也就是说，你承担了自己设立的风险，就有期望得到 4000 英镑的回报（回报率 27%）。现在让我们看看你什么时候能实现收支平衡。

新方程式必须包括你的"期望"利润，因此该方程式应为：

$$盈亏平衡点 = \frac{固定成本+目标利润}{售价-单位可变成本} = \frac{10000+4000}{5-3} = 7000 个单位$$

我们知道，要达到目标，我们必须以每台 5 英镑的价格售出 7000 个单位的产品，并且固定成本不超过 10000 英镑。这个方程式的强大之处在于，每个元素都可以在实验的基础上依次改变，以获得令人满意和可实现的结果。例如，假设你认为你不太可能销售 7000 个单位的产品，但可以售出 6500 个单位，你的售价必须是多少才能获得相同的利润？

使用 BEPP 方程，你可以得出答案：

$$盈亏平衡点 = \frac{固定成本 + 目标利润}{售价 - 单位可变成本}$$

$$6500 = \frac{10000 + 4000}{售价 - 3}$$

$$售价 = \frac{14000}{6500} + 3$$

$$\approx 5.15 英镑$$

如果目标市场能承受 5.15 英镑的售价，而不是 5 英镑，那么你的商业计划将如期进行；如果不可以，你就必须转换思路。必须找到降低固定和（或）可变成本，或销售更多产品的方法，而不是仅仅接受较低的利润。

## 从特殊到一般

用来说明盈亏平衡点模型的例子很简单。很少有企业只销售一种或两种产品，因此如果你的企业销售数百种产品，更通用的等式可能会更有用，例如一家真正的商店。在此类业务中，如需计算盈亏平衡点，你必须首先确定毛利润。如果业务已经进入交易阶段，那么毛利润为客户收到的资金减去支付给供应商的资金。如果还没有交易，那么研究竞争对手的营业方式能帮助你发现一些应该关注的迹象。

例如，假如你的目标是 40% 的毛利润，你的固定成本是 10000 英镑，而你的整体利润目标是 4000 英镑，那么总和如下：

$$盈亏平衡点 = \frac{10000 + 4000}{0.4} = \frac{14000}{0.4} = 35000 英镑$$

因此，要达到你的目标，你必须达到 35000 英镑的营业额。（你可以自己检查一下：回顾之前的示例，收支平衡点为 7000 个单位，售价为每件 5 英镑。将这些数字相乘可得出营业额为 35000 英镑。该示例中的毛利润为五分之二，即 40%。）

## 获得收支平衡的帮助

BizPep 旗下拥有一个软件，称为定价盈亏平衡分析，可帮助你计算在各种商业条件下的最佳销售价格。可免费试用完整功能 7 天。该软件可输出包括当前实际价格或建议价格的基础上 ±50% 的当前价格、增加价格、减少价格和最优价格的盈亏平衡图表。你也可以使用哈佛商学院的免费软件自己进行相同的分析（请参阅前面的"利润定价"部分），但 BizPep 的模板会为你减少一些繁重的工作。

> **任务 20 小结：盈亏平衡分析**
>
> 使用盈亏平衡分析表（表 5-7）上的模板：
>
> **表 5-7　盈亏平衡分析表模板**
>
> | 1 | 计算毛利率 | | |
> |---|---|---|---|
> | | 预计销售额 | 英镑 | |
> | | - 直接成本 | | |
> | | 采购（材料成本） | 英镑 | |
> | | 人工成本 | 英镑 | |
> | | = 毛利润 | 英镑 | （A） |
> | 2 | 计算毛利率 | | |
> | | 毛利润 | 英镑 | × 100 |
> | | 销售额 | 英镑 | |
> | | = 毛利率 | | %（B） |
> | | Notes： | | |
> | 3 | 计算估计利润 | | |
> | | 间接成本 | | |
> | | 工资（包括个人预算） | 英镑 | |
> | | + 租金 | 英镑 | |
> | | + 费率 | 英镑 | |
> | | + 照明 / 取暖费 | 英镑 | |

续表

|   |   |   |   |
|---|---|---|---|
|   | +保险费 | 英镑 |   |
|   | +修理费 | 英镑 |   |
|   | +广告 | 英镑 |   |
|   | +银行利息 | 英镑 |   |
|   | +其他费用（如固定资产折旧） | 英镑<br>英镑<br>英镑<br>英镑<br>英镑 |   |
|   | =间接费用 | 英镑（C） |   |
| 4 | 计算盈亏平衡所需的实际营业额 |   |   |
| 5 | 计算每月盈亏平衡目标 |   |   |
|   | =每月盈亏平衡销售额 |   |   |
| 6 | 计算估计利润 |   |   |
|   | 预计销售额 | 英镑 |   |
|   | －盈亏平衡销售额 | 英镑 |   |
|   | +毛利率 | % |   |
|   | =利润（12个月） | 英镑 |   |

1. 根据最后三章计算的数据，构建第一年的盈亏平衡分析。

2. 评估以下事件对每年盈亏平衡点的影响：

（1）销量上升或下降10%；

（2）单位售价上涨或下跌10%；

（3）每单位销售的可变成本上升或下降10%，例如一顿饭；

（4）固定成本上升或下降10%；

（5）在第1年实现利润目标的要求，必须销售多少产品才能达到收支平衡？

3. 回顾任务8定价，并根据任务期间进行工作或研究的成本评估销售价格。

## 拓展阅读

1. Barrow C (2011) *Practical Financial Management: A guide to budget*, balance sheets and business finance, 8th edn, Kogan Page, London.

2. Barrow C (2012) *Business Accounting for Dummies*, 3rd edn, Wiley, New York.

## 任务 21
## 估计融资需求

看起来非常专业的商业计划表明获得超常回报的可能性非常高，但如果没有认真考虑资金需求，以及并没有与潜在的贷方和投资者沟通，那么商业计划就会成为你面对的第一个障碍。在预设能获得最大透支额度的前提下，查看现金流量表并表述为如下措辞尚还不足：

管理层需要150000英镑的启动资金才能开展业务，该资金可来自银行贷款或注资。现金流量预测显示，如果通过贷款的方式获得资金，该笔钱款需在3年内偿还。如果资金来自发行股本，则可以通过股息获得极好的回报。

这样的说法留下了许多没有答案的问题，例如：

你为什么需要资金？

你需要什么类型的资金？

你什么时候需要资金？

谁是你在创业途中的最佳资金来源？

如果你在销售产品或从事服务行业，那么你越成功，用于融资、库存或支付工资的资金就越多。为保持竞争力和知名度，产品和服务需要与网站信息保持同步，为达到这一效果还需要一些额外投资。

桑坦德银行[①]推出了一个简洁的工具，可让你在数百个行业（从针灸到挡风玻璃服务）中选择有兴趣开展业务的那个。成本计算器将提供你可能必须购买的项目以及当前所需的成本。滚动浏览网站上的8个成本提示界面，你将了解启动该特定类型业务所涉及的成本。

---

① 英国桑坦德银行（Santander UK）是英国第三大存款银行，该银行由西班牙桑坦德集团全资拥有。——译者注

## 你为什么需要资金？

你可能非常清楚你需求资金的缘由，但除非商业计划书的读者有足够的时间（事实上，他们没有）并可以自己解决问题（他们也不能解决），否则你必须在计划书中清楚地说明你将把资金用于何处。例如：

需要净投资 150000 英镑，其用途如下（表 5-8）：

表 5-8　资金用途表

单位：英镑

| 购买： | 金额 |
| --- | --- |
| 摩托车 | 5000 |
| 盆栽和设备 | 100000 |
| 提供： |  |
| 最初 6 月的运营资本 | 75000 |
| 全部要求 | 180000 |
| 减少（你）的投资 | 30000 |
| 净资金需求 | 150000 |

此表清楚地告诉了读者资金将用于何处。

## 你需要什么类型的资金？

独立企业有许多可用的资金来源。然而，并非所有来源都适用于所有公司。不同的资金来源为赢利业务规定了截然不同的义务、责任和机会。必须理解这些差异才能做出明智的选择。

大多数新企业的财务策略都局限于银行贷款上（无论是长期还是短期），它们认为其他融资方式要么过于复杂，要么风险太大。然而，在大多数情况下，事实正好相反。除了银行之外，几乎所有资金来源都或多或少地分担了与资金接受者开展业务的一些风险。

银行借款的最大吸引力在于能更快获得便利性。大多数小型企业在没有商业计划的情况下运营，因此大多数都需要额外资金的援助，例如突然扩张业务或收缩业务，都会让人感到意外，这些意外可能受人欢迎，也可能并不受人欢迎。银行正是基于金融战略具有的这一弱点吸引业务，因此出现许多困难也就不足为奇了。

### 贷方和投资者比较

融资参与对象之一是股东，要么是个人商业天使[①]，要么是风险投资提供者等。他们与创始人一起分担业务的全部风险和各种意外，如果事情进展顺利，他们期望在回报中获得相应的份额。他们并不特别关心源源不断的股息，这也是一个很好的特点，因为很少有小公司支付股息。相反，他们希望自己的投资价值大幅增加。他们希望从其他想要在公司增长周期的下一阶段取代他们的投资者那里实现这一价值，而不是从创始人的任何回报中实现。

新企业或小型企业的投资者不会期冀于由设施或其他资产的安全性来支撑投资。相反，他们关注的是创始人的愿景和核心管理团队交付成果的能力。融资过程中的另一对象是银行，银行尝试不承担任何风险，无论业绩如何都期望获得一些回报。他们希望从投资的第一天开始，贷款金额便可支付利息。虽然他们也希望拥有得力的管理层，但他们更感兴趣的是确保对企业或其经理可能拥有的资产进行收费。在还款期限结束时（那一天可能比借款人预期的要早），银行希望收回所有的钱——不多也不少。有人将银行当作可以将一部分非流动性资产（例如房产）以一定折扣价转化为更具流动性的资产（例如现金），此类人会更为谨慎。

了解借贷方和提供股权或股本的投资者之间的期望差异，对于确定向

---

[①] Business Angel（天使投资人），也称为商业天使，是为早期商业企业提供资金以换取股权的高净值个人。——译者注

## 第五阶段　审查融资要求和方式

谁寻求资金至关重要。简而言之，贷方厌恶风险，希望它们提供的任何贷款都有担保，期望获得按时支付的利息，并希望在预定的时间段内收回他们的钱。另一方面，投资者有风险偏好，在业务大幅增长或被出售之前不期望任何付款，并仅靠着创始人的愿景和商业计划来对提案充满信心。

在股东和银行这两个极端之间，存在着无数混合了贷款和投资标准的融资工具。企业需要不断审查其财务状况，为计划承担的风险和未来的经济环境选择最合适的资金组合。企业未来面对的风险和波动越大，选择更高比例的风险资本就越有可能最合适。在稳定和低利率时期，更高比例的借款可能更容易接受。

### 资金来源

新成立的企业有5种主要资金来源：①你自己的资金；②银行和其他机构或家人和朋友的贷款；③让你了解的投资者加入，与你一起分担风险和回报；④在股票市场上向公众公开你的业务；⑤通过赠款或赢得比赛的方式"免费"赚钱。

### 使用自己的资源

在为你的企业寻求融资时，你的着眼点应该是你自己的资源。这通常比任何其他资金来源都更容易安排、更便宜、更快捷且耗时更少。当然，还有另一个重要的优势是，如果你不寻求银行借贷的帮助，一旦业务启动并运行，你可能会在此后获得更好的回报。

#### 动用储蓄

如果你有任何以备不时之需的积蓄，也可以考虑现在就动用。你需要与财务顾问讨论此问题，例如，提前兑现保险可能会受到处罚。投资和财务顾问协会可以帮助你在英国或国外寻找财务顾问。

Remortgaging

如果你在 5 年或早之前就买了现在的房屋，那么你很可能持有大量股权，即房屋当前市场价值与你仍欠抵押人的金额之间的差额。你可以通过重新抵押以获得更高的贷款并取出一些现金用于投资。你应能够取出 25% 到 50% 的股权，尽管这可能意味着你要为抵押贷款多支付 0.5% 到 1% 或从 500 英镑到 1500 英镑不等的安排费。如果你需要的资金相对较少或只需要短期资金作为营运资金，那么这可能不是最佳选择。

你可以在 Remortgage 网站找到与贷款相关的指南，你还可以在该网站上设置抵押贷款报价。银行也就此问题提供建议。

## 使用信用卡

为什么有人能以三分之一的成本获得银行透支，并只支付 18% 的利息？答案很简单，因为银行对借款人进行了相当严格的信用检查（见后文），而信用卡提供商则将大量违约客户纳入其利润范围。换句话说，你付出了很大的代价来获得相当容易获得的钱。

旅行时请务必使用信用卡。随身携带一张信用卡，将之作为应对紧急财务情况时的应急计划之一。但这类资金不应成为任何企业核心资金的一部分。Money Supermarket 网站拥有一个比较工具，可以让你对 300 多张信用卡进行比较。

## 赚取汗水资产

如果你没有回报地从事你现在选择的业务，投入的价值称为汗水资产。因此，如果你构建产品原型、设计宣传册或使用网站，如果你为这些产品付费，则可能产生的成本可以算作你自己投入的资金。

这类投资的吸引力在于对企业而言免费。此外，它可能会鼓励银行家或外部投资者将理论上的投资与其所持现金相匹配，就像你实际用钱时他们会做的那样。

显然没有空气，人就活不了了，所以你需要在工作期间"应用好夜晚经济"。只要你在白天的工作中表现良好，这应该不会造成任何困难，因为雇主通常只会限制你从事另一份有薪工作。这意味着你将不得不每周工作80个小时，但这有助于你为开展业务做好准备。

### 使用本地外汇交易计划

本地外汇交易计划（LETS）允许任何加入计划的人向其他成员提供技能或服务，例如管道、园艺或复印机使用权。无论采用何种货币，其价格都已达成平衡，但并无货币交易。该系统拥有比货币交易更为雄心勃勃的目标。提供者从其由本地组织者保留的账户上获得贷记，并根据用户标记借记。然后，信用人可以将该计划与其他服务进行对比。

使用本地外汇交易计划的好处是你可以在几乎没有启动资金的情况下开始交易和发展。你所需要的只是时间和可供销售的技能，一旦你"出售"了商品，就可以通过本地外汇交易计划信用立即付款。此外，使用本地外汇交易计划意味着财富保留在当地社区，并且所在地区的客户能与你一起产生更多花销。成功使用本地外汇交易计划的关键之一是要有一个有进取心的组织者，他可以制作、维护和分发范围广泛的本地外汇交易计划服务和网点目录。你可以从 Letslink UK 网站了解更多该系统的相关信息，以及如何找到离你最近的组织者的信息。

### 借款

如果你不想吸收股东或合伙人，借款便是主要的资金来源（有关合伙类型的信息，请参阅任务3）。大多数情况下，贷方将帮助你将一部分非流动性资产（例如房产、交易股票或尚未付款的客户）转化为流动性更强的资产（例如现金），但当然会出现一些折扣。贷方很少在没有某种形式的抵押品的情况下垫款。

### 使用银行

银行是每10家新的小型企业中，9家的主要融资来源，而且通常是唯一的融资来源。世界各地的小公司都依赖银行提供资金。

银行家（实际上是任何其他债务资本的来源）都希冀于以资产安全来支持贷款，并提供近乎确定的收回资金的可能性。他们还将收取利率，利率反映的是当前市场状况和银行家对提案风险水平的看法。

银行家喜欢谈论信用分析的"五个C"，这是他们在评估贷款申请时所考虑的因素。向银行申请贷款时，请准备好以下几点：

个人品格。银行家向外表诚实且信用记录良好的借款人提供贷款。在你申请贷款之前，获取信用报告副本并解决内含的任何问题很有意义。

能力。这是对借款人偿还贷款能力的预测。对于新业务，银行家会查看其业务计划。对于现有业务，银行家会考虑财务报表和行业趋势。

抵押品。银行家通常希望借款人抵押一种资产，如果借款人缺乏资金，便可以出售该资产以偿还贷款。

资本。银行家会仔细检查借款人的净资产，即资产超过债务的金额。

条件。银行家是否提供贷款可能会受到当前经济环境以及所需金额的影响。

### 提供银行担保

如果企业拥有很少的资产，任何贷方都可以寻求额外的保护，即要求所有者亲自为贷款提供担保。就有限公司而言，这实际上剥夺了公司应该为承担风险的所有者经理提供的一些保护。如果可能，你应该拒绝提供保证。如

## 第五阶段　审查融资要求和方式

果你必须提供，请尝试仅针对相关特定资产提供担保，并为担保终止设定明确的条件，例如当透支或借款下降到一定水平时。

请记住，商业金融中的一切事项都可以协商，你与银行的关系也不例外。银行也在竞争中，如果你选择的银行太过咄咄逼人，那你可以选择另一家。显然，为了能够继续前进，你需要提前通知银行何时需要额外资金。通知后的下一周便要求银行提供额外的融资，则很难激发你对自己作为战略思想家的能力的信心。这就是商业计划将发挥作用的地方。

### 透支

银行短期融资的主要形式是透支，以对企业资产的抵押作为担保。超过四分之一的小公司所使用的银行融资为透支。如果你开始启动清洁合同业务（contract cleaning business），例如签订一份大合同，你最初需要足够的资金来购买拖把和水桶。合同签订3个月后，你将得到支付，因此获得5年期银行贷款来支付这笔费用毫无意义，因为在一年之内，你将在银行获得现金和提前赎回罚款的贷款。

但是，如果你的银行账户在一年中全然没有出现亏损，你将需要重新检查融资情况。公司经常利用透支来获取长期资产，而透支似乎永远不会消失，且最终将限制业务发展。

透支的吸引力在于它们很容易安排并且只需花费很少的时间。这也是透支与生俱来的弱点。安排文件[①]中的关键词是"按需偿还"，这使银行可以自由制定和更改其认为合适的规则。（该期限处于不断审查中，一些银行可能会在其安排中删除。）对于其他形式的借款，只要你遵守条款和条件，贷款所获金额在此期限内都归你使用。透支情况并非如此。

---

① 安排文件（arrangement document）是指安排协议、安排计划以及目标公司或其代表就安排向其股东签署或发行，或将签署或发行的任何其他文件。——译者注

### 定期贷款

定期贷款，即众所周知的长期银行借款，是由银行提供数年的资金。利息可变，随一般利率而变化，也可以在未来几年内处于固定阶段。固定利率贷款的比例从所有定期贷款的三分之一增加到一半左右。在某些情况下，利率可以在固定利率和可变利率之间以一定的时间间隔移动。甚至可以在短期内暂停支付利息，以给企业一些喘息的空间。只要在还款、利息、担保等事项上满足贷款条件，就可以在贷款期间使用资金。定期贷款与透支不同，如果情况（或当地经理）发生变化，银行也无法中途撤走资金。

超过三分之一的定期贷款期限超过 10 年，四分之一的定期贷款期限为 3 年或更短。

### 政府支持的资金

几十年来，政府在帮助新兴企业和小型企业融资方面发挥作用。启动贷款、高科技股权、出口支持和参加展览的赠款是提供帮助的典型类型。更多相关详细信息，请参阅本书末尾的业务规划关键组织和资源索引。

### 通过信用合作社赚钱

如果你不太接受主要银行所提供的商业银行条款，你可以考虑组建自己的银行。这并不像听起来那么疯狂。由商业组织和有志于创业的小商人团体组成的信用合作社在美国、英国和其他地方已经存在了几十年。对于低收入人群来说，它们一直是一个有吸引力的选择，为银行提供了一种便宜而方便的选择。出租车司机等一些个体经营者也成立了信用合作社。然后，他们可以申请贷款以支付用于维修、翻新或技术升级的意外资本支出。

会员必须定期储蓄才有资格获得贷款，但没有最低存款限制，10 周后，有良好记录的会员最多可以借到存款的五倍贷款，尽管他们必须在偿还贷款的同时继续储蓄。没有固定利率，但可从任何盈余中向会员分配红利，通常每年约为 5%。这也可同银行存款账户的利息相提并论。你可以从英国信用合作社协会了解更多关于信用合作社的信息以及在你所在地区正在运营的信用合作社的详细信息。

## 社区发展融资

许多社区（特别是那些在需要重建的破败地区运营的社区），在为该地区创造工作岗位方面进行贷款或投资等业务拥有便利。这些来源的资金可用于从启动到扩张的任何商业事务，在某些情况下甚至可以作为救援资金，以防止企业倒闭、大量工作岗位流失或搬迁到更良好的商业环境。Responsible Finance，前身为社区发展金融协会，拥有一个供应商名录。2018 年，Responsible Finance 提供商向 52,121 家企业提供了总计 2.54 亿英镑的贷款。

### 案例分析

#### 目的地[1]

雷切尔·洛维（Rachel Lowe）[2]是一位 29 岁的单身母亲，育有两个孩子。她在朴次茅斯当出租车司机时想到了这个让她走向成功的商业创意。她发明了一种游戏，玩家可以通过掷骰子在棋盘上移动出租车，收集车费以前往著名的目的地，同时游戏的目标是在出租车耗尽燃料之前回到出租车候客站。能够在家经营企业意味着雷切尔可以花更多的时间陪伴她的孩子，并且仍可养家糊口。

---

[1] 目的地（Destination）是由 R.T.L Ltd. 于 2004 年首次发行的棋盘游戏。玩家作为出租车司机通过使用骰子从一个目的地移动到另一个目的地来争夺游戏金钱。——译者注
[2] Rachel Lowe 是英国连续创业家和棋盘游戏开发人员。她以开发《目的地》系列游戏而闻名，包括《玩具总动员》，伦敦 2012 年奥运会和《唐顿庄园》的版本。——译者注

但是，尽管她在参加当地的商业竞赛时已经制订了商业计划，但在开始竞赛之前，她还需要克服一些重大障碍。在与伦敦玩具店哈姆雷斯[1]达成了交易并找到了制造商和分销商的情况下，她所缺少的只是少量的额外资金来帮助营销和库存。她向英国广播公司的《龙穴》节目提出了自己的建议，得到的却是彻底的嘲讽。仅仅形容该节目不热情还是一种严重的轻描淡写。他们认为《大富翁》游戏会将她打得一败涂地。虽有逊色，但《目的地》游戏远没有被打败，雷切尔然后转向南海岸财富线，一个社区发展金融机构和朴次茅斯地区再生信托集团的一部分。借助他们的贷款，她将自己的游戏《目的地》推向了畅销游戏前10名，甚至击败了《大富翁》！保守估计，与德本汉姆[2]达成的伦敦区域版本的游戏并签约制作哈利·波特和迪士尼版本游戏让她拥有价值200万英镑的业务。

## 租赁和租用设备

汽车、货车、电脑、办公设备等实物资产通常可以通过租赁来融资，而不是像出租房屋或公寓一样。或者，可以通过租购方式购买实物资产。这使得其他资金可以自由地覆盖现金流中相对无形的成分。

租赁是一种无须一次性支付全部费用即可使用车辆、厂房和设备的方式。如果你将使用设备（例如汽车、复印机、自动售货机或厨房设备）的时间低于其全部经济寿命，则将取消经营租赁。出租人承担设备报废的风险，并承担维修、保养和保险责任。当你作为承租人为这项服务付费时，它比融

---

[1] 哈姆雷斯（Hamleys）是英国历史最悠久的玩具店，创立于1760年，坐落于伦敦摄政街，已有超过260年的历史。——译者注

[2] 德本汉姆（Debenhams）公司是英国的一家企业，主要经营百货店，现在在英国、爱尔兰、丹麦开设有178家店铺。德本汉姆主要销售服装、家具用品和家具。——译者注

资租赁更昂贵。在融资租赁中，你在其大部分经济寿命期间租赁设备并自行维护和保险。在后几年，通常可以延长租约，通常是相当名义的金额。

租购与租赁的不同之处在于，你可以选择在一系列付款后最终成为资产的所有者。

## 寻找一家租赁公司

金融和租赁协会拥有所有提供此类融资的英国企业的详细信息。该网站还提供有关贸易条款和行为准则的通用信息。

## 折扣和保理

客户通常需要时间付款。与此同时，你必须向员工和没有耐心的供应商支付费用。所以，企业发展得越多，需要的资金就越多。通常可以将信誉良好的客户的账单"贴现"给金融机构，在出售货物时即可收到资金，从而加快现金流。

无论是在国内市场还是在国际市场，保理业务通常仅适用于向其他企业客户开具其服务发票的企业。保理业务可以提供给新业务，尽管该服务通常在增长的早期阶段最有价值。这种安排使你可以较对手更快的支付速度从客户那里收到高达80%的现金。实际上，保理公司购买了你的贸易债务，还可以提供债务人会计和管理服务。当然，你必须为保理服务付费。在你的客户付款之前获得现金将比正常的透支率花费更多。保理服务将占营业额的0.5%~3.5%，具体取决于工作量、债务人数量、平均发票金额和其他相关因素。你最多可以提前获得发票价值的80%，还有剩余部分在客户结算时支付，并需要减去刚才提到的各种费用。

如果你直接向公众销售、销售复杂且昂贵的资本设备，或期望长期项目按进度付款，那么保理业务不适合你。如果你的扩张速度超过了其他资金来源所允许的速度，那么保理服务可能是一项值得研究的有用服务。

发票贴现是保理业务的变体，你负责从债务人那里收取款项；这项服务不适用于新成立的或规模非常小的企业。

### 供应商信用

一旦你建立了信誉，就有可能利用供应商提供的贸易信用。通常采取的形式是允许你在收到货物后的 7 天到 3 个月内支付货款。即使你有时间支付商品和服务费用，你也必须充分权衡获得此信用的好处与失去所提供的任何现金折扣的成本。例如，如果该服务为你提供 2.5% 的现金结算折扣，那么每购买 1000 英镑可节省 25 英镑。如果另一种选择是获得 6 周的信贷，那么节省的就是从银行借入这笔款项的成本，比如透支。因此，如果银行利率为每年 8%，则相当于每周利率为 0.15%。6 周可以为你节省 0.92% 的利率。每购买 1000 英镑，你只能节省 9.20 英镑的银行利息，这意味着现金折扣更具吸引力。

### 检查你的信用

供应商可能会在延长付款期限之前对你进行信用检查。你应该不时对自己的业务进行信用检查，查看客户如何看待你的信用。在尝试使用益博睿[①]等信用参考机构从供应商处获得信用之前，你可以查看自己的信用评级。基本信用报告的费用在 3~25 英镑，如果你对潜在客户的支付能力有任何疑问，采用基本信用报告可以节省你的时间和金钱。

### 家人和朋友

与你关系密切的人可能愿意借钱给你或投资你的企业。这可以帮助你免

---

[①] 益博睿（Experian）是一家美国—爱尔兰跨国消费者信用报告公司。Experian 收集并汇总了超过 10 亿个人和企业的信息，包括 2.35 亿个美国个人消费者和超过 2500 万个美国企业。该公司总部位于爱尔兰的都柏林，在 37 个国家和地区运营，并在巴西、英国和美国设有办事处。

受向外人寻求投资时所需的辩护工作、额外的文书工作和官僚主义带来的拖延。如果你曾破产或有其他信用问题导致难以或无法从商业贷方借款，那么来自朋友、亲戚和商业伙伴的帮助可能会具有特别价值。他们的参与带来了一系列额外的潜在收益、成本和风险，其他大多数金融类型都不具备这些特点。你应自己决定选择哪种方式。

从熟人那里借钱的一些好处是他们可能会要求你采用较低的利率，可能允许你延迟还款，直到时机更为成熟。如果你陷入困境，你可能会获得更大的灵活性。但一旦贷款条款达成一致，你将承担与银行或任何其他资金来源相同的法律义务。

此外，向亲戚和朋友借钱也可能有很大的劣势。如果你的业务表现不佳，而你身边的朋友最终赔了钱，你很可能会破坏良好的人际关系。因此，在与朋友、亲戚和商业伙伴打交道时，要格外小心，不仅要明确交易条款并以书面形式写明，还要阐明风险。简而言之，如果你无法履行财务承诺，你的工作就是确保你的朋友或亲戚不会遇到真正的困难。

## 案例分析

### Hippychick

当新手妈妈朱莉·明钦（Julie Minchin）发现腰凳[①]这一产品时，她知道自己找到了有用的产品。任何能让你整天抱着婴儿而不会诱发难以忍受的背痛的东西都是好产品。直到后来她才意识到，为制造腰凳的德国公司销售产品可以让她开始创业。起初，朱莉担任他们的英国经销商，但后来她想对产品进行一些重大改进。这意味着要寻找制造商专门为她

---

[①] 腰凳不同于婴儿背带，是一款靠椅式凳子系在妈妈腰上使用的新型育儿工具。以人体工学设计，安全，舒适，时尚。腰凳分别可用面对面式、横抱式、侧抱式等多种功能满足不同年龄段宝宝使用。——译者注

的业务生产产品。中国是一个很合适的地方，可以找到一家能灵活生产小批量产品并能够帮助她保持最终产品成本竞争力的公司。

朱莉用一笔小额家庭贷款、透支贷款和各种小额赠款资助 Hippychick 公司。该公司现在的营业额为每年 300 万英镑，拥有 24 名员工，销售 14 种针对婴儿市场的新颖独特产品。Hippychick 为博姿和 Mothercare[1] 等全国连锁商店以及独立连锁店供货。它还通过产品目录和网站进行销售，并且正在为品牌产品建立分销商网络。2013 年，它在 Nursery Industry Awards[2] 中获得了最佳经销商奖，这可能是教育行业的最高荣誉。该公司 2019 年的最新账目显示，他们为公司所有者赚取了 250000 英镑的利润。

## 吸引投资者

如果你是一家有限公司或有限合伙企业，你将有一个潜在的宝贵机会来筹集相对无风险的资金。这对企业创始人来说毫无风险，但对任何向你提供资金的人来说都有风险，有时甚至极其危险。像这样的企业拥有可以交易的股票，所以出售你的企业股份是筹集资金以启动或发展企业的一种方式。股票还有一个巨大的额外吸引力，那就是你什么都不用耗费，一点都不用，除了血、汗、眼泪和灵感。

---

[1] Mothercare Plc 是英国的一家零售商，专门为准妈妈提供产品，并为 8 岁以下的儿童专门提供普通产品。它在伦敦证券交易所上市，是富时小型股指数的组成部分。Mothercare 的英国子公司在 2017 年拥有 150 多家商店，但到 2019 年，这一数字已经减少到 79 家。

[2] Nursery Industry Awards 起源于 1925 年的英国，最开始以服务从事幼儿教育的教育者而成立，提供高品质的教育服务，帮助幼教从业者提高在教育实践中的专业度。——译者注

个人商业天使或企业，如风险投资提供商，与你（创始人）共同承担业务的所有风险和变幻莫测的市场，如果一切顺利，希望能得到相应的回报。他们并不特别关心股息流，因为很少有小企业支付股息。他们也不寻求建筑物或其他资产的安全来支持他们的投资。相反，他们希望大幅提高投资价值。他们希望从其他希望在公司增长周期的下一阶段占据一席之地的投资者那里实现这一价值，而不是从创始人的还款中实现。

## 案例分析

### Moonpig

2015年3月，尼克·詹金斯（Nick Jenkins）被任命为长期运行的英国广播公司商业节目《龙穴》的三个新"龙"之一。詹金斯毕业于伯明翰大学，获得俄语学位，随后从事糖业贸易，在莫斯科为总部位于瑞士的商品贸易公司马克里奇工作。到1998年，在俄罗斯工作了8年后，尼克决定返回英国，一定程度上是因为他发现公寓门上钉了一位来自前客户的死亡威胁，但主要是出于创业的愿望。他于1999年在克兰菲尔德管理学院完成工商管理硕士学位时创办了贺卡业务Moonpig。

他在1999年的商业想法很简单。他将采用自维多利亚时代以来就存在的一般标准贺卡，并创建一个网站，客户可以在其中个性化自己的幽默贺卡。尼克计算出，他可以创建一个有利可图的业务。客户购买一张个性化贺卡，价格从2.99英镑起，外加邮费。卡片将在同一天寄出，直接寄给收件人或寄给寄件人以转给其他人。从他对初步努力的积极反应来看，他相信这个想法会变得流行。作为一家在线企业，他还会预先收取款项，他认为现金流会变得很流畅。

制造和包装卡片看起来似乎是最大的支出，尼克没有这两个领域的专业知识，也不是商业主张价值的核心。他将这个想法带给了

Paperlink[①]，这是一家成功的贺卡出版公司，但没有拓展在线业务，如果他们愿意让这家尚未命名的公司（Moonpig）作为贺卡外包供应商，Moonpig 就向 Paperlink 提供该公司的一小部分股份。Paperlink 奇迹般地同意了，这足以让尼克相信他的想法值得实现，这也消除了一个主要的成本领域。

尼克将自己的 16 万英镑（来自他在糖贸易管理收购中的股份）投入了这项业务，并从三个热衷于投资 Moonpig 的朋友那里进一步筹集了 12.5 万英镑。在 1999 年 10 月注册公司后，尼克立即聘请了一家网站设计机构帮助他建立和设计网站，目标是在圣诞节前上线。在该公司交易的第一年，它售出了大约 4 万张卡片，销售额为 9 万英镑，亏损约 100 万英镑。亏损主要来自管理费用，例如员工、印刷设备、软件开发和营销。到 2002 年，经济开始慢慢摆脱网络泡沫破灭的阴影，但情况依然黯淡。Nick 最初预计该业务将在第 3 年实现收支平衡，但实际上，Moonpig 需要 5 年和 6 轮私人投资者的进一步融资才能实现赢利。

到 2004 年，所有的努力似乎终于得到了回报——销售额持续增长，亏损和盈亏平衡之间差距越来越小。销售额从一开始就稳步增长，主要基于口口相传和推荐。由于每件产品都是独一无二的，并且都带有 Moonpig.com 域名的商标，因此它卖得越多，吸引的客户也就越多。到 2005 年，该公司开始赢利。

"精简"和"平均"是关键词，尼克甚至在电子办公室中使用了外包概念。Moonpig 的业务在圣诞节和复活节等旺季蓬勃发展。例如，在圣诞节前夕，该业务通常每天销售多达 1.5 万张卡片。但在一年中的其他时候情况就不同了，当时该公司每天只能销售 1500 到 2000 张卡片。这意味着尼克必须拥有灵活且富有创造力的办公空间。在 Moonpig 最忙碌的时

---

[①] Paperlink 是市场领先的当代艺术和幽默贺卡出版商。——译者注

候，办公室里塞满信封的人几乎满员，许多其他岗位的员工在家工作以腾出办公桌空间。

除了提供个性化卡片外，Moonpig 还开始制作看起来像恶搞杂志封面的卡片，例如 OK 和 Hello! 2006 年，在扩大产品基础的同时，Moonpig 决定从澳大利亚开始向海外扩张。尼克说，这是朝着业务增长迈出的合乎逻辑的一步，因为在购买卡片方面，澳大利亚在文化上与英国非常相似。Moonpig 现在占在线贺卡市场 90% 以上的份额，现在每年销售超过 1000 万张贺卡，如果采用端到端布局，该业务还将从伦敦延伸到莫斯科。2011 年 7 月，该公司被数码照片服务提供商 PhotoBox[①] 以 1.2 亿英镑的价格收购。

## 商业天使

股权或风险资本的第一个可能来源是拥有自己的资金的个人，或许他们还对你的业务类型有所了解。作为对业务份额的回报，这些投资者投入资金时将自担风险。他们被命名为"商业天使"，这个词最初是用来描述支持百老汇或伦敦西区戏剧的私人富人。

大多数商业天使都决心参与一些业务，而不仅仅是签署一张支票，并希望以某种方式在你的业务中发挥作用。他们希望获得丰厚的回报。一位在第一轮的 25 万英镑融资中以 1 万英镑支持 Sage[②] 的商业天使见证他的股份价值增加到 4000 万英镑。

---

[①] Photobox 是一家在线照片打印公司，由 Graham Hobson 于 2000 年创建。——译者注
[②] 赛吉出版公司是由莎拉·米勒·麦克卡尼在 1965 年成立于美国纽约的独立出版公司。——译者注

这些商业天使通常在互联网上借由网络托管运作。在英国和美国，有数百个此类网站，数以万计的商业天使准备每年投入数十亿英镑用于新成立的或小型企业。

### 寻找商业天使

英国商业天使协会有一个在线英国商业天使目录。欧洲商业天使网站（EBAN）拥有欧洲内外的国家商业天使协会名录，你可以从中找到个人商业天使。

### 风险投资/私募股权

风险投资（VC）提供者投资他人所用的资金，通常来自养老基金。他们的议程与商业天使不同，并且更有可能对投资更多资金以获得更大的股份感兴趣。

风险投资在投资之前会进行一个被称为"尽职调查"的过程。此过程涉及对企业及其所有者进行彻底检查。过去的财务表现、董事的业绩记录和商业计划都需要经过详细的审查，通常由会计师和律师进行。然后要求董事"保证"他们已提供所有相关信息，否则将受到经济处罚。这一过程的成本必须由筹集资金的公司承担，但少许安慰的一点在于，该花销将由筹集的资金支付。

一般而言，风险投资人希望他们的投资能在7年内得到回报，但他们是坚定的现实主义者。每10项投资中就有2项全军覆没，其中6项充其量表现一般。因此，每10次投资中也含有不少哑弹。风险投资的目标回报率为30%以上，便是为了弥补这种糟糕的命中率。筹集风险资本并不是一个便宜的选择，交易也并不能迅速成交。6个月交易时间并不稀奇，一年多也曾有过。每位风险投资人的投资组合都在6周内完成了一笔交易，但这确实是个例外。

第五阶段　审查融资要求和方式

## 案例分析

### The Internet Bookshop[①] 以及为什么它相较于亚马逊要黯然失色

英国企业家达利尔·马托克（Darryl Mattocks）是一名软件工程师和计算机爱好者，于1994年经商，比亚马逊领先一年，但他的做法截然不同。马托克走进牛津的一家书店，拿起他几天前订购的一本书。付钱后，穿过几扇门到邮局，然后把它寄给了前一周通过电子邮件发送订单的客户。起初，他受限于使用信用卡为企业融资，但后来一位朋友将他介绍给牛津书商背后的家族成员詹姆斯·布莱克威尔（James Blackwell），后者以50000英镑的价格购买了50%的股份。

前投资银行家杰夫·贝佐斯（Jeff Bezos）在创业前从硅谷风险投资家那里筹集了1100万美元，并将其中的800万美元用于营销。马托克的Internet Bookshop 拥有一个包含1.6万本书的书库。而亚马逊的销售额接近1600万美元。1988年，在收沃特斯通书店的时候，史密斯买下了书店。The Internet Bookshop 的母公司 bookshop.co.uk 售价940万英镑。亚马逊当时的估值为101亿美元（63亿英镑）。

## 寻找风险投资提供者

英国风险投资协会和投资欧洲都有在线目录，提供数百家风险投资提供者的详细信息。你可以在 The Funded 网站上找到那些与风险投资谈判或接受风险投资的人如何根据所提供的交易、公司的能力以及在管理关系方面的表现对该公司的评价。还有一个指向风险投资人的网站链接。基金会有2.1万名成员。

---

[①] The Internet Bookshop 是一家总部位于牛津的英国在线书店，由 Darryl Mattocks 于1994年创办。——译者注

> 案例分析

## Card Factory

Card Factory[1] 是英国领先的贺卡制造商和零售商。它由迪恩和珍妮特夫妇于 1997 年创立,在约克郡韦克菲尔德只有一家商店。如今,它在英国经营着大约 700 家商店,专注于销售物有所值的卡片和礼品。他们雇用了 6000 名全职员工和类似数量的兼职人员,以应对圣诞节和母亲节等高峰时期,分别在卡片上花费 1.644 亿英镑和 5530 万英镑。该公司是在大型且竞争激烈的英国贺卡市场中领先的专业零售商;成年人平均每年发送 31 张卡片,并在单张贺卡上花费约 13.7 亿英镑。英国大约有 800 家贺卡发行商,其中大多数是员工少于 5 人的小企业。该公司大约三分之一的销售额来自礼品敷料、小礼物和派对产品,市场估计价值 1 亿~20 亿英镑。

私募股权公司 Charterhouse Capital Partners[2] 于 2010 年获得了该业务的多数股权。在所有权期间,Charterhouse 与管理层密切合作以发展业务,又开设了 250 家商店,并于 2011 年收购了 gettingpersonal.co.uk,是一家不断发展的在线个性化网站礼品和卡片供应商。

凭借 16 年的不间断收入增长,截至 2014 年 1 月 31 日,Card Factory 的销售额在一年中达到了 3.27 亿英镑。Card Factory 以此为契机在伦敦证券交易所上市。他们于 2014 年 5 月 20 日上市,出售价值 9000 万英镑的股票,约占整个企业价值的 13%。2019 年,该公司的销售额为 4.36 亿英镑,利润接近 8000 万英镑。

---

[1] Card Factory 是英国的贺卡和礼物零售商,由迪恩·霍伊尔(Dean Hoyle)和他的妻子珍妮特(Janet)在韦克菲尔德(Wakefield)创立。——译者注

[2] Charterhouse Capital Partners 是一家位于伦敦的私募股权投资公司,专注于投资价值 2 亿~15 亿欧元的欧洲中型市场公司。——译者注

## 企业风险投资

风险投资公司经常在管理投资业务时手忙脚乱。另一种类型的业务也属于风险资本业务，但不一定是他们的主要业务。这些公司被称为企业风险投资人，他们通常希望在自己感兴趣的领域及其相近领域获得新的发展。

麦当劳将其 Pret[①] 公司股份出售给私募股权公司 Bridgepoint[②]。Bridgepoint 于 2008 年以 3.45 亿英镑（5.42 美元）的价格收购了包括麦当劳 33% 的多数股权。这意味着麦当劳至少将其初始股份的价值翻了两番。诺基亚风险合伙公司（NVP）对无线互联网领域的初创企业进行了大量少数股权投资，2002 年 PayPal 首次公开募股取得了迄今为止最大的成功。企业创业者有远见卓识，如果这笔交易有助于他们致富，他们很乐意用这笔交易中的现金削减其他开支。为了独立而独立并不是一个高度优先事项。

英国风险投资协会发布了企业风险投资指南。

### ☞ 案例分析

#### Meraki[③] 企业风险投资，数百万美元的 payday[④]

Meraki（may-rah-kee），一个希腊词，意思是用激情和灵魂做某事，它可能很快就会成为如何在十年内赚到十亿美元的代表。Meraki 由麻省理

---

[①] Pret A Manger 餐厅是一家成立于英国的跨国公司，由辛克莱·比彻姆于 1986 年在伦敦创立，业务遍布英美等地区。2001 年美国快餐企业麦当劳曾经入股投资其美国的分店，并于 2008 年卖掉该批股份。

[②] Bridgepoint Group Plc 是全球领先的上市私人资产增长投资者。——译者注

[③] Cisco Meraki 是一家云管理的 IT 公司，总部位于加利福尼亚州的旧金山。他们的产品包括无线、交换、安全、企业移动管理和安全摄像机，所有这些产品都可以通过 Web 进行集中管理。——译者注

[④] 《收获日》是一款由 Overkill Software 开发、505 Games 发行的第一人称射击游戏。——译者注

工学院的三名博士生 Sanjit Biswas、John Bicket 和 Hans Robertson 于 2006 年成立，他们目前都在休假。Meraki 的网站称，"将网络云的优势带到边缘和分支网络，提供易于管理的无线、交换和安全解决方案，使客户能够抓住新的商机并降低运营成本"。无论是保护企业中的 iPad 还是用 Wi-Fi 网络覆盖整个校园，Meraki 网络都能轻松工作。Meraki 在全球拥有超过 10000 名客户，从英国公立学校惠灵顿学院到汉堡王，Meraki 最初得到了加州风险投资公司红杉资本和谷歌这两个早期风险投资者的支持。曾为谷歌联合创始人拉里·佩奇（Larry Page）和谢尔盖·布林（Sergey Brin）授课的斯坦福大学教授拉杰夫·莫特瓦尼（Rajeev Motwani）做了必要的介绍。

思科[①]（Cisco）于 2012 年 11 月 19 日以 12 亿美元（7.54 亿英镑）的价格收购了《收获日》，自 9 月以来该公司一直与 Meraki 进行独家谈判。创始人一直在考虑上市，起初拒绝了思科的提议。分析师认为思科出价过高，但凭借其更大的市场占有率和现金资源，该公司有信心扩大规模。

Meraki 的技术利用其全球网络，思科已推出一个奖励计划，以保持 Meraki 的联合创始人在思科完成交易。思科高管苏贾伊·胡杰拉（Sujai Hujela）也表示："我们正在确保（Meraki）的文化能够保存下来，并继续传播。"

## 众筹

在过去的几年里，商界见证了一种新的筹资方式（称为众筹）的诞生和快速发展。众筹是一种有组织的筹资方式，让一大群人进行小额个人捐款，

---

[①] 思科系统是一间跨国际综合技术企业，总部设于美国硅谷。思科开发、制作和售卖网络硬件、软件、通信设备等高科技产品及服务，并透过子公司打入其他科技市场，比如物联网、域名安全、能源管理。公司成立于加州。——译者注

以资助一个企业或一个商业想法。它利用互联网的力量将双方联系在一起。众筹以在线形式复制了一些更传统的筹资活动，例如争取所需的资金。随着商业融资的发展，这一新工具将企业家置于主导地位，并使公众和投资者群体（人群）能够作为多家公司的付费人员参与其中。

众筹可以通过以下 4 种方式之一或所有这些方式的任意组合筹集资金：

- 股权。为投资的资金提供一些业务份额，就像你对风险投资提供者或商业天使所做的那样。有些人认为，众筹筹集的资金比 VC 和商业天使加起来还多。总部位于帕洛阿尔托的智能手表制造商 Pebble 是众筹历史上资金最多的活动之一，筹集了超过 2000 万欧元。它也是融资最快的，不到一个小时就筹集了 100 万美元。
- 贷款。你还可以像银行融资一样将资金视为贷款来支付利息。利息可能高于可比较的银行融资，偿还贷款的时间范围会更短。Chilango 是一家由两名前 Skype 高管创立的伦敦快餐连锁店，通过他们有趣地称为 Burrito Bond 的方式筹集资金，以帮助在伦敦开设更多餐厅。他们提供了 8% 的利率，可在 4 年内偿还。
- 基于奖励。这涉及根据捐赠的数量交换礼物或奖励。Smith & Sinclair 成功完成了基于奖励的众筹活动，为他们的沉浸式食用酒精商店提供资金，为成人创造创意甜点。创始人仅用了 49 天就实现了 23000 英镑的目标，96 位支持者提供了特殊酒精类珠宝作为奖励。Chilango 通过向所有投资者提供两张免费的墨西哥卷饼代金券，使他们的交易更加甜蜜，那些投入超过 10000 英镑的人在整个债券期限内都将获得免费食物。
- 发票融资平台。这与现金流融资的工作方式大致相同（见本任务前面）。一旦获得批准，企业就可以在发票交易平台上出售发票（小至 1000 英镑，大至 100 万英镑以上）。验证后，发票将在平台上出售，多个投资者在平台上购买发票切片。企业会在 24~48 小时内在其账户中收到高达发票面值 90% 的预付款。在发票全额结算后，发票交易平台将剩余余额提供给企业，减去他们的费用。这项服务的用户的优势在于速度——你可以在 24 小时内启动并获得资金；你只需要为你想要的发票提供资金，这与需要承担整个债务人分类账的传统折扣店不同；并且没有冗长的锁定期——你只需要逐张发票操作。

### 众筹提供者

全世界现在有数百个众筹平台。而这句话中的最后一个词是这类资金竞争优势的关键。与倾向于在一个国家或地区运营的银行和私募股权提供商不同，众筹者可以在任何地方开展业务。

你可以在由内斯塔（Nesta）[①] 或英国众筹协会网站制作的目录中可找到众筹网站的完整列表。

有一些运营商只是为了了解玩家。

### Crowd Cube[②]

Crowd Cube 是英国第一个众筹网站，也是世界上第一个让公众能够投资和获得英国公司股份的众筹网站。他们拥有 359856 名注册投资者，并为数千家企业筹集了超过 2.2 亿英镑的新资本。

使用该网站的企业范围包括：

- 达灵顿足球俱乐部，在 14 天内从 722 名投资者那里筹集了 291450 英镑，以帮助抵御清算后的倒闭。

---

[①] 内斯塔（Nesta）是总部位于英国的创新基金会。该组织通过计划、投资、政策和研究的结合，以及建立伙伴关系以促进广泛领域的创新而采取行动。——译者注

[②] Crowd Cube 是由 Darren Westlake 和 Luke Lang 于 2011 年建立的英国投资众筹平台。——译者注

- Universal Fuels 筹集了 10 万英镑，使 20 岁的创始人 Oliver Morgan 成为通过该过程成功筹集投资的最年轻的企业家。

## Kickstarter[①]

Kickstarter 主要用于创意项目，无论是电影、游戏、艺术、设计还是音乐项目。它起源于美国。2012 年，英国推出了鼓励当地项目捐赠的英国版本，近 1000 万人已承诺捐赠近 20 亿英镑。该网站取得了巨大的成功，展示了人们的力量以及当人们相互支持时发生的改变生活的成就。

与其他财务激励网站要求项目达到全额认捐的方式大致相同，Kickstarter 是一个全有或全无的网站，这意味着除非你的项目获得全额资助，否则你将一无所获。你设置了承诺金额并设置了截止日期，但是你必须去摇动树木，让金色的果实落入你的资金箱。对某些人来说，这似乎很苛刻，但这确实意味着你需要调动群众的力量，让人们开展行动，而不是仅仅高谈阔论，所以这是一个很棒的平台。

迄今为止，36% 令人印象深刻的项目已达到其资助目标。创作者对他们的所得拥有 100% 的所有权，但 5% 的成功费用将捐给 Kickstarter。

## Indiegogo

Indiegogo 于 2008 年在旧金山成立，是最早的众筹网站之一，拥有全球受众。它涵盖了从创意到创业理念再到慈善项目的范围。成功率低于 Kickstarter，为 34%。

它的成功费用从全额资金认捐的 5% 开始，部分资金认捐的 5% 开始（Kickstarter 不提供部分资金）。Indiegogo 还对信用卡和 PayPal 承诺收取高达 9%

---

[①] Kickstarter 是一家于 2009 年在美国纽约成立、最初基于美国人后来拓展至各国的产品募资平台，它通过该网站进行公众募资以提供人们进行创意项目的筹集资金。——译者注

的费用，因此可能会增加这些费用。从好的方面来说，如果活动达到目标，它会退还 5% 的费用。

2014 年，它推出了 Indiegogo Life（现称为 Generosity），使人们能够为庆祝活动等生活事件以及紧急情况、医疗费用等筹集资金。Generosity 与 Indiegogo 的不同之处在于它对筹集资金收取的费用，它允许筹款人保留他们筹集的更多资金。基于贷款和股权的众筹平台均受金融行为监管局监管，这有助于保护投资者。点对点（P2P）贷方必须遵守有关资本、资金和披露要求的严格准则。基于投资的平台也属于这一范畴，包括债务和股权。

### 孵化器和加速器

尽管人们可能会认为商业加速是一种互联网现象，但孵化园、科技园、创新中心、科技园和各种各样的其他名称多年来一直用于描述加速器和孵化器所执行的任务。第一次认真的孵化尝试归功于纽约附近的一座几乎废弃的建筑。这个名字更多地被用来开玩笑，而不是作为对手头任务的严肃描述。

孵化器的第一批租户之一参与了孵化真鸡的工作。在这个不吉利的开端之后出现了几波加速发展期，到 19 世纪 80 年代，数百个这样的设施分散在美国、加拿大、欧洲和澳大利亚。后来孵化器的发展涉及发展中经济体和互联网的变化，在 20 世纪 90 年代中期出现，席卷美国、欧洲、印度、中国、马来西亚、新加坡、菲律宾和其他地方，使全球总数达到约 4000 个。

孵化器和加速器这两个术语经常互换使用，尽管你可以通过两者获得资金，但孵化器在构思或启动前阶段最有用。

加速器有助于通过资金、教育、学习、指导和展示来加速你的成长。随着你的业务开始扩展和增长，加速器提供服务来支持你的业务，通常以换取股权。孵化器专注于非常早期的小公司，这些公司想要发展更多业务。

#### 孵化器

虽然企业孵化器没有单一的模式，但在大多数情况下，这些概念不仅仅是为小型企业客户提供共享办公室或工作空间设施。任何企业孵化器计划的有效标志都应该是其在加强商业技能方面为小企业"租户"带来的附加值；访问业务服务；改善经营环境；与孵化器外的情况相比，商业网络等机会（如培育早期的小企业）加快了企业生存和成长的进程。

加速器

麦肯锡加速器是对第一波互联网业务挑战的回应。他们的服务旨在推动全球新电子商务的推出和发展。他们的目标是提供访问"一流"第三方服务提供商、财富500强客户和校友数据库的广泛网络。麦肯锡的加速器提供了以下四种主要类型的援助，这在很大程度上是作为标准采用的模式：

- 密集型业务建设（6~12个月）。对于需要以最快速度发展的企业，麦肯锡提供了一个庞大的团队来提供营销计划的日常执行，包括产品发布本身。
- 有针对性的项目（1~6个月）。加速器团队提供深入的分析服务，使初创企业能够查明他们的市场机会、地位和漏洞。他们还可以筛选并购项目。
- 突发服务（2天到2个月）。基于很少有初创公司有资源进行冗长的分析和冗长的营销研究的假设，麦肯锡顾问可以提供快速的市场数据和其他短期决策所需的短期针对性分析。
- 高级咨询（根据需要）。与麦肯锡合作伙伴就任何关键业务问题进行公开、公正的对话。

全国企业孵化协会（NBIA）是推动企业孵化和创业的世界领先组织。它在60个国家拥有1900名成员。

### 免费资金

根据你公司所处的行业、阶段和地点，赠款或奖励可能是为你的公司获得一些免费资金的绝佳方式，尤其是在资金普遍供不应求的公司发展早期阶段。你还可以使用这些资金来扩大你的交际网络，提升公司形象，并有可能使你的企业为社会上的贫困地区人群或边缘地区人群做一些好事，从而产生积极影响。

鉴于某些更传统的融资形式可能超出了你目前的能力范围，例如用于开发新产品或服务的研究补助金，或用于证明你的产品或服务可行的概念证明补助金。

### 申请奖金

尽管寻找并填写表格可能是一个耗时的过程，但申请和赢得奖项可能是额外现金的重要来源。赢得一个奖项，甚至入围一个奖项通常会带来其他好处作为奖项的一部分，包括业务支持、指导、免费工作空间，当然还有可能非常有用的宣传和网络。

某些行业，如技术、生物学和生命科学、绿色能源、长期医疗保健、教育、具有社会意识的企业、制造业和某些区域企业，从英国和欧盟组织获得的赠款比其他行业多。事实上，许多常青计划（每年都会累积的奖项）可能与你和你的企业相关，即使是在其早期阶段。

资助计划列在 Innovate UK 网站上。如果你认真申请拨款和奖励，那么访问该网站将为你带来好处。你可以在 Innovate UK 上找到的一些奖项包括：

- 更清洁、更高效燃料的可行性研究。
- 农业科技产业。
- 建筑业供应链整合。
- 提升零售用户体验。

定期访问 Innovate UK 网站很有意义，因为可以了解最新情况。至关重要的是确定访问截止日期是什么时候。

大多数应用程序都复杂而冗长，因此不要将它们留到前一天晚上完成。

请注意，他们可能会对时间资源和人力资源造成压力，你应据此制订计划。如果你希望有一半的成功机会，请设定严格的项目管理时间表和截止日期。

### 检查赠款

几乎每个国家或地区都有其想要促进和发展的议程和目标，并且使用赠款来鼓励企业帮助他们实现目标，这在如今也非常普遍。这是一个好消息，我知道你也是这么想的。但是，找到申请表、了解标准、花时间填写表格、在正确的时间申请以及了解如何将资金用于商业提案可以让你花费许多宝贵的时间，这可能会也可能不会给你带来积极结果。在数十个网站的中搜寻，花费大量时间，并费尽心力以了解如何在成功机会渺茫的情况下适应该计划。尽管申请免费资金很诱人，但在开始拨款之前，请仔细考虑一下。这很可能是一个漫长而令人沮丧的旅程，最终结果不确定。你应随时了解当前计划：

- 伦敦大英图书馆业务和知识产权中心的业务中心提供低成本的研讨会、活动、免费访问有关可用资金的数据库和咨询工作人员，以帮助你研究和确定适合你业务的资助。他们还与可以帮助你识别和申请赠款的组织合作。
- 英国政府网站涵盖了各种资助选项，包括赠款，并在网站上提供了方便的搜索功能，以及指向其列出的赠款的链接。
- F6S 网站是另一个很好的信息来源，其网站上也有一些应用程序。F6S 是一个领先的门户网站，供初创企业查找和讨论有关资金、初创企业支持计划、工作和活动的信息。一些赠款授予计划使用 F6S 门户作为入点，为你提供信息和资金申请的初始阶段。

赠款和奖励定期发布。如果你真的想吸引其中的一部分免费资金，请在 F6S 等网站上注册，并定期查看汇总拨款数据的网站，以便你可以定期收到新闻通讯、更新、更改、通知等。你不知道截止日期已经超过，因而你不想错过一个机会。

如果赠款申请成功，你就不必寻求任何人的帮助来获得现金，而且由于赠款与债务的差别，你也不必偿还。它们与股权的不同之处还在于你不必向投资者提供回报。一般来说，它们是不可退还的大笔资金，在预定的时间段内发放，通常与企业发展的里程碑相关，并作为激励企业家和商界人士为整个社区的发展做出贡献的奖品。因此，赠款可以为现金流提供合适的奖励。

不过，赠款并不全是好消息，因为它们通常有非常详细的条款和条件，包括定期财务更新、关于进度的季度报告以及关于你是否实现目标的更新和目标，而且你必须严格遵守。他们一边给予赠款，一边又将之拿走。

### 支付申请帮助

许多专业顾问专门研究拨款申请。虽然这些人收取费用，但他们能为提出拨款申请减轻许多压力。

与其他顾问一样，在你签约之前，你必须检查此人的业绩记录和服务的完整性。使用网络、评级网站、评论和过去的客户评价来确保公司的合法性、相对成功且物有所值。

要当心任何保证成功或拒绝解释其申请过程的人。拨款资助是一个竞争激烈且复杂的领域，没有人能保证成功。

### 案例分析

#### Chilango[①]—Burrito Bond 是如何诞生的

当前 Skype 员工埃里克·帕塔克（Eric Partaker）和丹·霍顿（Dan

---

① Chilango 是一家伦敦连锁店，由 7 家提供快速服务的墨西哥餐厅组成，提供屡获殊荣的墨西哥煎饼、墨西哥玉米饼、沙拉等。正在通过墨西哥煎饼债券（Burrito Bond）筹集资金，以帮助在伦敦各地推出更多餐馆。——译者注

Houghton）创办 Chilango 时，想到的是提供令人垂涎的墨西哥食物，这在他们 7 年前推出时很少见。埃里克在他的家乡芝加哥时对炸玉米饼、墨西哥卷饼等产生了兴趣，但当他来到伦敦工作时，却面临着名副其实的墨西哥美食沙漠。埃里克偶然遇到了丹，丹也是一位墨西哥美食狂热者，这对夫妇的使命是填补他们所看到的市场空白。埃里克·帕塔克是美国和挪威混血，毕业于伊利诺伊大学厄巴纳—香槟分校，获得金融学和理学学士学位，也是比利时鲁汶天主教大学的校友，主修历史、哲学和文学。丹是剑桥数学专业的毕业生，以第一名的成绩毕业。他们在 2005 年相遇，彼时他们都是向 Skype Technologies 的 CEO 汇报工作的新业务团队成员。

2014 年，伦敦开设了 7 家墨西哥食品店，其中一家位于高盛总部对面，这表明他们对自己的商业模式感兴趣。但是，看到每家新餐厅的启动成本约为 50 万英镑，他们发现了另一个差距，即他们迫切需要现金来实现他们在伦敦迅速开设 6 家新 Chilango 餐厅的目标。

同样在 2014 年，他们登上了金融头条，而非烹饪创新的头条。通过众筹网站，他们计划在两个月内筹集 100 万英镑，提供 8% 的利息，资金将在 4 年内偿还。最低投资额为 500 英镑，那些投入 1 万英镑的人每周可以在他们的一家餐厅获得一次免费午餐。因此，"Burrito Bond"这个名字便诞生了。

根据招股说明书网站，债券成立一天后，食品和饮料业务的高管就已经收到了投资，其中投资人包括咖啡连锁店 Carluccio's[①] 的首席执行官和首席财务官、Domino's Pizza UK[②] 的前首席执行官和 Krispy Kreme

---

① Carluccio's 是一家意大利连锁餐厅，于 1999 年在伦敦成立。——译者注
② 达美乐比萨饼英国公司是一家跨国的比萨外送连锁店，总部在美国密歇根州的安娜堡，于 1960 年由汤姆·莫纳根创立。2018 年 2 月，成为全球销量最大的比萨饼销售商。——译者注

UK[①] 的前首席执行官。根据众筹网站上的信息,截至 2014 年 7 月 3 日,该公司已从 344 名投资者那里获得了 1140500 英镑。

---

**任务 21 小结:估算融资需求**

根据财务预测,说明你需要筹集多少现金来开展业务,以及你打算如何以及何时偿还。请以以下问题作为工作表的格式:

1. 根据现金流量预测中的最大值,你需要多少钱以及用途?
2. 与你和你的合作伙伴或股东投入的总和(即负债水平)相比如何?

$$负债 = \frac{业务所需的总资金}{你投入的资金 + 股东投入的资金}$$

例如,如果你已经拥有 1000 英镑的资产并正在寻找 5000 英镑的贷款,则所需资金为 6000 英镑。如果你已经投资了 500 英镑并计划再投入 2500 英镑,那么你的负债率为:

$$\frac{6000}{500+2500} = \frac{6000}{3000} = 2:1$$

3. 你计划从何处筹集资金来资助业务?
4. 准备一份时间表,显示你何时需要这些资金。
5. 如何以及何时偿还借款?列出一个这样的清单:

还款来源　　金额　(英镑)　日期

总计　(英镑)

6. 你准备出售多少百分比的股份来筹集所需资金?
7. 哪些退出途径可以向潜在投资者开放?
8. 如果有的话,什么抵押品可以作为贷款的抵押品?

---

[①] Krispy Kreme UK 是美国公司 Krispy Kreme Doughnuts 在英国的子公司。英国总部位于萨里郡的坎伯利。——译者注

证券价值（英镑）总计（英镑）

9. 你是否会收到任何赠款或贷款以帮助为业务提供资金（你现在申请的组织除外）？

来源　日期　提供的资金　金额　（英镑）

总计　（英镑）

10. 还有哪些私人现金（如果有）可用于投资业务？

来源　日期　提供资金　金额　（英镑）

总计　（英镑）

11. 可能对预测产生不利影响的主要风险是什么？（这些可能包括技术、财务和营销风险）

风险领域　　　　　　　　财务影响：

销售　　　　　　　　　　利润

12. 你有哪些应急计划来管理或尽量减少这些风险的后果？

风险领域　计划　效果

## 拓展阅读

1. Barrow C (2011) Practical Financial Management: A guide to budgets, balance sheets and business finance, 8th edn, Kogan Page, London .

2. Barrow C (2017) Understanding Business Accounting for Dummies, 4th edn, Wiley, New York.

## ▶ 任务 22
## 对业务预测进行压力测试

虽然你在预测销售成本和相关成本时很贴近现实，但很可能你在第一年的实际表现并不如预期。这一现象出自一个或多个原因，例如对抵制创新（如果是新产品）、高估市场规模、消费者需求变化、产品的使用缓慢，或许更糟一点，你可能会遇到大流行或金融危机。所有这些都可能意味着销售预测的错误。自己要先想到这些问题，并在商业计划中量化财务影响，从而预先提出任何潜在投资者可能会提出的问题，例如"如果销售额减少20%、30%甚至40%会发生什么"。例如，英国跨国服装、鞋类和家居用品零售商Next[1]多年来一直在进行推算。直到2020年3月，这家零售商预计的最坏情况是销售额减少25%。自2020年4月以来，他们制定了一套新的压力测试，其中降幅高达40%。

### 现金流预测中加入"假设"问题

进行任何类型的预测时，你能想到的问题通常与风险因素相关，即在某些情况下可能对你不利的事情。例如经济恶化；专利需要更长的时间才能通过；不能像期望那样迅速招聘员工；等待销售额增长的时间比你预测的要长；还有更多类似的"假设"。对商业模式进行压力测试的最佳框架是现金流预测，据此检查关键业务假设受到干扰的影响。

---

[1] Next 公司是英国的一家跨国服装、鞋类、家居制品销售企业，总部位于莱斯特郡恩德比。——译者注

## 对收入模型进行压力测试

不太可能有人会将销售收入按面值计算。商业标准即不按计划行事。要么客户减少，客户组合发生变化，比如从现金到信贷，减少重复业务。价格没有按预期保持，要么你得到更多回报或损失更多。可能对销售收入产生不利影响的原因不胜枚举。图 5-3 显示了对现金流的影响，例如销售收入与商业计划中预测的数字相差 20%。尽管销售额下降，但保持大致相同的付款方式始终是谨慎的选择，尽管有迹象表明成本下降。材料等可变成本（见任务20）应随销售量下降，但实际上，你可以购买材料以满足计划销售额。在这种情况下，你将使用更少的材料，并将其继续存储一段时间。尽管如此，你的现金状况将与实际使用这些材料的情况相当。

于本任务可知，在这种"假设"情景下，资金需求从 25000 英镑增加到 45000 英镑。

| 种类 | 初始预测 | | 假设预测 |
|---|---|---|---|
| **销售收据** | | | |
| 现金销售 | 50000 | | 40000 |
| 赊销 | 50000 | 销售额 -20% | 40000 |
| 现金支付总额 | 100000 | | 80000 |
| **付款** | | | |
| 工资和薪金 | 25000 | | 25000 |
| 公用设施 | 10000 | | 10000 |
| 租金和费率 | 15000 | 相同销售额 | 15000 |
| 材料 | 35000 | | 35000 |
| 设备 | 40000 | | 40000 |
| **总现金支出** | 125000 | | 125000 |
| **净现金流** | -25000 | 资金需求 +20000 | -45000 |
| **资金需求** | -25000 | | -45000 |

图 5-3　测试收入模型

## 对支付模型进行压力测试

与销售收入一样，付款过程可能会出现意想不到的糟糕境况。通货膨胀压力会拉高工资和材料成本。英国公用事业和监测成本在 2008 年至 2010 年间增长了近 40%。图 5-4 展示了如果成本上升而销售收入保持不变，现金流会发生什么变化。在本例中，将额外增加 17000 英镑为合资企业提供资金，因此商业计划将寻求 42000 英镑的投资，而不是压力测试前的 25000 英镑。

| 种类 | 初始预测 | 假设预测 | |
|---|---|---|---|
| **销售收据** | | 假设 | |
| 现金销售 | 50000 | | 50000 |
| 赊销 | 50000 | 相同销售额 | 50000 |
| **现金支付总额** | 100000 | | 100000 |
| **付款** | | | |
| 工资和薪金 | 25000 | | 35000 |
| 公用设施 | 10000 | | 15000 |
| 租金和费率 | 15000 | 增加付款 | 12000 |
| 材料 | 35000 | | 40000 |
| 设备 | 40000 | | 40000 |
| **总现金支出** | 125000 | | 142000 |
| **净现金流** | -25000 | 资金需求 +17000 | -42000 |
| **资金需求** | -25000 | | -42000 |

图 5-4 对支付模型进行压力测试

## 破坏性测试

当两个意外事件同时发生时，就会发生灾难性事故。2010 年 11 月 5 日，一辆水泥卡车从奥克斯肖特（Oxshott）的沃伦莱恩桥（Warren Lane Bridge）上坠落到一列有八节车厢的火车的第六节和第七节车厢上，使火车脱轨，使卡车司机和两名乘客重伤，并造成了数天的严重交通中断。如果卡车在几秒钟后坠落，它就会完全错过火车。

从商业角度来看，与此类铁路灾难相比，在规划范围内更有可能出现一些问题。使用现金流模型，检查一些可能出现的问题领域，看看这些问题在什么时候会导致你或你的财务支持者彻夜难眠。例如，一个主要客户破产给企业带来的影响是什么？一个供应商提高价格带来的影响是什么？关键员工意外离职的影响是什么？如果这一切都发生在同一个季度，又会带来什么影响？对于这些突发事件，我们可以进行提前预测，如图 5-5。

商业计划中预计的资金需求应能适应现实的收入短缺和成本超支。"现实"不是一个容易定义的词，但应考虑到所在业务部门的波动性和当前的经济环境。

| 种类 | 初始预测 | 收入 | |
|---|---|---|---|
| 销售收据 | | 假设 | |
| 现金销售 | 50000 | | 40000 |
| 赊销 | 50000 | 销售额 -20% | 40000 |
| 现金支付总额 | 100000 | | 80000 |
| 付款 | | | |
| 工资和薪金 | 25000 | | 35000 |
| 公用设施 | 10000 | | 15000 |
| 租金和费率 | 15000 | 付款增加 17000 | 12000 |
| 材料 | 35000 | | 40000 |
| 设备 | 40000 | | 40000 |
| 总现金支出 | 125000 | | 142000 |
| 净现金流 | -25000 | 资金需求 +37000 | -62000 |
| 资金需求 | -25000 | | -62000 |

图 5-5 破坏试验

> **任务 22 小结：对你的业务预测进行压力测试**
>
> 1. 列出你为业务做出的主要假设。
> 2. 列出可能对销售预测产生不利影响的 5 个因素。
> 3. 列出可能对成本和费用预测产生不利影响的 5 个因素。

4. 在以下哪种情况下，你的计划不可行？

5. 可以采取哪些措施来减轻这些风险？

## 拓展阅读

1. Barrow C (2011) *Practical Financial Management: A guide to budget, balance sheets and business finance*, 8th edn, Kogan Page, London .

2. Barrow C (2017) *Business Accounting for Dummies*, 4th edn, Wiley, New York .

3. Holbeche L (2018) *The Agile Organization: How to build an engaged, innovative and resilient business*, Kogan Page, London.

# 第六阶段
## 业务控制

## 简介

没有人会认真对待任何商业提议，除非创始人能在一开始就证明他们可以监控和控制企业发展。正如你的商业计划应包含对目标和战略声明的描述一样，它还必须包含你将如何监控结果的简要描述。每个企业都需要监控财务、销售和市场表现。制造企业或涉及研究、开发和时尚的企业可能必须在更广泛的范围内观察结果。

在这些任务中，你应该解决对你的业务类型而言重要的问题。如果你没有在类似企业工作的第一手经验，请找有经验的人或咨询有这种经验的专业顾问，例如审计师。至少，潜在的融资者会希望看到你已做好簿记、分析和解释关键业务份额的安排。

## 任务 23
## 财务控制

为了在商场中生存并繁荣发展，你需要知道你有多少现金以及销售盈亏是多少。根据企业的性质，为了让企业生存下来（成长这方面暂且不提），每月、每周甚至每天都需要明确知道这些商业事实。

虽然运气不好会导致一些企业失败，但缺乏可靠的财务信息是大多数企业失败的一个重要原因。所有需要好好管理的信息都近在眼前。待支付的账单、开出的发票、小额现金单和银行对账单都足以反映一个公司的真实业绩。你需要做的就是记录和组织有关它们的信息，以便使公司的财务状况变得清晰。记录财务信息的方式称为"簿记"。

把从簿记过程中得出的基础数据转化为历史损益表和资产负债表，然后对这些账目依次使用比率进行分析，这就是财务控制。

### 记账

在什么上面记账没有强制的规定，你可以在纸上、分类账本或计算机上记录。但是，你必须能够说明你的所有业务收入来自哪里，你支付给了谁以及他提供了哪些服务。如果你已经注册增值税（请参阅任务 15），你还需要记录每张发票和账单的增值税要素，并为增值税申报表涵盖的每个会计期间制作摘要。

#### 从简单的开始

如果你采用手工记账并且没有大量的交易，那么单次输入法是最容易接受的方法。该方法涉及在记录中写下每笔交易，最好是在分类账单上记录。

收据和付款应根据业务需要每天、每周或每月保存和汇总。到年底，12个月的总结需要进行汇总，即你已经准备好报税了。

这个简单的记录系统被称为"现金簿"。表6-1给出了一个例子。在左侧的四列中，当月产生费用时，输入一些基本细节和金额。第一栏的顶部是从上个月结转的现金金额。在右侧，以相同的方式列出费用。该月的总收入为1480.15英镑，费用为672.01英镑。这两个数字之间的差异是现在企业的现金金额。由于表6-1中显示的业务带来的现金多于支出，因此该数字高于月初结转的金额。808.14英镑的数字是"转入"到下个月的金额。当月付款的总和以及"结转"的金额等于左侧栏中所有收据的总和。

**表6-1 一个简单的现金簿系统**

| | 收据 | | | | 付款 | | |
|---|---|---|---|---|---|---|---|
| 日期 | 姓名 | 细节 | 总金额（英镑） | 日期 | 姓名 | 细节 | 总金额（英镑） |
| 6.1 | 巴兰塞 | 提出 | 450.55 | 6.4 | 吉布斯 | 购买股票 | 310.00 |
| 6.4 | 安德森 | 销售额 | 175.00 | 6.8 | 吉布斯 | 购买股票 | 130.00 |
| 6.6 | 布朗 | 销售额 | 45.00 | 6.12 | ABC电信公司 | 电话费 | 55.23 |
| 6.14 | 史密斯公司 | 退换货退款 | 137.34 | 6.18 | Colt租车公司 | 车辆租赁 | 87.26 |
| 6.17 | 詹金斯 | 销售额 | 190.25 | 6.22 | VV手机 | 移动电话 | 53.24 |
| 6.20 | 霍利斯 | 销售额 | 425.12 | 6.27 | 吉布斯 | 购买股票 | 36.28 |
| 6.23 | 詹金斯 | 销售额 | 56.89 | | | | 672.01 |
| | | | 1480.15 | 6.30 | 巴兰塞 | 结转 | 808.14 |
| 7.1 | 巴兰塞 | 降低 | 808.14 | | | | 1480.15 |

如果交易次数相当多，那么扩展上述这一简单的现金簿以及对数字的基本分析十分明智，这种变化被称为"分析现金簿"。表6-2显示了分析现金簿的

支付方示例（收款方类似，但类别不同）。你可以一目了然地查看总收入和主要类别的收支情况。例如，此细分可让你查看在业务的每个主要领域花费了多少，或者你最重要的客户是谁。付款与表 6-1 相同，但现在你可以看到企业在库存、车辆和电话费用上花费了多少。金额列和分析部分的总和得出相同的金额：672.01 英镑 / 美元 / 欧元。这既是有用的管理信息，也是纳税申报表必不可少的部分。

表 6-2　现金簿分析示例

| 收据 |||| 付款 ||||
| --- | --- | --- | --- | --- | --- | --- | --- |
| 日期 | 姓名 | 细节 | 总金额（英镑） | 股票 | 车辆 | 电话 | 其他事项 |
| 6.4 | 吉布斯 | 股票购买 | 310 | 310 | | | |
| 6.8 | 吉布斯 | 股票购买 | 130 | 130 | | | |
| 6.12 | ABC 电信公司 | 电话费 | 55.23 | | | 55.23 | |
| 6.18 | Colt 租车公司 | 车辆租赁 | 87.26 | | 87.26 | | |
| 6.22 | VV 手机 | 移动电话 | 53.24 | | | 53.24 | |
| 6.27 | 吉布斯 | 股票购买 | 36.28 | 36.28 | | | |
| 共计 | | | 672.01 | 476.28 | 87.26 | 108.47 | |

如果你接受或给予信贷，你将需要保留比现金簿更多的信息，无论它是否经过分析。你需要保留已付和未付销售发票的副本、购买时的发票副本，以及你的银行对账单。然后，银行对账单应与你的现金簿"核对"，以将所有内容联系在一起。例如，表 6-1 中给出示例的银行对账单应在 6 月底的账户中显示为 808.14 英镑。图 6-1 概述了它是如何工作的。

### 建立系统

如果你经营合伙企业、作为公司交易或计划扩大规模，那么你将需要复式记账系统。这需要一系列的日记账、分类账、日记账、小额现金账簿和工资账簿，以及一些用于发票和收据副本的文件。

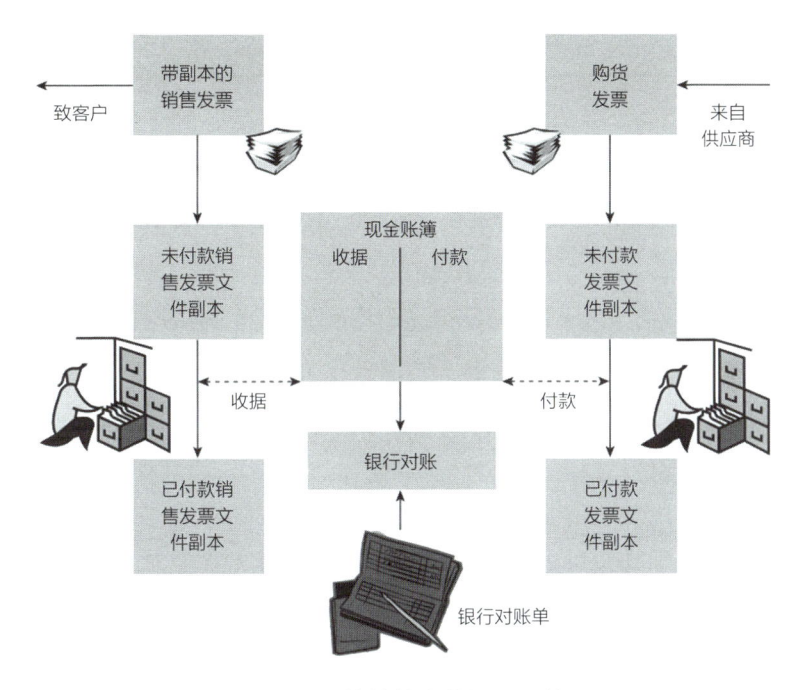

图 6-1 简单的商业记录系统

复式录入系统要求每笔交易输入两个条目——这提供了内置检查和平衡，以确保准确性。每笔交易都需要一个条目作为借方和贷方。这听起来可能有点复杂，但你只需要大致了解一下即可。

如果手动完成复式录入系统会更加复杂和耗时，因为所有内容都会被记录两次。如果手动完成，该方法需要一套正式的账簿：日记账和分类账。所有交易都将首先输入日记账，然后"过账"（记入）到分类账单上，相同的金额将记录在两个不同的地方。典型的分类账账户包括有收入、费用、资产和负债（债务）等标题。

举个例子，在复式记账系统中，支付租金可能会产生两个单独的日记账分录。例如，借记费用为 250 英镑，相应的贷记为 250 英镑，复式记账（见表 6-3）。复式记账系统中的借方必须始终等于贷方。如果并不相等，你便能获悉某处存在错误。所以复式可以平衡你的账目，这是单次输入法做不到的效果。

表 6-3　复式记账示例

| 安德鲁书店总刊 ||||
|---|---|---|---|
| 日期 | 条目说明 | 借记 | 贷记 |
| 6.10 | 租金支出现金 | 250 英镑 | 250 英镑 |

### 纸质簿记系统

如果你预计每个月的交易量（无论是买入还是卖出）少于 50 笔，那么你可以简单地使用分析纸，散装的或是任何大型文具店可以买到的簿记本都行。这些是 A3 尺寸的纸，已经画出了十几列带衬里的表格，因此你可以填入数字并扩展分析，如表 6-2 所示。或者，你可以大约 14.50 英镑的价格从 Hingston Publishing Co 或大多数大型文具商提供的 Collins Account Books 购买带有全套分类账和簿记的手动会计系统。

### 获得帮助

你不必亲自记账，第一年左右，你将从财务角度了解业务的运作方式。有许多方法可以减少甚至解决任务中的烦琐事项。

- 使用会计软件。Brook City 是一家总部位于纽约市的会计师事务所，每年都会提供有用的"英国小型企业的最佳会计软件"审核。Xero、QuickBooks、Sage、Free Agent、Zoho、Clearbooks 和 Kashflow 为 2020 年 4 月最佳。
- 聘请簿记员。国际簿记员协会（IAB）和认证簿记员协会等专业协会提供免费匹配服务，帮助小企业找到适合其特定需求的簿记员。预计每小时支付 20 英镑以上的服务费用，这些服务可以简单地记录账簿交易，通过创建账户、准备增值税申报表或开工资单。该服务最大的优点是专业簿记员拥有自己的会计软件。

- 如果你打算以合伙企业或有限公司的形式进行交易（参见任务3），或者你从一开始就有希望快速成长，你可能已经准备好聘请会计师来管理账簿。来自业务网络中某人的个人推荐是寻找会计师的最佳起点。你应与此人会面，如果你认为可以与他或她一起工作，请像对待雇用的任何员工一样提供推荐信，并确保他或她是特许会计师协会等专业机构之一的合格成员。

## 基本业务比率

如果你无法分析和解释业务比率，那么仅保留企业的账簿和账户本身并没有多大用处。这涉及衡量各种要素之间的关系，从而查看你的业务状况是变得更好还是更糟。比率是常用工具，通常用来表示其他东西的比例。

比率用于比较一个时期（例如上个月或去年）与另一个时期（本月或本年）的绩效。它们还可以用来比对你的业务相较于其他业务表现如何，例如和竞争对手相比。你还可以使用比率来比较你在目标或预算方面的表现。在金融领域，计算比率的概率很高；至于计算有用的比率，则不常见。在本节，我们将统一解释新企业的关键比率。

### 利润水平

回顾High Note的损益表和资产负债表，任务18和任务19中使用的示例。这些数字将用于计算以下比率。

### 毛利润率

计算方法是将毛利润除以销售额再乘以100。在本例中，毛利润为30000/60000×100= 50%。这是衡量你为"制造"产品或服务所需的外购材料和服务所增加的价值；数字越高越好。

### 营业利润率

以营业利润除以销售额再乘以 100 计算得出营业利润率。在本例中，营业利润率为 8700/60000 × 100 =14.5%。在考虑融资成本和税收之前，营业利润率是衡量经营业务效率的指标。由于利率和税率会发生周期性变化，且不在直接控制范围内，因此不包括利率和税率。

### 税前和税后净利润

该比率的计算方法是将税前和税后净利润除以销售额并乘以 100。在此示例中，该比率为 8100/60000 × 100=13.5% 和 6723/60000 × 100=11.21%。在考虑到融资成本和税收后，这是衡量经营业务效率的指标。最后一个数字显示了你在创造额外资金以投资于业务或作为分红或股息分配给所有者方面的成功程度。此处的规则也是数字越高越好。

### 营运资本关系

与日常活动相关的资金称为营运资本，其总和通过从流动资产中减去流动负债得出。就 High Note 而言，流动资产为 21108 英镑，流动负债为 4908 英镑，因此营运资金为 16200 英镑。

### 流动比率

作为一个数字，营运资金并不能告知你太多信息。这就好像你知道你的车消耗了 20 升汽油，但不知道你走了多远。了解流动资产比流动负债多多少会更有帮助。这将使你了解资金是否可用于支付股票账单、纳税义务和可能出现的任何其他短期负债。流动比率用流动资产除以流动负债可以得出，是使用资金的衡量标准。对于 High Note 而言，该比率为 21108/4908=4.30。惯例是将其表示为 4.30：1，此处的目标比率应保持在 1.5：1 和 2：1 之间。

低于此区间的比率意味着不容易符合要求；如果该比率过高，也就意味着金钱受到了不必要的绑缚。

## 平均收款期

我们可以看到 High Note 的流动比率很高，这表明某些营运资金要素的使用效率低下。该企业在 6 个月内的销售额为 60000 英镑时，欠客户 12000 英镑。High Note 收取欠款的平均时间是通过将赊销销售额除以欠款再乘以时间段（以天为单位）计算得出；在这种情况下，收款期如下：12000/60000 × 182.5=36.5（天）。

如果信用条款要求立结现金或 7 天内结算，那么该条款就出现了严重问题。如果收款期是净 30 天，那么该条款可能就没问题。在这个例子中，我们假设所有的销售都是赊购。

## 持有股票的天数

High Note 持有 9108 英镑的活页乐谱、CD 等库存，并且在此期间以成本价出售了 30000 英镑的库存。（销售成本为 3000 英镑以支持 60000 英镑的发票销售，因为在这种情况下，加价为 100%。）使用与平均收款期相似的公式，我们可以计算出持有的股票足以支持 55.41 天的销售（9108/10000 × 182.5）。如果 High Note 的供应商可以每周交货，那这几乎可以肯定无法持有太高的库存。将库存从近 8 周（55.41 天）减少到一周（7 天）将使营运资金减少 48.41 天或减少价值 7957.38 英镑的库存。这反过来又会使流动比率降至 2.68 ∶ 1。

## 投资回报

企业的基本财务目的是使所投资的资金获得令人满意的回报。投资回报率的计算方式与你在银行存款所获得的利息相同。High Note 已从包括银行在内的各种来源向业务投入了 28700 英镑,以产生 8700 英镑的营业利润,即在支付银行欠款或税款利息之前的利润。回报率计算为 8700/28700×100=30.31%。

## 增值杠杆

投资回报率是在考虑所有资金来源的情况下得出的。然而,High Note 的所有者只有 10000 英镑的自有资金投入,他们在支付 600 英镑的银行利息后获得的利润为 8100 英镑。因此,所有者投资的回报率 8100/10000×100=81%,这一回报率以任何标准而言都可以接受。

如果业主能够透支 15000 英镑,而不是他们所获得的 10000 英镑,因此只投入自己的现金 5000 英镑,他们的投资回报将变得更高。利息成本将增加到 900 英镑,因此利息后利润将下降到 7800 英镑,但所有者的投资仅为 5000 英镑,这意味着他们的投资回报将上升到 156%(7800/5000×100)。

与业主投入的金额相比,银行提供的资金数量有限。通常,银行只希望与业主的资金相匹配,并且无论如何他们都希望用一些有形物品来担保他们的贷款财产等资产。

## 比率分析电子表格

簿记和会计软件通常具有"报告生成器"程序,可以为你计算比率,有时还会对需要进一步调查的领域提出有用的建议。

> **任务 23 小结:财务控制**
> 1. 你选择了哪种簿记和会计系统,为什么?
> 2. 它产生的控制信息是什么,频率为多少?

3. 谁来保管账簿并出具账目？

4. 如果你实现了财务目标，你的基本业务比率将是多少？

5. 这些比率与竞争对手或当前组织的比率相比如何？

6. 进行比率分析后，你会考虑在哪些方面做出改变（例如，缩短收款期或减少库存）？

## 拓展阅读

1. Barrow C (2011) *Financial Management for the Small Business*, 8th edn, Kogan Page, London .

2. Barrow C (2017) *Understanding Business Accounting for Dummies*, 4th edn, Wiley, New York.

## 任务 24
## 销售和营销控制

在任何初创企业营业的最初几周和几个月里，都会花费大量的精力和金钱，但没有任何明显的收入迹象，更不用说获得利润了。即使一家公司已经经营了一段时间，最可靠的预测未来结果的指标也是近期的销售情况和营销工作。你的商业计划应说明你打算如何监控和控制这项活动。

### 案例分析

#### Supreme Garden 家具公司

戈登·史密斯（Gordon Smith）在被裁员后不久成立了自己的公司，即 Supreme Garden 家具公司。他计划在兰开夏郡一家旧纺织厂的底层（800 平方英尺，1 英尺 ≈ 0.305 米），生产一系列具有正宗维多利亚式风格的花园长椅，以及与其配套的桌子。该系列中的每件产品均采用高品质材料制造，例如窑干的非洲伊罗科树硬木。

根据专业建议，他制定了一份商业计划，其中包括现金和利润预测、市场评估和可能的竞争对手、所需的工厂和机器以及他需要的启动资金。

他的主要客户是园艺中心，他计划每周花几天时间在路边售卖，最初是在兰开夏郡、约克郡和柴郡。他还制作了一份传单和价目表，打算寄给更远的潜在客户。这些他将在以后跟进。

史密斯获得大量客户后，他发现未来向现有客户销售产品比不断寻找新客户要容易得多。因此，他保留了现有客户的记录，以监控他们的购买情况并计划对他们进行后续访问。

通过分析客户记录，史密斯随后发现，东南部的花园中心平均每次购买2000英镑的订单，而在他的家乡，500英镑的订单都很少见。在其未来交易的商业计划中，他将考虑这些信息，并相应地改变其销售策略（见表6-4）。

表6-4 7月销售和营销报告

| 控制 | 客观的 | 结果 | 方差 | 行动 |
| --- | --- | --- | --- | --- |
| 销售额 | 10 | 8 | （2） | 加强销售活动 |
| 销售价值 | 5000英镑 | 4500英镑 | （500英镑） | 强调价格较高的产品 |
| 新客户 | 6 | 5 | （1） | 多打电话 |
| 重复客户购买—数字 | 3 | 2 | （1） | 激励现有客户 |
| 平均订单量—北方 | 1000英镑 | 300英镑 | （700英镑） | 将重点转移到访问更少但更大的客户 |
| 平均订单规模—东南 | 1000英镑 | 2000英镑 | 1000英镑 | 将重点转移到访问更少但更大的客户 |
| 销售拜访次数 | 20 | 15 | （5） | 更好地规划区域和拜访，以适应更多的销售拜访 |

控制促销成本并判断其成本效益也是一项早期的、至关重要的营销控制任务。

## 案例分析

### Richer Sounds[①]

朱利安·瑞迟（Julian Richer）19岁时在伦敦桥开设了第一家Richer Sounds商店。如今，他已经拥有了53家连锁店，加上在线业务，每年销售额超过1.44亿英镑。Richer Sounds在2014年的估值为1.15亿英镑。绩效衡量和控制基于广泛的财务指标，例如利润、销售额和库存周转率，

---

① Richer Sounds是英国的家庭娱乐电子产品零售商，主要在英国通过51家连锁店和在线运营。——译者注

并通过客户满意度、员工参与度和员工满意度的指标得到增强。

此外，商店由"神秘顾客"评估。通过周报和董事长每月发布的视频，员工可以获得绩效信息，这些视频传达了公司在销售、利润、客户满意度和拟议变更方面的业绩。

到 2014 年，瑞迟的计划是"坚持编织"，做更多他们现在做的事情——让每个人都了解情况。

2017 年 5 月朱利安·瑞迟与苹果和约翰·刘易斯一起被授予 2017 年度最佳零售商称号。2019 年 5 月，瑞迟将 60% 的公司股份转让给了他的员工。

## 客户关系管理（CRM）和销售人员管理系统

客户关系管理是一种商业策略，涉及识别、理解和改善与客户的关系，以提高客户满意度并实现利润最大化。大量需要整合的事实和数据使该主题成为软件应用的理想选择。

例如，企业可以通过维护一个数据库，其中包含哪些客户购买产品、购买什么类型的产品、何时及多久进行一次购买、他们的典型购买选择类型、他们的颜色偏好以及购买是否需要融资，这些信息将告诉销售团队哪些产品、服务或信息可能最有效，以及什么时候是针对每个客户展开营销的好时机。

虽然 CRM 系统将客户置于数据流的中心，但销售人员管理系统在中央数据库中捕获、跟踪和管理销售查询，该数据库在从潜在客户产生到完成销售的整个销售周期中跟踪潜在客户。Tech Radar 为该领域的业务用户提供见解，并定期审查"最佳 CRM 软件"。

> **任务 24 小结：销售和营销控制**
>
> 1. 描述监控销售活动的记录。
>
> 2. 为企业绘制一张客户记录卡，或出示你现有的一张。
>
> 3. 计划保留哪些其他营销记录，例如广告成本和结果？
>
> 4. 解释销售活动与预期结果之间的关系。例如：我们希望每打 10 个电话就开一个新账户，或每发送 10000 封电子邮件就开一个新账户。

## 拓展阅读

1. Barnes C, Blake, H & Howard T (2017) *Selling Your Value Proposition*, Kogan Page, London.

2. Cook S (2011) *Customer Care Excellence: How to create an effective customer focus*, Kogan Page, London.

3. Jobber D & Lancaster, G (2012) *Selling and Sales Management, Pearson Education*, London.

4. McClay R (2014) *The Art of Modern Sales Management: Driving performance in a connected world*, American Society for Training and Development, Alexandria, VA.

## 任务 25
## 其他业务控制

根据企业性质，商业计划必须表明你计划如何控制公司业绩的其他方面。这些可能包括：制造和生产；人事记录或事故报告；质量和投诉；新产品开发和设计。

用于生产过程不同阶段（原材料、在制品、成品）的库存卡对于帮助识别快速和缓慢推进的项目，以及帮助你确定正确的安全库存水平十分重要。同样，要允许客户投诉（这比他们悄不作声、随意投票更好），你需要提供客户意见箱或说明如何联系负责的经理，例如在餐厅菜单上提供经理姓名和联系地址。

> **任务 25 小结：其他业务控制**
> 1. 你计划在开始时将哪些其他业务控制引入你的业务？
> 2. 为什么你认为它们很重要？

## 拓展阅读

1. Eckerson W E (2010) *Performance Dashboards: Measuring, monitoring and managing your business*, John Wiley and Son, Canada.

2. Marr B (2012) *Key Performance Indicators (KPI): The 75 measures every manager needs to know*, Pearson, London.

3. Marshall C (2013) *Monitoring and Control 52 Success Secrets: 52 most asked questions on monitoring and control – what you need to know*, Emereo Publishing, Brisbane.

4. Milton N & Lambe P (2016) *The Knowledge Manager's Handbook*, Kogan Page, London.

5. Pullan P & Archer J (2013) *Business Analysis and Leadership*, Kogan Page, London.

6. Sultan S (2017) *Financial Ratio: Quick Guide*, Expert of Course Publishing .

# 第七阶段
## 撰写并展示你的商业计划

# 第七阶段 撰写并展示你的商业计划

## ▶ 简介

实际上，目前为止，本部分是所述工作任务最重要的部分。你一直在做的所有准备都应被视为"正在进行的工作"。在每个阶段，你很可能不得不返回并查看较早的任务。例如，你的任务可能会根据市场研究发现不同的需求或意想不到的竞争对手而改变。反过来，你的营销策略或销售预测可能会因你对实际筹集的资金数量和类型的担忧而进行调整。

然而，现在需要将所有方面整合成一个连贯的整体，你或许可以使用现在可用的众多免费商业计划书编写器模板。

## 任务 26
## 撰写和展示你的商业计划

到目前为止，工作簿任务的重点是收集验证商业理念所需的数据，确认业务团队实施他们所选的战略的能力，并量化所需的资源，如"人、机器、金钱和管理"。现在必须将这些信息组合、整理和编排成针对特定受众的连贯完整的书面商业计划。

在这项任务中，我们将研究可以实现这一目标的 6 种活动：

- 划分任务。
- 包装。
- 布局和内容。
- 撰写和编辑。
- 寄给谁。
- 口头陈述。

### 划分任务

前面的章节按一定的逻辑顺序进行了编排，这将为你提供易于管理的材料"模块"，你可以自己编写，或者最好委派给合作伙伴和专业顾问。语法和风格的细节可在稍后解决。

虽然在准备基础工作时，尽可能多地寻求他人帮助很有用，但你应该自己编排信息并撰写商业计划。毕竟，这关系到你自己的未来，每个潜在的投资家都会支持你和你将这个计划付诸实施的能力，而不是你的计划。

你团队中的不同人员将负责回答每一章工作小结中提出的问题并编写商业

计划不同部分的工作。应传播以下信息以确保：

- 团队中的每个人仍朝着同一个方向前进。思想因讨论和辩论而改变是不可避免的现实。例如，现金流压力测试可能会导致原始策略发生重大改变。
- 重要的事情没有被遗漏。两双或多双眼睛总是更善于发现市场空白。此外，作为商业计划书的发起人和拥护者，你与商业计划的主题密切相关，有可能你认为外界读者能真正了解和理解这份商业计划，但这是一个危险的想法。
- 制定一份时间表，说明何时应准备好商业计划每个部分的草稿，每项任务由谁负责展示以及何时应准备好。

使用诸如 Microsoft Word 中的 Track Changes 工具之类的集体写作工具将有助于确保所有相关人员都可以看到谁写了什么或更改了什么，以及何时进行了更改。

## 包装

每个产品都通过适当的包装得到品质提升，商业计划也不例外。克兰菲尔德企业计划的小组成员更喜欢简单的螺旋装订，正面和背面都经过塑封。这使读者可以轻松地阅读每一部分，并确保该计划书能够经受住频繁的翻阅。装订本和用皮革装订而成的计划书被视为不受欢迎的类型。

接近信纸质量（NLQ）的打印机将打印出令人满意的效果，再加上宽边距和双倍行距，就能生成一份令人愉悦且易于阅读的文档。

## 布局和内容

没有所谓的"通用"商业计划格式。话虽如此，克兰菲尔德企业计划小组的成员用经验告诉我们，某些布局和内容比其他的类型更好。从投资者的角度来看，这些是我们制定有吸引力的商业计划的指导方针。并非每个子标题都要与每种类型的业务相关，但应遵循一般格式，并酌情强调重点。

首先，封面应显示公司名称、地址和电话号码以及此版本计划的制定日期。应该确认上述内容代表了公司对选址和融资需求的最新看法。请记住，你的商业计划应针对特定的资金来源。因此，你很有可能需要制订略有不同的商业计划，例如突出贷款人关注的领域，而不是列出投资者关注的领域。

其次，扉页（紧接封面后）应重复上述信息，并注明创始人的姓名、地址和电话号码。他可能是第一个接触到你的商业计划书的人，任何一个读了商业计划书的人可能都会想在安排会议之前就计划的某些方面提前展开讨论。

### 封面

封面包括企业的完整法定名称、地址、电话和传真号码、网址以及联系人的姓名和职务，以及电子邮件和电话联系信息，同时还要说明商业计划的对象。虽然你可能会将你的商业计划发给多个组织或个人，但让读者觉得该计划是只为其一人所做的总会对你有所帮助。理想情况下，应将每条信息放在单独的一行内，并使用大号字体将其置于封面中间，包括徽标、表带线或用于传达所做工作的图像。

在页面下方说明商业计划的日期及其版本号。这一点很重要，因为如果审批流程受到拖延，收到计划的人可以就上一版本的计划书展开讨论。如果你正在筹集风险资本，那么审批流程的滞后将不可避免。不管你是否需要签订保密协议，都应表明该计划内容具有保密性。在分发或讨论商业计划的任何方面之前，保密性至少会让人们保持警惕。

### 保护你的计划

在向组织外的任何人展示或讨论商业计划之前，你应考虑让他们签署保密协议。保密协议约束收件人保守"秘密"，并且不可采取任何可能损害"秘密"价值的行动。这意味着他们至少在一段时间内不能与其他任何人分享你计划书中的信息或自己采取某些行动。保密协议是一种有用的，获得建议和帮助的方式，同时阻止他人利用你的信息与你竞争。

### 执行摘要

理想情况下，此部分应为一页最多不可超过两页，且应紧跟在扉页之后。撰写执行摘要并不容易，但它是商业计划中最重要的一部分；就计划是否需要整体审查而言，执行摘要之于其他部分可能会产生更多影响。它还可以令读者从一开始就乐于冒险，这并不是一件坏事。

此部分的内容必须说明：

- 公司将要提供的产品或服务在市场上的准备情况、交易状况和过去的成功案例（如果已经营业）等方面的状态，以及在职的主要员工。
- 待售产品或服务的介绍以及目标用户，还应包括所具竞争优势的详细信息。
- 客户需要此产品或服务的原因，以及市场规模和增长的一些迹象。
- 公司的短期和长期目标和目标，以及实现目标所采用的策略；预测、销售额、利润和现金流的摘要。
- 需要多少资金，以及投资者或贷方将如何以及何时从投资中受益。

显然，执行摘要只能在商业计划整体完成后才能编写。

## 目录

执行摘要之后便是目录。目录将引导新读者阅读商业计划，并得出他们应该投资的结论。如果目录模糊不清、混乱甚至毫无重点，那你可能最终会失去或激怒读者，因为他们无法理解这份计划。

目录应列出商业计划的每个主要部分，并指出该部分所处的页码。有两种有效的页码编写方式。人们倾向于对每一页进行简单的顺序编号，比如：1、2、3……9、10。在人们看来，这一方式对于短计划、不复杂的问题和中等融资水平的商业计划书而言似乎是完全足够的。

大多数计划书应按章节编号。在以下示例中，标题为"业务及其管理"的内容是第一部分，包含的页面在目录中以 1.1 到 1.7 列出，因此要确认 1.1 至 1.7 中的每个页面都属于该特定部分。这种编号方法还可保证你在准备计划期间加入新材料不会打乱整个分页。表和图也应按照类似方式编号。

单独的段落编号非常受政府和公务员部门的青睐，在商业计划中被认为是一种矫枉过正的做法，不鼓励使用，除非你正在争取大量的政府拨款。

表 7-1 所示的目录显示了我们根据过往经验得出的最受金融机构青睐的布局和内容。不出所料，本术语与本工作指南中使用的术语相似。如需要充分解释每个标题下应包含的内容，请回顾本书中的相应任务。

表 7-1　目录示例

| | 部分 | 标记 |
| --- | --- | --- |
| | 执行摘要 | i, ii |
| 1 | 业务及其管理 | |
| | 该业务及其管理历史和今日的地位 | 1.1 |
| | 当前任务或新任务 | 1.2 |
| | 近期目标 | 1.3 |

续表

| 部分 | | 标记 |
|---|---|---|
| 1 | 长期目标 | 1.4 |
| | 管理团队 | 1.5 |
| | 法律结构 | 1.6 |
| | 专业顾问 | 1.7 |
| 2 | 产品或服务 | |
| | 描述 | 2.1 |
| | 市场准备就绪 | 2.2 |
| | 应用 | 2.3 |
| | 专有职位 | 2.4 |
| | 与竞争、绩效和经济性的比较 | 2.5 |
| | 保证和保证 | 2.6 |
| | 未来潜力/产品开发 | 2.7 |
| | 供应来源（如果不是制造/装配企业） | 2.8 |
| 3 | 市场和竞争对手 | |
| | 客户描述 | 3.1 |
| | 客户需求和好处 | 3.2 |
| | 细分市场 | 3.3 |
| | 客户决策标准 | 3.4 |
| | 市场和细分市场的规模和增长 | 3.5 |
| | 市场预测 | 3.6 |
| | 市场竞争 | 3.7 |
| 4 | 竞争性商业战略 | |
| | 定价政策 | 4.1 |
| | 促销计划 | 4.2 |
| | 地点和场所的选择 | 4.3 |
| | 分销渠道 | 4.4 |
| | 预期加价 | 4.5 |

续表

| 部分 | | 标记 |
|---|---|---|
| 4 | 竞争对手的反应 | 4.6 |
| | 市场份额预测 | 4.7 |
| | 影响战略的经济、政治、社会和法律因素 | 4.8 |
| 5 | 销售 | |
| | 当前销售方法 | 5.1 |
| | 拟定销售方法 | 5.2 |
| | 销售团队 | 5.3 |
| | 内部支持 | 5.4 |
| 6 | 生产、制造 | |
| | 制造或购买注意事项 | 6.1 |
| | 制造过程 | 6.2 |
| | 所需设施 | 6.3 |
| | 所需设备和机械 | 6.4 |
| | 输出限制（如有）和放大可能性 | 6.5 |
| | 工程和设计支持 | 6.6 |
| | 质量控制计划 | 6.7 |
| | 人员配置要求 | 6.8 |
| | 关键材料的供应来源 | 6.9 |
| 7 | 预测和财务数据 | |
| | 性能比、投资回报率等总结 | 7.1 |
| | 销售预测 | 7.2 |
| | 支持财务预测的假设 | 7.3 |
| | 损益表 | 7.4 |
| | 现金流预测 | 7.5 |
| | 资产负债表 | 7.6 |
| | 盈亏平衡分析 | 7.7 |
| | 敏感性分析 | 7.8 |

续表

| 部分 | | 标记 |
|---|---|---|
| 8 | 融资要求 | |
| | 融资前运营总结 | 8.1 |
| | 现有股东、未偿还贷款等 | 8.2 |
| | 所需资金和时间安排 | 8.3 |
| | 收益的使用 | 8.4 |
| | 要约中的交易 | 8.5 |
| | 预期杠杆率和利息保障 | 8.6 |
| | 投资者退出路线 | 8.7 |
| 9 | 业务控制 | |
| | 财政方面 | 9.1 |
| | 销售和营销 | 9.2 |
| | 生产、制造 | 9.3 |
| | 其他控制 | 9.4 |

## 附录

虽然商业计划书不是文学作品，但它应该易于阅读。任何可能阻碍阅读流程的重要事项都应放在附录中，并在商业计划书的主体部分进行总结或引用。

附录中最好包括以下项目：

- 关键员工简历。
- 详细的市场研究、调查、问卷和调查结果。
- 竞争对手的文献、账目和相关信息。
- 完整的财务预测：资产负债表、损益表、现金流预测、"假设"分析、盈亏平衡计算和详细的比率分析。

- 目前拥有或正在申请的专利和其他知识产权。
- 网站截图。
- 文献、小册子、产品规格和设计。

## 撰写和编辑

一份"招股说明书"可以拥有一个法律身份，例如从投资者处寻求融资的商业计划书能将你可能提出的任何销售和利润要求转化为"合同"。你的会计和法律顾问将帮助你使用适当的语言来表达你的项目，而无须给予它们合同地位。

这也是与"友好"的银行家或风险投资提供者讨论提案的好时机。他们可以从内部人士的角度来分析你的提案的优缺点。

在你修改初稿后，接下来就是编辑的任务了。在这一步，你必须仔细检查计划书的结构和语言，以确保你的商业计划清晰、正确、明了、完整，而且篇幅不会太长。如果你不擅长写作，那么可以寻求别人的帮助。如果你不知道要请教何人，当地大学或图书馆员会告诉你谁能写出"引人注目"的文章。

无论你在编写商业计划时获得了多少帮助，它仍然只是你自己的计划。最终审校的责任必须由你承担。拼写错误和输入错误会让他人对商业计划的认可度产生巨大的影响。

编辑的另一个目的是将商业计划书缩减到20~40页。无论一个企业的结构多么复杂或规模多么庞大，一份过长的商业计划书会令读者没有时间阅读，而内部人员读过这份冗长的文件后只能让他们混乱的想法更加混乱。如果你的计划书中包括大量数据、表格、图表等，请在正文中引用，但将它们放置在附录中。

## 正确的布局

你的商业计划书应该在视觉上就能吸引人。密集的文本、糟糕的布局和混乱的表达都会让你的读者望而却步。从一开始就给读者留下一个良好的印象，那么你就会得到读者的支持。下面是令商业计划书脱颖而出的一些最重要的原则。

- 布局。好的布局是为了吸引读者阅读你的计划书，并采取你想要的行动，即支持你的主张。在文本周围留出大量空白空间，可以令文本空间得以呼吸。你可以通过较宽的边距来实现这一目的。使用标题来拆分文本，并使用不同的字体、字号和样式来区分商业计划书的各个部分。
- 字体。不要试图在商业计划的正文中使用花哨的字体。坚持使用衬线字体，那些带有拖尾效果的字体，有助于引导视线从一个字母转移到另一个字母。Times New Roman、Book Antiqua 和 Century 都是能减轻眼睛疲劳的字体。无衬线字体（例如 Arial、Calibri 和 Helvetica）在文本中使用时会导致眼睛疲劳，因此最好在标题、项目符号或短段落中使用此类字体。除文本正文之外切勿使用小于 10 磅的字号，除非读者群大多在 30 岁以下。对于 70 岁以上的人而言，建议使用 14 磅字号，以减少阅读障碍。然而，大多数商业计划书作者都选择 12 磅作为首选尺寸。
- 图片。图像、图表、表格、图形和图片是快速有效地传达大量信息的有效方法。俗话说，一张照片胜过千言万语。这确实是个好方法，因为图片通常只需要 200KB 的大小。这也是拆分文本并吸引读者注意力的好方法。

## 寄给谁

现在你已准备好将商业计划书发送给你知道对该提案感兴趣的金融机构，且已经过精心挑选。

这将涉及对机构的特殊利益、弱点和特质进行一些研究。如果你只对筹集债务资本感兴趣，则该领域主要限于银行清算。如果你正在寻找与你分担风险的人，那么你必须审查更广泛的风险投资领域。在此处，一些机构只会考虑超过一定资本金额（例如 250000 英镑）的提案，或者只会投资于某些技术。

在最终编辑商业计划书之前进行机构研究是一个好主意，因为你应该将这些信息融入你的商业计划书中。

如果你联系的第一批融资人没有给你投资，请不要灰心。一位克兰菲尔德企业计划参与者必须接触 26 家贷款机构才能获得她想要的资金，其中 10 家是同一组织的不同分支机构。她从跟融资者的每次访谈中都得到了一个重要信息，每个信息都是一个对方拒绝投资给她的原因。对这些信息的分析使她最终提出了一个完备的提案，故而该提案获得通过。

还要记住一点，金融机构远非万无一失的选择，因此你可能必须将受众扩大到其他联系人。

最后，这一步骤需要多长时间？这也取决于你是在筹集债务还是增加股权，你所接触的机构以及所提供交易的复杂性。例如，有担保的银行贷款可能需要几天到几周的时间安排。

风险投资公司进行投资的安排时间一般多于 3 个月，通常需要 6 个月甚至长达 9 个月。尽管交易本身可能会提前达成，但律师们将在数周内仔细研究细节。每一次信件往来都会增加 2 周的等待时间。检查商业计划书中每个细节的"尽职调查"过程也需要时间，因此必须在预测中考虑到这一点。

## 口头陈述

如果某人对你的商业计划书感兴趣，就能令筹集资金成功一半，那么另一半就是口头陈述。任何为风险投资提供资金的组织都坚持要看到参与团队亲自展示和捍卫他们的计划。金融组织将其所支持的团队与支持的商业计划放在同等地位。可以肯定的是，任何你将向他们介绍计划书的金融家都会做好充分的准备。请记住，他们每年都会翻阅数百个提案，并且已经或将要在许多不同的经济部门进行投资。如果这不是你第一次创业，他们甚至可能会不厌其烦地找出你过往的财务历史。

在准备介绍商业计划书时，请记住以下几点：

- 了解你有多少展示时间，然后事先排练。至少留出与展示一样多的时间用于回答提问。
- 使用视觉辅助工具展示你的产品或服务，如果可能的话，带上视频或计算机生成的模型。
- 以务实的方式解释战略，展示你对工作中竞争性市场力量的把握。仔细聆听评论和批评，在回应时避免采取防御态度。
- 你对问题的回答必须简洁明了。如果观众想了解更多信息，他们可以提问。这种方法为后续提出许多不同问题留出了时间（无论是现在还是以后）。
- 你的目标是在自己和听众之间建立同理心。虽然你可能无法改变自己的个性，但你可以采取一些演讲技巧。眼神交流、语气、热情和肢体语言都对成功演讲有一定帮助。
- 穿西装永远不会让任何人感到不安。短裤和凉鞋可能只会奠定错误的基调！做大生意需要认真的人。
- 做好准备。你要将你的商业计划的各个方面都牢记在心，并了解推进、撤退和横向比对计划的方式！你永远不知道什么时候会出现展示的机会。准备好一个 5 分钟、10 分钟和 20 分钟的演示文稿，以便需要时可以立即展示。

## 电梯推销

你的读者对象通常时间都很紧迫。作为一条经验法则，你越接近有权做出决定的人，你推销的时间就越少。因此，你需要有一个可以在任何情况下进行的简短演示，比如在飞机上、机场或在电梯内，这也是"电梯推销"一词的来历。

## 案例分析

### Lara Morgan

劳拉·摩根（Lara Morgan）是酒店洗浴用品供应商 Pacific Direct[①] 的创始人，她在位于英国贝德福郡的一个车库里开始创业，当时她有机会与一家公司建立战略联盟，这家公司在其主攻市场中有极大的影响力。当时的场景是让她在公园巷的多切斯特酒店一边跟投资人喝咖啡一边推销，但突然间情况发生了巨大改变。劳拉获知，由于日程更改，她只有 15 分钟的时间乘坐司机驾驶的豪华轿车前往哈罗德百货公司向那位投资人做推销。

幸运的是，她提前做好了准备，因而她的展示获得了一笔能和独特的五星级酒店交易的资金。

Pacific Direc 现在拥有 Penhaligons、Elemis、Ermenegildo Zegna、Nina

---

[①] Pacific Direct 成立于 1991 年，位于英国贝德福德，为豪华酒店、邮轮和航空公司生产优质化妆品和配件。——译者注

Campbell、Floris、The White Company 和 Natural Products 等世界级产品组合。

## 听取专业意见

创新者需要对他们的创新保密，那些开始创办新企业的人也不例外。然而，就算签署了保密协议，我们也没有理由不接受外部的建议。任何阅读你的商业计划书的人都会从他们不是第一个读到你的商业计划书的人这一事实中获得安慰，因为你的想法已经在他人的智慧和经验中不断完善。

事实上，你的顾问资历越老、越有经验、越有声望，那么他们的意见就越能为你的商业计划的改进提供帮助。毕竟，这些意见不是一两个人未经检验的想法，而是经过专业人士的验证的。如果会计师审核了账簿，律师审核了知识产权，工程师审核了原型设计，软件顾问审核了网站计划，那么真正的价值会被添加到你的提案中。

如果你认识或能接触到在该业务领域有成功记录且有时间的人，你可以邀请他们帮忙。

## 使用商业计划软件

有许多软件包（有些免费）可以帮助你完成撰写商业计划。下面列出的内容包括一些有用的资源、电子表格和小贴士，它们可能会加快你的撰写流程，但不能代替你了解有关市场、客户和竞争对手的基本事实。

在线商业杂志 Business.org 定期对最佳小型企业规划软件进行审查。在 2020 年，他们给出的建议是：

LivePlan：整体最佳。

BizPlanBuilder：对最用户友好。

GoSmallBiz.com：最佳非赢利商业计划。

Pro：最佳客户支持。

BizPlan：荣誉奖。

PlanGuru：荣誉奖。

## 处理拒绝

如果你的商业计划没有得到你期待中的接纳，你会感到惊讶或沮丧。安妮塔·罗迪克的美体小铺提议就被拒绝了。直到当地的车库老板伊恩·麦格林（Ian McGlinn）预付了4000英镑以换取公司25%的股份，她才有钱开第二家店。这笔交易让他赚了几亿英镑，而安妮塔赚得更多。蒂姆·沃特斯通的商业计划因过于雄心勃勃而被一家又一家银行拒绝。他们想让他开一家书店，而他却把目光投向了连锁书店。最终，他得到了支持并继续建立自己的连锁店，改变了英国图书零售的形式，并以4700万英镑的价格将沃特斯通卖给了前雇主史密斯书店。

商业计划被拒绝有数百个可能原因。根据风险投资家的说法，他们每收到100个提议就会拒绝95个，只是单纯不相信这个提议。也就是说，你应确信计划经过了深思熟虑、适当研究，并且个人或团队能够胜任任务。

这些措施将帮助你完善商业计划并最大限度地减少最终被拒绝的机会。

- 当你介绍商业计划时，请仔细聆听对方的批评。如果当时很清楚会被拒绝，请问两个问题：为什么要拒绝，以及你能做些什么来改进你的提案？
- 回顾商业计划，看看是否有什么可以改变的，以降低财务风险。高烧钱率对金融家来说是一个很大的障碍。高烧钱率即最初几周和几个月内在员工、办公室和公关工作方面大量产生的花费，且没有任何可观的销售收入。
- 如果你的信誉受到质疑，可能是时候考虑增强团队能力了，你应聘请非执行董事或与可以填补问题差距的组织建立战略联盟。
- 考虑你是否正在向正确的受众推销你的提案。基于风险的技术风险投资更有可能吸引风险投资公司和企业风险投资公司。银行家更有兴趣为有形资产（如房产）和营运资本要素（包括贸易股票和融资优质客户提供信贷）提供现金。
- 如果你的商业主张受到挑战，请及时停止并保留一些初始业务。如果无法找到任何客户同意试用你的产品，那你也许可以通过降低价格设置一些使用基地。然后，你便可以获得用户的接受，以证明你的想法具有潜力。
- 看看是否有可以删去、减少或推迟的成本要素。例如，一个先进的网站很重要，但在最初营业的几周和几个月内，一个成本大大降低的、更基本的网站可能就足够了。
- 是否存在一种完全不同的销售方法？该方法能否作为一座桥梁，将你现在的处境和未来想要到达的境界连接在一起？例如，一位想开一家百吉饼店的企业家从街市的摊位开始。一旦摊位生意兴隆，他就会继续开设自己的百吉饼店。
- 可在相关网址找到有关保密协议的政府指南：

---

**作业 26 小结：撰写和展示你的商业计划**

1. 你打算将商业计划书发给谁？为什么选择了他们？
2. 按照建议的思路写下商业计划的初稿。
3. 谁可以帮助你编辑和撰写计划的最终版本？
4. 准备并排练商业计划书展示。
5. 除了你的团队之外，你还能招募谁来为商业计划提供建议？

## 拓展阅读

1. Barrow C (2011) *Practical Financial Management: A guide to budgets, balance sheets and business finance*, 8th edn, Kogan Page, London .

2. Barrow C (2017) *Understanding Business Accounting for Dummies*, 4th edn, Wiley, New York.